한류와
지구온난화
그리고
신의 존재

한류와 지구온난화 그리고 신의 존재

초판 1쇄 발행 2024년 10월 31일

지은이 김관우
펴낸이 김관우
펴낸곳 영선출판사
출판등록 제2024-000036호

주소 대전광역시 서구 도솔3길 2
전화 010-4854-4934
이메일 kkw0301a@naver.com

ISBN 979-11-989811-0-3(03000)
값 14,000원

- 이 책의 판권은 지은이에게 있습니다.
- 이 책 내용의 전부 또는 일부를 재사용하려면 반드시 지은이의 서면 동의를 받아야 합니다.
- 잘못된 책은 구입하신 곳에서 바꾸어 드립니다.

인류에게 보내는 신의 보고서

한류와 지구온난화 그리고 신의 존재

김관우 지음

초를 세우게 될 것이며 모든 인종과 계층도
전능의 힘을 가진 지혜를 인류에게 펴는 이 자를 통하여 통일될 것이다.

영선

기자 피라미드 멘카우레왕(62m), 카프레왕(136.5m), 쿠푸왕(137.2m)

계룡산 관음봉에서 바라본 갑하산(469m), 신선봉(570m), 우산봉(573)

소녀시대 〈라이언 하트〉 M/V(2015년) - 마술 상자

목차

머리말 ·································· 8

1. 한류 현상이 만들어진 이유 ················ 33
2. 이산화탄소의 농도 ······················ 40
3. 세계적인 수준의 K-POP ················· 51
4. 잃어버린 친구 ·························· 58
5. 소중한 친구 ···························· 67
6. 한류 현상이 세계적으로 알려져야 하는 이유 ······ 75
7. 객관적인 과학에서 신의 존재 ·············· 88
8. 만들어진 신 ···························· 96
9. 유튜브로 알려지는 뛰어난 음악 K-POP ········ 99
10. 청와대-풍수지리 이전의 신과 관련된 현상 ······ 106
11. 코로나19가 전하는 사실 ················· 117
12. 기후 교란 이상의 자연재해 ··············· 122
13. 신의 지배를 받는 모든 인간 ·············· 134
14. 신의 지배를 받는 한류 기적 현상 ·········· 140
15. 한류 현상과 북핵 위기 ·················· 148

16. 김일성의 사망 예언 ························ 153
17. 국정 농단 ······························· 160
18. 긍정적인 사고 ··························· 172
19. 다니엘의 해석 ··························· 181
20. 신과 관련된 현상에서 현명한 선택 ············ 188
21. 내 가족은 ······························· 196
22. 한때 두때 반때를 지나서 ···················· 206
23. 신의 존재 증명 ··························· 215
24. K-POP 가수와 SNS 간접 소통 ················ 231
25. 성경에서 숨겨진 신의 존재 ·················· 239
26. 이집트 피라미드와 계룡산 ·················· 252
27. 하루에 500mm 이상의 폭우 ················· 264
28. 후쿠시마 원전과 일본 지진해일, 해수면 상승 ···· 275

머리말

'신의 존재를 증명하는 것'이 미래에 일어나는 일을 알지 못하는 인간에게 '인간이 지구온난화를 해결하지 못한다는 것을 알려 주는 현상'으로 나타나고 있다. 4차원으로 존재하는 신의 존재를 증명하는 것이 3차원으로 존재하는 '인간이 지구온난화를 해결하지 못한다'는 것을 알려 주는 역할을 하는 것이다.

"**신은 어디에 숨어 있나?**"(길희성, 다음 카페 '심도학사', 2012. 3. 11.)

이 말은 종교학자 길희성 교수가 한겨레에 기고한 글로, 종교(교회)적 신의 존재가 알려지지 않은 것을 말하고 있다. 이것은 교회뿐만 아니라 다른 종교(불교, 이슬람교 등)의 모든 신의 존재를 아우를 수 있다. 길희성 교수의 "신은 어디에 숨어 있나"는 종교의 명제 같은 말이며 이미 신의 존재를 찾기 위한 것으로 신의 존재를 증명하기 위한 시작과 같다고 할 수 있다.

그러면 신의 존재를 증명하기 전에 "신의 존재가 어디에 숨어 있나?"라는 의미를 해석하면 더 쉽게 이해할 수 있다. 성경의 출애굽기에는 "너는 나 외에는 다른 신들을 네게 있게 말찌니라"(출 20:3)라고 나타나 있다. 이것은 교회의 신은 유일신이며 '다른 신'은 존재하지 않는다는 성경의 기록과 모순된다. 이 현상 때문에 신의 존재는 숨어 있다고 할 수 있다.

성경의 예언서에 기록된, 신의 존재를 증명하거나 해석하여 이것이 옳은 것이라고 알 수 있는 것은 성경의 예언서와 다른 종교의 신의 존재에 대하여 기록된 것이 일치하는 것으로 알 수 있다. 이것이 일치할 때 신의 존재를 증명하거나 또는, 증명하는 것이 옳은 것인가 알 수 있는 것이다. 그런데 "나 외에는 다른 신들을 네게 있게 말찌니라"라고 하여 다른 종교의 신의 존재에 대하여 알 수 없게 하였기 때문에, 지금까지 교회에서 신의 존재를 증명하거나 해석할 수 없었다. 이것은 교회의 신의 존재를 증명하는 것을 미래의 어느 시기까지 숨겨 온 것이라고 할 수 있다. 예를 들어 수학 문제집의 맨 마지막에 모여 있는 답지를 뜯어낸 것이다. 그래서 정확한 답을 아무리 찾아도 찾을 수 없고 해석도 여러 가지가 발생하는 것이다. 그리고 교회 안에서만 신의 존재를 찾으려고 하니 계속 '이단'이라는 논쟁만 발생하게 되었다. 그래서 지금까지 알려지지 않은 새로운 사실로 신의 존재를 증명하면 같은 현상으로 '이단'이라는 논쟁만 발생하게 된다고 할 수 있다. 그렇기 때문에 교회처럼 오랜 기간 종교로 믿어 온 다른 종교에 신의 존재를 증명하는 것의 답이 있으며 또 이것이 옳은 것이라는 것을 알 수 있다. 그런데 이 다른 종교는 종교보다는 철학에 가까우며 신이란 개념이 없다. 이래서 신의 존재에 대한 해답은 숨겨져 왔다고 할 수 있다.

   교회처럼 다른 종교에서 신의 존재에 관하여 오랜 기간 믿어 온 사실이 신의 존재를 증명하며 또한 이것이 옳은 것인가 나타내는 것이라고 할 수 있다. 그러면 교회의 신의 존재와 교회처럼 오랜 기간 종교로 믿어 온 불교의 신의 존재에 관하여 기록된 부분이 공통으로 나타나는 것으로 신의 존재를 증명하고, 이것이 옳은 것인가 확인할 수 있다.

교회의 예언서 요한계시록에서 신의 존재에 관하여 기록된 부분을 찾아서 해석하고 불교의 신의 존재에 관하여 기록된 부분을 해석하여 두 곳에서 공통으로 일치하는 부분을 찾아서 신의 존재를 증명하겠다.

먼저, 교회는

"이제도 계시고 전에도 계시고 장차 오실 이"(계 1:4)
"나는 알파와 오메가라 이제도 있고 전에도 있었고 장차 올 자요 전능자라 하시더라"(계 1:8)
"나는 처음이요 나중이니 곧 산 자라 내가 전에 죽었었노라 볼찌어다 이제 세세토록 살아 있어 사망과 음부의 열쇠를 가졌노니 그러므로 네 본 것과 이제 있는 일과 장차 될 일을 기록하라"(계 1:17-19)
"하나님의 이름과 하나님의 성 곧 하늘에서 내 하나님께로부터 내려오는 새 예루살렘의 이름과 나의 새 이름을 그이 위에 기록하리라" (계 3:12)
"나는 알파와 오메가요 처음과 나중이요 시작과 끝이라"(계 22:13)

계시록에서 신이 밝힌 다음 세 문장은 신의 존재를 나타내고 있다.

"나는 알파와 오메가라 이제도 있고 전에도 있었고 장차 올 자요 전능자라 하시더라"(계 1:8)
"나는 알파와 오메가요 처음과 나중이요 시작과 끝이라"(계 22:13)

요한계시록 22장 13절의 "알파와 오메가"에서 그리스 문자 '알파와 오메가'는 영어의 A와 Z에 해당하는데, 문자로 표현할 수 있는 모든 것과 모든 것의 시작과 끝을 나타내어 가장 넓은 의미의 '우주 전체'라 할 수 있다.

"이제도 있고 전에도 있었고 장차 올 자요"는 신의 존재가 과거와 현재, 미래에 동시에 존재하여 시간의 흐름에 지배받지 않는 것을 나타낸다. '처음과 나중, 시작과 끝'도 두 가지가 동시에 존재하는 것을 나타내어 '우주 전체의 처음과 나중, 시작과 끝' 두 가지가 동시에 존재하는 것을 나타낸다고 할 수 있다.

알파와 오메가, 처음과 나중. 이와 같이 시작과 끝의 의미를 반복해서 나타내어 두 가지가 동시에 존재하는 것을 나타내고 있다. 이것은 '우주 전체의 탄생과 소멸'이 시간과 공간을 초월해서 동시에 존재하는 것을 나타낸다고 할 수 있다.

"나는 처음이요 나중이니 곧 산 자라 내가 전에 죽었었노라 볼찌어다 이제 세세토록 살아 있어 사망과 음부의 열쇠를 가졌노니 그러므로 네 본 것과 이제 있는 일과 장차 될 일을 기록하라"(계 1:17)

"처음이요 나중" 두 가지를 동시에 가지고 있으며, '전에 죽었었노라'에서 신이 죽은 것이 아니며(과거, 현재, 미래에 동시에 존재) 이전에는 정확하게 알려지지 않은 것이다. 또 "이제 세세토록 살아 있어"는 제대로 알려지지 않은 것이 정확하게 알려지며 이제는 '신이 살아 있다'라는 표현으로 나타난다.

"사망과 음부의 열쇠를 가졌노니" 이전에는 지극히 선한 존재의 의미였으나 두 가지의 의미인 처음과 나중, 시작과 끝, 선과 악을 동시에 가지고 있다는 의미이다.

이상과 같이 계시록에 나타난 신의 존재를 정리해 보면,

'신은 우주 전체로서 하나의 살아 있는 생명체이며 과거, 현재, 미래의 시간 흐름에 지배받지 않기 때문에 우주의 탄생과 소멸이 동시에 존재하며 시간과 공간을 초월하여 4차원으로 영원히 존재한다'라는 것이다.

이것을 다시 풀어 쓰면,

'우주 전체가 하나의 살아 있는 생명체로서 자연(自然)이 신(神)이다'라는 것을 나타내고 있다. 이것은 '자연(自然)'이 신이며 더 정확하게 나타내면 '자연(自然)이 살아 있다'가 신의 존재이다.

요한계시록 3장 12절에서 그동안 제대로 알려지지 않은 하느님의 이름은 궁극적인 의미의 '자연(自然)'이라는 것이 알려졌다. 그러나 신의 이름이 자연(自然)이라는 것은 지구온난화에 의해 지구가 위기에 처한 사실을 나타내는 표현이며 신의 이름은 함부로 정할 수 없는 부분이 있다. 이처럼 신의 존재가 자연으로 알려지는 것은 지구온난화의 심각함을 나타내며 미리 예방하고 해결하도록 하고 있다.

'우주 전체가 하나의 살아 있는 생명체로서 자연(自然)이 신(神)'이기 때문에 여러 가지 종교에서 나타나는 교회의 여호와, 불교의 부처님, 이슬람교의 알라신, 민간신앙의 천지신명, '하늘은 스스로 돕는 자를 돕는다'라는 무신론의 '하늘' 등 모든 종교, 비종교에서 나타나는 신의 궁극적인 의미는 '자연(自然)'으로 같은 것을 가리키고 있다.

이러한 사실은 미래의 어느 시기에 신이 새롭게 알려지는 것을 심각하게 받아들이도록 하려고 지금까지 일부러 정확하게 알려지지 않았다고 할 수 있다. 미래의 어느 시기에 자연(自然)이 신(神)임을 나타내어 지구온난화에 의한 환경 대재앙(멸망)을 막기 위해 신은 지역에 따라

여러 가지 이름으로 나타나는 종교가 존재하게 하였다. 그리고 교회의 요한계시록을 통해 신의 존재가 정확하게 알려지도록 하였다. 환경 대재앙을 겪고 지구온난화의 심각함을 깨닫는 것을 대신하기 위해 지금까지 알려지지 않은 신의 존재를 나타내는 것이라고 할 수 있다.

'우주 전체가 하나의 살아 있는 생명체로서 자연(自然)이 신(神)'이라는 것은 모든 종교에서 궁극적인 의미로 나타나는 신의 존재가 '자연이 살아 있다'는 것으로, 신이 어떻게 존재하는지 나타내며 지구온난화에 의한 환경 대재앙을 대신하도록 하고 있다.

이상으로 계시록에 나타난 신의 존재를 정리해 보면, '신은 우주 전체로서 하나의 살아 있는 생명체이다. 과거, 현재, 미래의 시간 흐름에 지배받지 않기 때문에 우주의 탄생과 소멸이 동시에 존재하며, 시간과 공간을 초월하여 4차원으로 영원히 존재한다'라는 것을 나타낸다.

신의 존재는 '우주의 탄생과 소멸에 동시에 존재하여 시간과 공간을 초월해 4차원으로 영원히 존재한다'이다.

다음은 불교에 나타난 신의 존재에 관한 것이다. 성철 스님은 불교에서 가장 중요한 석가모니의 깨달음으로 팔만대장경을 네 글자로 줄이면 불생불멸(不生不滅)이며 이것은 '우주의 근본 원리'를 나타낸다고 하였다. 여기서 '우주의 근본 원리'란? 성경의 '알파와 오메가'를 가리키며 '우주 전체'의 근본 원리를 나타낸다고 할 수 있다. 그러면 불교에서 석가모니의 가장 중요한 깨달음으로 '우주의 근본 원리'를 나타내며 신의 존재를 가리키는 '不生不滅'을 살펴보면,

'(태어나는 것도 없으며) 不生 (없어지는 것도 없다) 不滅'의 태어나는 것(시작)도 없으며 없어지는 것(끝)도 없다는 것은 시작도 없으며 끝도 없는 것이다. 이것은 시작과 끝이 동시에 존재한다는 것이다. 그래서 '우주의 탄생과 소멸'이 동시에 존재한다는 것이다. 이렇게 해서 불교에서 신의 존재를 가리키는 '우주의 근본 원리'는 '우주의 탄생과 소멸이 동시에 존재하여 시간과 공간을 초월해 4차원으로 존재한다'이다.

이처럼 성경(교회)과 불교의 신의 존재가 '<u>우주의 탄생과 소멸이 동시에 존재하는 것</u>'으로 일치함을 알 수 있다. 그러면 지금까지 정확하게 알려지지 않은 신의 존재가 '우주의 탄생과 소멸이 동시에 존재하며 시간과 공간을 초월해 4차원으로 존재한다'라고 나타나는 것은, 미래의 사실을 알지 못하는 인간에게 지구의 미래가 어떻게 되는지 정확하게 알려 주기 위해서 지금까지 정확하게 알려지지 않았던 것이다. 그러나 이제 '정확하게 알려지지 않은 신의 존재'가 알려지게 되었다. 여기에서 가장 중요한 것은 '인간은 3차원의 시간의 지배를 받는 존재로서 미래에 일어나는 일을 알지 못한다'이다. '10분 뒤의 교통사고조차 알지 못한다.' 그렇기 때문에 우주의 탄생과 소멸이 동시에 존재하여 시간과 공간을 초월해 4차원으로 영원히 존재하는 신의 존재가 지금 이 시기에 정확하게 알려지는 것은 "미래의 지구에서 일어나는 일을 알려 주기 위해서" 신의 존재가 새롭게 정확하게 알려지게 된 것이다. 여기에서 신의 존재를 증명하는 것은 '미래에 일어나는 일을 알지 못하는 인간에게 인간이 지구온난화를 해결하지 못한다'는 것을 알려 주는 것이다.

이산화탄소의 농도에 의해 지구의 평균온도가 산업화 혁명 초기보다 2도 이상 상승하면 인간은 지구온난화를 제어할 수 없다. 현재 연평균

2.3ppm씩 증가하는 이산화탄소 농도가 산업화 혁명 초기의 280ppm 에서 2020년에는 413ppm으로 급속하게 증가하였다. 산업화 혁명 초기 지구는 280ppm을 계속 유지해 왔으나 산업화 혁명이 이루어지면서 이산화탄소 농도가 2020년에는 413ppm으로 급속하게 증가하게 된 것이다. 2050년까지 이산화탄소 농도가 평균온도 1.5도를 유지하다 이후에 평균온도가 2도 정도 상승하는 단계에 들어서게 된다. 최근 연구에 의해 10년이 앞당겨져서 2040년까지 1.5도를 유지하는 것으로 나타나고 있다. 그래서 2040년부터 지구는 1.6도를 유지하며 2.0까지 도달하게 된다. 앞으로 15년에서 20년 이내에 이산화탄소 농도를 급격하게 줄이지 못하면 평균온도가 2도 이상 상승되어서 지구는 지구온난화를 제어할 수 없는 상태가 될 것이다. 15년에서 20년 이내에 이산화탄소를 급격하게 억제하지 못하면 지구에서 생명체가 전혀 살지 못하는 상태로 지구가 바뀌게 된다. 그리고 다시 지구에서 최초의 생명체가 나타나서 진화하여 인간이 탄생하고 지금과 같은 문명을 이루게 된다. 그래서 인간이 지구에서 멸망하면 최초의 지구에서 생명체가 다시 나타날 것이며 성장하고 진화하여 오늘에 이르게 된다고 할 수 있다. 이러한 사실을 알려 주기 위해 우주=자연=하늘=신은 '탄생과 소멸'이 동시에 존재하며 시간과 공간을 초월하여 4차원으로 존재한다. 그리고 지구에서 생명체로 살아가는 인간은 시간과 공간의 제약을 받는 3차원으로 존재한다고 할 수 있다. 이처럼 우주의 탄생과 소멸이 동시에 존재하여 시간과 공간을 초월하여 4차원으로 존재하는 신의 존재가 지금 이 시기에 정확하게 알려지는 것은 3차원으로 존재하는 미래를 알 수 없는 인간이 지구에서 지구온난화를 해결하지 못하고 멸망하면 생명체가 전혀 존재하지 않는 지구의 상태로 바뀌게 되는 것을 알려 주기 위한 것이다. 이러한 뜻에서

'신의 존재를 증명하는 것'은 인간이 지구온난화를 해결하지 못하여 미래의 어느 시기에 지구에서 생명체가 전혀 존재하지 않는 상태로 바뀌는 것을 알려 주는 것이라고 할 수 있다.

그리고 또 한 가지 방법으로 신의 존재가 알려지고 있다. 종교와 관련 있는 한류 현상 K-POP의 사진으로 신의 존재를 증명하며 종교를 떠나서 모든 사람에게 신의 존재가 알려지도록 하고 있다. 이러한 사실이 알려지기 위해 인터넷, 유튜브와 페이스북, 인스타그램, 트위터 등과 같은 SNS와 삼성, LG 스마트폰이 신의 뜻으로 한류 현상이 알려지기 위해 만들어졌다고 할 수 있다.

이 책의 하권이 글로써 신의 존재를 증명한다면 상권은 한류 현상과 관련 있는 사진 4장으로 신의 존재를 증명하고 있다. 책 한 권으로 신의 존재를 증명하고 있는 것이며 종교를 떠나서 남녀노소 누구나 신의 존재를 알 수 있도록 하는 것이다. 지구온난화로 자연재해가 갈수록 심각해지고 있으며 지구온난화를 해결하지 못하면 인간은 지구에서 살 수 없어 멸종한다. 그러면 지구는 모든 생명체가 살지 못하는 지구로 바뀌게 되고 시간이 지난 뒤 다시 최초의 생명체가 나타나고 오랜 진화를 거쳐 인간이 나타날 것이다. 그리고 이런 현상이 반복된다고 할 수 있다. 인간은 시간의 지배를 받는 3차원적인 존재이며 신=우주는 우주의 탄생과 소멸이 동시에 존재하는 시간과 공간을 초월한 4차원으로 존재하기 때문에 지구에서 신의 지배를 받는 인류의 생존이 위와 같은 현상으로 반복된다고 할 수 있다. 지구온난화로 인간이 멸망하지 않고 생존하기 위해 지금 이 시기에 신의 존재가 증명되고 알려지는 현상을 위와 같이 기록하게 되었다.

한때 두때 반때(다니엘 12:7)

1. 첫 번째 사진: 피라미드

기자 피라미드. 우측부터 멘카우레왕 피라미드(62m),
카프레왕 피라미드(136.5m), 쿠푸왕 피라미드(138.8m)

2. 두 번째 사진: 관음봉에서 바라본 갑하산 세 봉우리

계룡산 관음봉에서 바라본 우측부터 갑하산(469m), 신선봉(570m), 우산봉(573)
블로그 출처 - https://blog.naver.com/ham8399/221385729626
계룡산 칼릉, 머리봉/숨은봉 2018. 10. 24.

3. 세 번째 사진: 제10회 국립공원 사진 공모전 입상작, '계룡산 선경' — 가육현(저작권으로 사진은 없음)

이 사진은 계룡산 삼불봉에서 바라본 갑하산 세 봉우리의 일출 사진이다. 새벽의 일출 사진으로 미국의 대예언가 진·딕슨 여사가 자신의 꿈에서 새벽에 피라미드에서 태양이 떠오르는 모습을 보고 인류의 중요한 새로운 문명의 시작을 예언한 사진이 있다. 우리나라의 계룡산 삼불봉에서 갑하산 세 봉우리를 바라본 일출 사진이 이와 일치하는 모습으로 나타나고 있다. 한 가지 더, 삼불봉에서 갑하산 세 봉우리를 촬영한 일출 사진이 있는데 제13회 우수작으로 뽑힌 이상헌의 '계룡산 전경'이다. 이 두 사진은 같은 사진이라고 할 수 있다. 첫 번째 작품 사진을 2015년에 5년 기한으로 구입하였으나 기한이 지나 사용할 수 없는 상태가 되었으며 현재는 판매하지 않는 상태가 되었다. 그렇지만 인터넷 사이트 '국립공원'의 계룡산 사진 모음에 이 작품 사진이 있으며 개인적인 용도에 한해서 누구나 다운받아 무료로 사용할 수 있다. 삼불봉보다 위에 위치한 관음봉에서 바라본 사진의 모습은 같다고 할 수 있다. 그런데 삼불봉에서 바라본 사진은 새벽의 일출 사진이며 관음봉의 사진은 낮에 촬영한 사진이다. 나는 '국립공원' 사이트에서 삼불봉의 일출 작품 사진을 보고 평소에 갑천을 오가면서 갑하산 세 봉오리가 이집트 피라미드와 비슷하다는 것을 느꼈는데, 삼불봉 일출 사진을 보고 이집트 기자 피라미드가 유사한 모습임을 알게 되었다. 삼불봉에서의 새벽 일출 사진과 이집트 피라미드에서의 새벽 일출 풍경이 일치하는 모습이었다. 그런데 삼불봉에서 촬영한 사진과 관음봉에서 촬영한 사진은 같은 모습이며 촬영한 위치만 다른 사진이다. 삼불봉에서 촬영한 사진은 작품 사진이며 판매하지 않는다고 해서 구입하지 못했다.

4. 네 번째 사진: 소녀시대의 〈라이언 하트〉(2015) M/V, 마술 상자

소녀시대 〈라이언 하트〉(2015년) 뮤직비디오 - 마술 상자

소녀시대의 라이언 하트 뮤직비디오 캡처 사진을 구하기 위해 소속사 SM엔터테인먼트의 홈페이지 방문해서 여러 가지 방법으로 캡처 사진을 구하려고 하였지만, 캡처 사진을 취급하지 않아 구할 수 없었다.

소녀시대의 마술 상자가 세 조각으로 변화하여 나타나는 것과 이집트 기자 피라미드 새벽의 일출과 갑하산 세 봉우리의 일출 모습이 유사한 모습으로 나타나는 것은 일치하는 모습이라고 할 수 있다. 성경이나 예언서가 꿈이나 환상의 비유적인 표현으로 쓰여 있기 때문에 위의 세 가지 모습이 일치하는 모습이라고 하는 것에는 무리가 없다고 할 수 있다. 나는 삼불봉에서 촬영한 작품 사진이 이집트 피라미드와 일치하는 사실을 깨닫고 얼마 후 바로 소녀시대의 라이언 하트 뮤직비디오를 보면서 위 사실을 깨달았다.

이것은 2,000년 동안 알려지지 않은 예언서의 해석으로 나타나는 사실이기 때문에 처음에는 받아들이기가 쉽지 않다. 그렇지만 성경에서 가장 중요한 2,000년 동안 해석되지 않은 예언서 계시록과 다니엘을 해석하여 신의 존재를 증명하는 사실을 이해하면 내가 증명하는 신의 존재가 사실이라는 것을 알게 된다. 그리고 이 4장의 사진으로 '자연이 살아 있다'는 것을 증명하는데, '자연'이 신이며 멸망 위기에 놓인 지구를 구하는 것이다. 또한 내가 살고 있는 계룡산을 통해 소녀시대의 뮤직비디오 사진으로 증명한 사실에 의해 K-POP은 빌보드에서 우승하는 팀이 15~20팀 이상 나오게 되어 한류 현상을 극대화하고 통일 현상으로 이어지게 된다고 할 수 있다.

이처럼 4장의 사진은 유사한 모습으로 나타나고 있으며 소녀시대의 〈라이언 하트〉(MV)는 한류 현상의 K-POP이다. 한류 현상과 관련된 4장의 사진으로 누구나 쉽게 종교를 떠나서 신의 존재를 증명하는 사진을 보고 '자연'으로 존재하는 신이 살아 있다는 것을 눈으로 직접 확인할 수 있다. 그러면 왜 소녀시대의 한류 현상과 관련된 사진으로 신의 존재를 증명하게 됐는지 아는 것이 중요할 것이다. 모든 종교의 신의 존재는 멸망 현상의 지구를 구하는 것이기 때문에 궁극적인 의미에서 '자연' 이며, 한류 현상은 종교를 떠나서 알려지고 있기 때문이다. 이처럼 종교를 떠나서 신의 존재가 알려지는 것은 신의 존재가 '자연'이며 이것은 지구상에 존재하는 모든 나라에서 자연재해를 통해 인간이 '자연'인 신의 지배를 받는 것이 알려지고 있다. '자연'으로 존재하는 신의 지배를 받으며 자연재해를 통해 지구온난화의 심각함이 알려져 지구온난화를 해결하도록 하고 있다. 인간의 노력으로 해결할 수 없는 지구온난화로 '자연'으로 존재하는 신의 존재가 알려져 지구온난화를 해결하도록 하고 있다. 지구온난화를 해결하지 못하면 지구는 생명체가 하나도 살지 못하는 지구가 된다는 것이 알려질 것이고 이로 하여금 지구온난화를 해결하도록 하고 있다. 그리고 '자연'으로 존재하는 신의 지배를 받아 신이 살아 있다는 것은 멸망 위기의 지구를 구하는 것이다. 인간의 삶에서 인간이 생로병사, 길흉화복 신의 지배를 받기 때문에 신이 살아 있다는 것을 확인해야 한다고 할 수 있다. K-POP과 K-드라마, K-영화가 과거에는 생각할 수 없었던 빌보드나 할리우드에서 수상하는 것은 인간이 신의 지배를 받는 것이 알려지는 것과 같다. 여기에서 신의 존재가 과학에서는 '우주', 종교에서는 '자연', 종교를 떠나서 신의 지배를 받을 때는 '하늘'이라고 할 수 있다.

또한, "코로나19"는 "지구온난화"와 비슷하며 코로나19 현상을 해결하듯이 지구온난화를 해결하도록 하고 있다. 코로나19는 한류 현상으로 신의 존재를 증명하여 지구온난화를 해결하는 현상을 지구상의 모든 국가가 참여하도록 하고 있다. 코로나19는 종교, 남녀노소, 빈부, 신분의 차이 없이 똑같이 발생하였다. 이것은 지구상의 모든 사람이 신의 존재를 증명하고 알려지는 한류 현상을 받아들여 지구온난화를 해결하도록 하고 있다. 코로나19는 한류 현상과 같이 신의 존재를 증명하는 현상을 모든 사람이 알고 지구온난화를 해결하도록 하는 것이다. K-POP, K-드라마, K-영화, K-문학, K-먹방 등의 신과 관련된 현상으로 나타난 한류 기적 현상을 직접 체험하여 신이 살아 있다는 것을 받아들이도록 하는 것이다.

"나는 스스로 있는 자니라(출 3:14)"와 같이 성경에서 신의 존재가 '자연' 임을 가리키고 있다.

신의 존재를 증명하는 것이란?
* '지구온난화에서 '자연'으로 존재하는 신의 존재를 증명한 것의 의미.
* 신의 존재를 증명하는 것의 의미.

신의 존재를 증명하는 것이란? 또는 의미?

우주는 시간과 공간을 떠나서 탄생과 소멸이 동시에 존재한다. 탄생과 소멸이 동시에 존재한다는 것은 시간과 공간의 의미가 없다는 것이다. 우주는 시간(과거와 현재, 미래 시간의 흐름이 없음)과 공간의 의미가 없으며 탄생과 소멸이 동시에 존재하는 4차원으로 존재한다.

'우주는 시간과 공간의 의미가 없으며 탄생과 소멸이 동시에 존재한다.' 이 말은 즉, 미국 대통령 선거의 공약 중의 하나인 외계 생명체나 UFO가 존재하지 않는다는 것이다. 시간 여행을 해야지만 외계 생명체나 UFO 가 지구에 올 수 있는데, 지구의 태양계 이외에 인간의 한계 영역 밖의 우주는 시간이나 공간의 의미가 없기 때문에 외계 생명체가 존재하지 않는다는 것이다. 그러면 〈터미네이터〉나 〈백 투 더 퓨처〉에서 시간 여행은 시간의 흐름과 상관없이 우주가 그렇게 존재한다는 것이며 '인간'이나 '외계 생명체'가 시간 여행을 하는 것이 아니라고 할 수 있다. 외계 생명체나 UFO는 '신의 존재(신이 존재한다는 생각)'를 나타낼 때 신의 존재를 설명하기 위한 초자연적인 현상이다.

인간은 3차원 시간의 지배를 받아서 과거와 현재, 미래라는 시간과 공간의 의미가 존재한다. 그래서 과거는 지났기 때문에 알 수 있지만, 미래는 아직 경험하지 못했기 때문에 미래에 일어나는 일을 인간은 정확하게 알 수 없다고 할 수 있다. 인간은 지구온난화 해결이 미래이기 때문에 해결하는지, 그러지 못하는지 정확하게 알 수가 없다고 할 수 있다.

그래서 시간의 흐름에 지배받지 않고 탄생과 소멸이 동시에 존재(탄생과 소멸이 동시에-탄생하는 순간 소멸을 아는 상태)하는 '신의 존재'를 증명하는 것은 인간의 미래의 소멸 상태를 아는 것이 된다.
이것은 우주에 탄생과 소멸이 동시에 존재하며 인간의 소멸을 아는 '신의 존재'를 증명하는 것은 미래를 알지 못하는 인간이 지구온난화를 해결하는지 못 하는지 알려지는 현상이 되는 것이다. 그렇기 때문에 '신의 존재'를 증명하는 것은 인간이 미래에 지구온난화를 해결하지 못한다는 것을 알게 되는 것이라고 할 수 있다.

그래서 이 책은 '신의 존재'를 증명해서 인간이 지구온난화를 해결하지 못한다는 것을 알리는 역할을 한다.

'신의 존재'를 증명하는 것은 인간이 지구온난화를 해결하지 못하고 멸망한다는 것을 증명하는 것이다. 다시 말하면, '신의 존재'를 증명하는 것은 인간이 지구온난화를 해결하지 못하고 멸망하는 것을 방지하는 것이다.

그래서 신의 존재를 사진 4장으로 증명한 것은 어떠한 법칙의 발견(예: 뉴턴의 만유인력 법칙)이나 콜럼버스의 신대륙 발견보다 위대하다고 할 수 있다.

사진 4장으로 신의 존재를 증명하는 것은 아무렇게나 만들어진 것이 아니다. 25년 동안 24시간 내내 예언서를 해석해서 밝히게 된 것이다.

신의 존재를 책 한 권의 분량으로 증명하였으며 이것은 지금까지 알려지지 않은 사실이기 때문에 뛰어난 종교 전문가만이 알 수 있는 내용일 것이다. 종교 전문가가 이것이 옳다고 할 때, 모든 사람은 책 한 권으로 신의 존재를 증명했음을 알게 될 것이다. 여기서 사진 4장으로 신의 존재를 증명하였으니 국적 불문 종교를 떠나서 남녀노소 모든 사람이 눈으로 직접 보고 확인하고 알 수 있을 것이다.

신이란? 과학에서 우주, 종교에서 지구온난화를 해결한다는 의미에서 자연, 종교를 떠나서 인간의 삶에서 '하늘'이 신이며 신의 존재가 된다. 우주=자연=하늘=신.

또 피라미드 사진과 유사한 뮤직비디오 K-POP 사진으로 신의 존재를 증명하고 있다. 이것은 인간의 노력으로 해결할 수 없는 지구온난화를

K-POP이 해결하는 것이다. 이것은 K-POP이 신의 존재를 증명하고 종교를 떠나서 알려져 불가능한 지구온난화를 해결하는 것이다. 그래서 K-POP은 상대방보다 10배 이상 좋은 장거리 대륙간 탄도 미사일이라고 할 수 있다. 이것은 상대방이 핵무기를 탑재한 탄도 미사일을 발사하려고 하면 발사하기 전에 이미 요격할 수 있기 때문이다. 조금 더 설명하자면 북한의 핵이 위험하다고 할 때 방탄소년단의 음반을 전 세계 모든 나라에서 한 장씩 더 사면 북한 핵 문제를 해결하는 것이다. 예를 들어 1,000만 장 팔릴 방탄소년단 음반이 2,000만 장이 팔렸다. 그러면 큰 뉴스가 된다. 같은 현상으로 블랙핑크, 트와이스, 레드벨벳 등이 같다고 할 수 있다. 이처럼 베이비복스, 아이즈원, 레드벨벳, 2NE1, 씨스타 등 1, 2세대 음반까지 또 3세대, 4세대 음반까지 한류 현상이 2~3배 그 이상 확대되면 빌보드에서 우승하는 팀이 10~15팀 이상이 만들어지고 세상이 뒤바뀌게 된다고 할 수 있다. 북한의 핵무기가 위기감을 줄 때 세계적으로 음반을 1장씩 더 사게 되면 K-POP이 빌보드에서 우승하는 팀이 15팀 이상 나와서 한류 현상이 더 극대화된다고 할 수 있다.

그리고 김일성이 북한에서 신격화되어 있는데 이 책과 관련된 사실이 북한 전역에 알려져 북한 주민에게 직접 외부 사실이 알려져야 한다. 그러면 북한 지도부는 변해야 하며 변하지 못하면 시간이 지난 뒤 북한 주민에 의해 위기를 만나게 될 것이다. 이런 사실이 신과 관련된 현상으로 나타나는 것에 북한은 주의해야 한다. 신과 관련된 현상으로 불이익을 받게 될 테니 불이익을 받지 않기 위해 현명하고 올바른 판단을 해야 할 것이다. 그리고 K-POP으로 신의 존재를 증명하는 한류 현상은 자연재해를 대신하기 때문에 북한은 한류 현상을 받아들여야 한다. 그렇지 않을 때는 자연재해를 직접 경험하여 지구온난화의 심각성을 깨닫게 될 것이다.

　북한 주민도 지구온난화를 해결하기 위해 이 책의 신의 존재가 알려져 지구온난화를 해결하는 현상을 알아야 한다. 북한이 지구온난화를 해결하는 데 참여하지 않으면 하루에 500mm 이상의 폭우가 발생하는 것과 같은 대재앙에 가까운 자연재해가 신과 관련된 현상으로 심각하게 발생할지도 모른다. 이것은 신의 존재가 알려져 지구온난화를 해결하는 현상을 북한만 몰라서는 안 되는 것을 나타낸다. 신의 존재가 한류 현상으로 알려져 지구온난화를 해결하는 것을 북한 주민도 반드시 알아야 한다. 북한이 신의 존재가 알려져 지구온난화를 해결하는 현상을 받아들여 지구온난화를 해결하지 않아도 되는 것이 아닌 것이다.

　그리고 북한이 변해야 하는 사실이 또 하나 있다. 중요한 사실의 범주로 나타나는 러시아와 우크라이나의 전쟁이다. 북한이 함부로 행동하면 러시아의 푸틴 대통령처럼 된다는 것이다. 그렇기 때문에 북한은 핵무기를 함부로 사용할 수 없으며 함부로 행동하지 말고 전쟁을 일으키지 말아야 한다. 우크라이나 전쟁의 푸틴 대통령은 전쟁을 끝내고 전쟁 전으로 수습하여 원래의 상태를 유지하도록 하는 것이 최선의 방법이라고 할 수 있다. 우크라이나 전쟁은 '자연'인 신과 전쟁하는 것이며 시일을 놓치면 전쟁 전으로 수습할 기회마저 놓치게 된다. 북한도 마찬가지라고 할 수 있다. 지구온난화를 해결해야 할 시기에 대규모 전쟁이 가능한 핵무기를 보유하는 것은 자연인 신을 상대로 불이익이 발생하는 현상이 만들어지는 것이다. 핵무기보다 경제가 발전하여 북한의 경제가 발달하는 것이 최선의 방법이다. 이 책이 알려져 북한도 지구온난화를 해결하는 현상에 참여하는 것은 신과 관련된 현상으로,

불이익을 받는 것을 예방하는 것이라고 할 수 있다.

"나는 처음이요 나중이니 곧 산 자라 내가 전에 죽었었노라 볼찌어다 이제 세세토록 살아 있어 사망과 음부의 열쇠를 가졌노니 그러므로 네 본 것과 이제 있는 일과 장차 될 일을 기록하라 네 본 것은 내 오른손에 일곱 별의 비밀과 일곱 금 촛대라 일곱 별은 일곱 교회의 사자요 일곱 촛대는 일곱 교회니라"(계 1:17-20)

"나는 처음이요 나중이니 곧 산 자라 내가 전에 죽었었노라 볼찌어다 이제 세세토록 살아 있어 사망과 음부의 열쇠를 가졌노니"는 '신이 살아 있다는 것'과 '생로병사, 길흉화복'이 신에 의해 결정되는 것을 나타낸다. 종교를 떠나서 한류 현상과 관련 있는 사진 4장으로 신의 존재를 증명하였는데 이것은 '신이 존재한다는 것'이며 '신이 존재하는 것'은 '신이 살아 있다는 것'을 나타내는 것이다. 푸틴 대통령은 '신이 존재한다', '신이 살아 있다'는 사실을 제대로 알아야 한다고 할 수 있다. 그리고 이것은 전쟁의 양상이 러시아에 유리하게 전개되지 않는 것을 나타낸다고 할 수 있다. 우크라이나 전쟁은 신과 관련된 현상으로 발생하였으며 그리고 또 이것은 북한의 김정은 위원장이 전쟁을 함부로 일으키지 말라는 교훈으로 발생했다고 할 수 있다. 이 책이 만들어지면 한류 현상 때문에 한류 현상의 확대를 원하는 연예인들의 인스타그램을 통해 많은 사람에게 알려지고 또 신문에 기사화될 것이다. 또한 기사화되는 것만으로도 '신이 살아 있다는 것'으로 푸틴 대통령을 제동하는 현상이 되며, 이 책이 만들어진 후 연예인들의 입소문으로 미국의 유명 신문에 알려지고 세계적으로 많은 사람에게 이 책이 알려질 것이다.

"그러므로 네 본 것과 이제 있는 일과 장차 될 일을 기록하라 네 본 것은 내 오른손에 일곱 별의 비밀과 일곱 금 촛대라 일곱 별은 일곱 교회의 사자요 일곱 촛대는 일곱 교회니라"는 김일성의 사망을 정확하게 예언한 풍수지리의 손석우 옹, 무속인 심진송 씨와 함께 김일성은 계시록의 '일곱 별의 비밀로'로 나타난 '일곱 교회의 사자'이며 신의 사자이다. 또한, 풍수지리의 손석우 옹의 김일성의 사망을 예언한 현상 때문에 2016년 이후 북핵 위기가 발생하게 되었다. K-POP이 빌보드에서 10~15팀이 우승하는 현상에 의해 한류 현상이 극대화되면 이 책과 관련 있는 김일성에 관한 사실이 북한 주민에게 직접 알려지게 될 것이다. 이런 현상에 의해 북한 주민의 인권이 좋아지며 통일 현상으로 이어질 것이다.

신의 존재는 과학에서는 '우주', 종교에서는 지구온난화를 해결하려는 의미에서 '자연', 그리고 종교를 떠나서 '하늘'로 나타난다. 천당과 지옥, 사후세계, 유령 등과 같은 초자연적인 현상의 단어에 의해 종교를 믿지 않는 사람도 신의 존재에 대해 어렴풋이 알고 있다고 할 수 있다. 신의 존재(신이 존재한다는 생각)는 종교를 떠나서 모든 사람이 이미 어렴풋이 무의식적으로 알고 있는 것이다. "이제도 있고 전에도 있었고 장차 올 자"에서 '이제도 있고'는 현재 많은 사람에게 무의식적으로 신의 존재가 종교를 떠나서 알려져 있는 것을 나타내는 것이다.

신의 존재가 알려지기 위한 신과 관련된 현상으로 우크라이나 전쟁과 북핵 위기가 나타나는 것을 푸틴 대통령과 북한 지도부는 알아야 한다. 내가 전하는 것은 이런 현상이 신과 관련된 현상으로 나타나는 것을 제대로 받아들여 신과 관련된 현상으로 어려움을 겪게 되는 것을 미리 예방하려는 의도이다. 예언이란 앞으로 발생하는 불행을 방지하는 것이라고 할 수 있다.

'처음과 나중 곧 산 자.' 우주의 탄생과 소멸에 동시에 존재하여 시간의 흐름에 지배받지 않는 것을 의미한다. "내가 전에 죽었었노라 볼찌어다." 우주의 탄생과 소멸에 동시에 존재하기 때문에 "내가 전에 죽었었노라"에서 신이 죽은 것이 아니라 '신의 존재가 알려지지 않았다'라는 것을 나타낸다. "이제 세세토록 살아 있어"의 이제는 '신의 존재가 증명되어 알려진다' 이다. '신이 존재한다'이며 신이 존재한다는 것은 신이 살아 있는 것이다. '일곱 교회의 사자' 일곱 명은 성철 스님, 《성경속의 꿈해석》의 한건덕, 《창세기의 참모습》의 유종택 그리고 이춘형(이춘형 씨는 심진송 씨보다 먼저 스포츠 신문에 연재되어 심진송 씨가 단순한 무속인이 아니라는 것을 증명해 주었다) 등…. 이렇게 일곱 사람은 요한계시록을 해석하여 신의 존재를 증명하도록 하였다. 풍수지리서 《터》에 의해 구속되거나 사망하게 된 역대 대통령의 명암은 신과 관련된 특수한 현상으로 나타났다. 김일성의 사망을 예언한 현상도 풍수지리서 《터》의 영향으로 나타난 것이다. 지금의 북핵 현상도 풍수지리서 《터》의 김일성 사망을 예언한 현상에 의해 이루어진 것이다. 이처럼 인간은 신의 지배를 받는 현상이 풍수지리서 《터》에 의해 나타난 현상이다. 이것의 연장으로 북핵 현상이 신과 관련된 현상으로 나타난 것이며 북핵 현상은 한류 현상으로 신의 존재를 증명한 한류 현상이 세계적으로 알려지도록 한 현상이다. 그러니 이러한 현상을 현명하게 판단하여 앞으로 일어나는 불행을 미리 예방하는 것이 우선 중요하다고 할 수 있다.

또, 이 책에서 나타내고 있는 15~20년 이내에 이산화탄소를 획기적으로 줄여야 하는데 대규모 전쟁의 원인이 되는 핵무기를 북한이 보유하는 것은 지구온난화를 해결하려는 신과 관련된 현상의 반대 현상이라고 할 수 있다. 인도네시아·일본의 지진해일은 지구온난화에서 가장 중요한 해수면 상승을 예측하도록 하는 현상이다. 인도네시아 지진해일은 한순간의 충격으로 23만 명이 사망했는데 이는 신과 관련된 현상으로 나타난 것이다. 대규모 전쟁의 원인이 되는 핵무기를 보유하는 것은 신과 관련된 현상의 반대 현상으로, 북한이 지구온난화 해결을 방해하는 것으로 이해할 수 있다. 북한이 핵무기를 개발하면 하루에 500mm 이상의 폭우가 발생할 수 있다. 북한에 이런 일이 몇 차례에 걸쳐 발생하면 고난의 행군과 같은 현상이 발생할 수 있는데 고난의 행군이 발생한 것은 이러한 현상이 발생할 수 있음을 경고하는 것이다. 예언은 앞으로 발생할 수 있는 불행을 미리 예방하는 것이며 이러한 혼란을 미리 줄여야 한다.

러시아와 우크라이나의 전쟁은 어쩌면 북한에게 기회가 주어진 것이며 북한은 핵무기에 관하여 현명한 판단을 해야 할 것이다. 이는 지구온난화를 해결하는 현상이 너무 중요하게 작용하여 북한 핵무기와 관련된 현상이 한류 현상이 확대되는 역할을 하며, 우리나라의 통일과 관련되었다고 볼 수 있다. 지구온난화의 해결이 중대하여 우리나라의 통일과 함께 지구온난화를 해결하는 현상이 작용하는 것이다.

이 한류 현상에 관한 내용이 만들어지는 데에 탤런트 김희선 씨의 도움이 매우 크게 작용하였다. 95년 이 책과 관련된 현상으로 97년 이후 내가 만나지 못한 친구들을 대신하는 역할을 하였다고 할 수 있다. 그리고 이 책이 마무리되는 시기에 오랫동안 만나지 못한 친구를 만나려고 하였으나 소중한 친구를 잃어버린 사실을 알게 되었으며 그 친구를 대신하는 역할을 하였다. 또 갑자기 돌아가신 어머니의 역할까지 김희선 씨가 하였다고 볼 수 있다. 이 책이 만들어지는 동안의 엄청난 혼란과 부담감을 덜어 주는 역할을 하였으며, 실제로 이 책이 만들어지는 것이 가능하게 했다. 나는 김희선 씨에게 감사한 마음을 전하며 이 책으로 발생하는 수익의 10%를 김희선 씨에게 지급하기로 하였다.

한류 현상에 관한 기록은, 이것이 실시간 진행형으로 이루어지다 보니, 검토하는 과정에서 중복되거나 반복되기도 했다. 우선 한류 현상은 시간이 지날수록 발전된 형태를 이루기 때문에 내가 정확히 깨닫기까지 시일이 지나곤 했다. 그렇다 보니 검토하는 과정에서 추가적인 내용이 보충되었으며 이 사실이 한 현상으로 이루어지는 것이 아니라 다른 현상으로 또 나타나기 때문에 중복되거나 여러 곳에서 반복적인 형태를 띠는 것이다. 또한, 이 책은 나의 의지를 떠나서 기록되었으며 다른 일은 하지 못하고 친구들조차 만나지 못한 상태에서 기록되었다. 시간이 지난 후에는 몸에 통증마저 생겼으며 이 책을 주로 기록하는 새벽 이외에는 통증이 심해졌는데 특이하게도 책을 기록하는 새벽에는 전혀 통증이 발생하지 않았다. 또 이 책에 관한 과도한 부담감에 연속해서 긴장감이 발생했으며 불안한 마음도 생겼다. 한 가지를 오래 생각하다 보니 TV를 보거나 취미 생활을 하지 못하고 아르바이트 같은 일도 하지 못했다. 유일한 스트레스 해소 방법이었던 자전거 타기를 하루에 1시간에서 2~3시간 했었지만, 2015년 페이스북을 운영하고부터는 외출해서 들어와서 몰입감이 떨어져 자전거조차 탈 수 없었다. 그래서 이 시기는 어려운 처지에서 스트레스를 해소할 방법조차 없어졌다.

이렇듯 이 책은 정신적으로나 육체적으로 컨디션이 떨어진 상태에서 어렵게 기록되었다는 것을 감안하고, 해석이 불가능한 예언서가 해석되었다는 것에 위안 삼고 이 책을 보아야 할 것이다.

1. 한류 현상이 만들어진 이유

이 책은 1994년 7월 내가 우연히 교회에 가게 되면서 시작되었으며 처음에는 정확한 사실을 모른 채 성경의 예언서를 해석하게 되었다. 이런 현상이 만들어진 것은 한류 현상으로 이루어지는 현상이 예언서를 해석하게 작용하거나 방법이 되었기 때문이다. 예를 들면 드라마 〈서울의 달〉(1994. 01. 08.~1994. 10. 15.)에서 벌어지는 일들이 나에게 일어난 일을 정교하게 나타내는 부분이 계속 있었으며 등장인물이 나의 주변 사람과 닮은 경향이 있었다. 이렇듯 드라마, 가요, CF가 나에게 이루어지는 일 또는 그 당시 내가 생각하고 있는 일 등 나에 관한 사실을 나타냈으며 이런 사실은 예언서가 나에 관하여 쓰여 있음을 알게 하였다.

나는 1994년부터 이 책과 관련되었고 1998년부터 책을 쓰려고 하였으며, 처음 책으로 만들어진 것은 2002년경 한류 드라마 〈겨울연가〉와 '월드컵 4강'이 기적으로 만들어질 무렵이었다. 그리고 3~4개월 만에 잊힐 만하면 원고를 검토하기를 계속 끝없이 반복하였고 2011년경에는 처음으로 종교와 관련된 부분이 책의 형태가 되었다. 그리고 2011년 이후 2022년 최근까지 한류 현상에 관한 책이 만들어져 신과 관련된 현상으로 나타난 한류 현상으로 신의 존재를 증명한 책이 되었다. 시간의 흐름으로는 종교와 관련된 부분이 상권이 되어야 하는데 하권이 된 것은 2018년 한류 현상과 관련된 사진 4장으로 신의 존재를 증명하였기 때문이다. 이처럼 종교와 관련된 새로운 사실의 이 책이 알려지기 어렵다 보니 한류 현상에 관한 내용을 상권으로 정하게 된 것이 가장 큰 이유라고 할 수 있다.

처음부터 예언서를 해석하고 책으로 쓰려고 한 것은 아니었다. 1994년 7월 꿈과 관련된 현상으로 우연히 교회에 가게 되었다. 이 시기에는 교회에 가려고 하지 않았으며 적절한 직업을 선택한 후 그동안 대인관계의 부족으로 시간이 지난 후 어느 시기에 교회에 가려고 생각한 적은 있었다. 7월, 교회에 가면서 2~3개월 동안 종교와 관련 있는 책을 7~8권 구매했는데 이 책들에 나에 관하여 쓰여 있는 부분이 있었다. 이때는 야간 전산원을 다녔으며 낮에는 아르바이트를 하려고 했지만 중간에 그만두어야 하는 상황이 계속 만들어졌다. 그래서 고정적인 일자리로 새벽에 우유를 배달하였다. 1994년 2월, 아파트로 처음 이사 온 후 층간 소음 때문에 몹시 고통스러운 상태였다. 야간 전산원이 끝나면 11시에 버스 막차를 타고 집으로 와서 씻었고 잠이 들면 12시 30분경이었다. 새벽 3~4시에 꿈을 꾸고 깨어 4시 반에 우유 배달을 하러 갔다. 특이하게 우유 배달을 하러 가기 1시간 전에 꿈을 꾸고 깨어났으며, 나에게 일어났었던 일을 머릿속에서 검토하였다. 우유 배달을 하고 온 후 정신없이 잠이 들어 오전에 깨어나면 아파트에서 층간 소음이 들려 긴장되고 몹시 고통스러웠다. 그리고 오후 5시경에 야간 전산원에 갔으며 전산원에서 남학생들이 여학생을 사귀지 못하는 현상이 나와 관련하여 발생하였으며 설명하기 어려운 트러블이 수업 시간에 계속 발생하였다. 이처럼 하루가 몹시 혼란한 상태에서 꿈과 관련된 현상으로 교회에 가게 되었다고 할 수 있다.

이처럼 혼란한 상태에서 처음 교회에 갈 무렵에 구입한 여러 가지 종교에 관한 책과 한류 현상으로 나타난 신과 관련된 현상을 경험하며 예언서를 해석하게 되었다. 그 후 시간이 지나서 친구에게 교회에 간 후 3년 동안 특이한 경험을 했다고 하니 책으로 써 보라고 하여 책으로 기록하려고 하였다. 그런데 예언서의 해석이 머릿속에 너무 복잡하게 작용하여 기록하지 못하였다. 얼마 후 집에서 행패를 부리는 현상이 발생하였으며 이것과 관련하여 정신병원에 강제로 5개월간 입원하게 되었다. 말이 어눌해지는 현상이 발생하여 퇴원하였으며 친구의 가게에서 몇 달 동안 도움을 주고 그만두게 되었다. 그리고 이 시기에 그동안 알게 되었던 사실이 잊힐 것 같아 보름 동안 메모했는데 책을 보게 된 순서를 정하니 책으로 기록해도 될 것 같았다. 책이 어느 정도 만들어지면 출판사에서 책을 완성해 준다는 것을 인터넷을 통해 알게 된 후 책으로 기록하려는 생각을 갖게 되었다. 그리고 1998년부터 내가 알게 된 사실을 메모하면서 책으로 기록하려고 하였다. 그리고 처음 교회에 가면서 구입한 종교와 관련 있는 책 7~8권과 한류 현상으로 나타난 신과 관련된 현상을 경험하며 예언서를 해석하게 되었다. 이처럼 내가 예언서를 해석하게 된 것은 나의 의지를 떠나서 우연히 이루어졌다고 할 수 있다. 글을 잘 쓰지 못하면서 이 책을 기록한 것은 나의 의지를 떠나서 이루어졌다고 할 수 있다. 이 책이 어떤 책인지 정확하게 모르면서 교회와 성경에 관하여 알지 못한 상태에서 이 책을 처음 기록하게 됐었다. 이렇듯 이 책은 1994년부터 시작하여 근 30년 동안 기록되었다. 다른 일을 하지 못한 채 친구와 연락을 끊고서 밤이고 낮이고 잠들 때마다 꿈을 꾸고 하루 24시간 동안 이 책을 생각하며 기록하였다. 기록하는 동안 상상하기 어려운 고통과 주변 사람들의 희생으로 이 책을 기록할 수밖에 없는 상태가 만들어졌다. 오랜 기간 주변의 친구도 만나지 못하고 나의 주변 사람이 경제적으로 어려움을 겪는 것이나 희생과 고통을 지켜보며 나의 의지를 떠나서 이 책을 기록해야만 하였다. 항상 이 책을 이른 시기에 만들고 끝내야 한다고 생각하며 이 책에 24시간 동안 매달리며 글을 잘 쓰지 못하면서 어렵게 기록하였다. 가족이 경제적으로 어려운 가운데 다른 일은 아무것도 하지 못하고 이 책에 관하여 제대로 설명하지 못했다. 말로 설명해서 알 수 있는 것이 아니었다. 이것은 나의 노력만으로 해석된 것이 아니라 신과 관련된 현상을 경험하며 정확한 사실을 확인한 것이다. 인간의 노력으로 해석할 수 없는 예언서는 신과 관련된 현상을 경험하고서야 정확한 해석이 가능하였다. 이처럼 이 책은 한류 현상과 관련 있는 형태로 기록되었으며 이제는 모든 사람이 이 책을 통해 한류 현상과 관련 있는 신과 관련된 현상을 경험하여 지금까지 정확하게 알려지지 않은 종교의 신의 존재를 알 수 있게 되었다. 이런 현상이 만들어진 것은 자연이 이산화탄소 조절 능력을 상실하여 더 이상 지구에 생명체가 존재하지 않는 상태가 되기 때문이다. 이것은 지구상에 존재하는 모든 사람과 모든 생명체에 관한 것이다. 이른 시기에 지구온난화를 해결하려고 노력하지 않으면 지구는 생명체가 존재하지 않던 시기로 돌아가게 된다. 이것은 지금까지 해석되지 않은 종교의 예언서를 해석하여 나타난 사실이다. 지구온난화를 해결하지 못하면 지구는 생명체가 존재하지 않는 상태로 돌아가고 다시 최초의 생명체가 발생하는 현상과 함께 현재와 같이 진화해 오는 과정이 다시 이루어진다고 할 수 있다. 이것은 종교의 예언서를 해석하여 나타난 사실이며 우주는 시간과 공간을 초월해 4차원으로 존재하며 인간을 비롯한 생명체는 3차원으로 존재하기 때문이다. 우주가 시간과 공간을 초월해 4차원으로 존재한다는 것은 우주의 탄생과 소멸이 동시에 존재하는 것을 말한다. 우주, 신은 과거와 현재, 미래가 동시에 존재하는 4차원으로 존재하며 인간은 3차원으로 시간의 흐름에 지배받으며 과거와 현재, 미래가 존재하게 된다. 인간과 외계 생명체는 외계로의 우주 여행을 할 수 없다. 우주는 시간과 공간의 의미가 없는 4차원으로 존재하기 때문이다. 인류가 지구온난화를 해결하더라도 자원의 한계가 있기 때문에 지구에서 인간이 멸망하면 새로운 인류는 최초의 생명체가 이루어지는 순간부터 진화를 통해 새로운 인류가 다시 만들어진다고 할 수 있다. 그리고 인간이 현재와 같은 지구의 위기를 경험하여 멸망하면 새로운 인류는 또다시 지구에서 최초의 생명체가 진화하는 과정으로 만들어진다고 할 수 있다. 이 현상은 우주(神)가 과거와 현재, 미래의 시간의 흐름에 지배받지 않으며 시간과 공간을 초월해 4차원으로 존재하기 때문이며 인간은 3차원으로 존재하여 시간의 흐름에 지배받으며 지구에서 멸망과 새로운 최초의 생명체가 만들어져 진화하는 과정이 반복된다고 할 수 있다.

  나는 이 책과 관련되기 전에는 교회와 관련 없었으며 어떤 종교와도 관련 없는 상태였다. 나는 많이 배우지도 못했는데도 종교에서 중요한 2,000년 동안 해석되지 않은 예언서를 해석하게 되었다. 나는 이런 현상이 계속 믿어지지 않는 사실로 나타났으며 이런 사실이 쉽게 받아들여지지 않았다.

  이 책의 하권은 여러 가지 종교(불교, 민간신앙, 풍수지리, 성경, 노스트라다무스 예언시 등)와 관련된 책을 통해 성경의 예언서 계시록을 해석하였으며 '<u>책 한 권의 분량</u>'<u>으로 신의 존재를 증명하였다</u>. 상권은 한류 현상에 관하여 기록하였으며 '<u>한류 현상과 관련 있는 사진 4장</u>'으로 종교를 떠나서 누구나 알 수 있게 신의 존재를 증명하였다. 지금까지 교회는 신의 존재를 증명하지 못했기 때문에 신이 존재하는지 아닌지 정확하게 알 수 없었으며 신의 존재가 무엇인지 알 수 없었다. 그러한 이유로 유신론·무신론, 창조론·진화론의 논란이 석학 간에도 논쟁으로 발생하였다. 진화론은 18세기 중반 1차 산업혁명으로 지구온난화의 원인인 이산화탄소가 증가할 무렵에 등장하여 유신론·무신론의 대립이 더 심화되는 원인이 되었고, 창조론·진화론의 대립이 만들어지게 되었다. 이것은 교회를 떠나 종교를 믿지 않는 사람과 다른 종교를 믿는 사람에게 신의 존재(신이 존재한다는 생각)가 알려지는 역할을 하였다. 신은 어떻게 존재한다는 의미의 '자연'으로 존재하며 성경에도 "나는 스스로 있는 자니라"(출 3:14)라고 기록되어 있다. 미래의 어느 시기에 인간의 노력으로 지구온난화를 해결할 수 없을 때 '자연'으로 존재하는 신의 존재가 자연재해로 나타나서 지구온난화의 심각함을 나타내고 지구온난화를 해결하도록 하였다. '자연'으로 존재하는 신의 존재는 인간이 자연재해로 신의 지배를 받는 사실을 알려 지구온난화를 해결하도록 하였다. 그런데 모든 종교에서 신의 존재가 다르기 때문에 '종교를 떠나서 신의 존재가 알려지는 한류 현상의 기적을 통해 인간이 신의 지배를 받는 것'이 나타났다. 대재앙에 가까운 자연재해를 나타내는 것에는 한계가 있다고 할 수 있다. 그러므로 자연재해를 대신해서 인간이 한류 현상의 기적을 통해 신의 지배를 받는 현상을 나타내어 지구온난화를 해결하도록 하였다. 그리고 종교를 떠나서 한류 현상이 세계적으로 알려지도록 했으며 한류 현상은 대재앙에 가까운 자연재해를 대신한다고 할 수 있다. 한류 현상은 대규모의 인명피해와 재산 피해가 발생하는 것을 대신하는 것이며 이것은 돈으로 환산할 수 없는 가치가 발생한다.

이러한 '한류 현상이 대재앙의 자연재해를 대신하며 인간이 한류 현상으로 신의 지배를 받는 것'과 '지구온난화가 심각하여 반드시 해결해야만 한다는 것'을 정확하게 설명하는 것은 '코로나19'라고 할 수 있다. 코로나19는 신과 관련된 특별한 현상으로 발생한 자연재해라고 할 수 있다. 신과 관련된 특수한 형태의 자연재해인 '코로나19'는 자연재해를 대신하는 한류 현상의 영향을 받는다고 할 수 있다. 한류 현상의 K-POP과 K-드라마, K-영화, K-문학 K-먹방 등을 세계적으로 모든 사람이 직접 경험하고 '자연'으로 존재하는 신의 존재가 증명하여 알려지는 것을 많은 사람이 받아들이면 코로나19는 더 이상 필요하지 않을 것이다. '자연'으로 존재하는 신의 존재가 증명되고 알려지는 것을 종교를 떠나서 모든 사람이 받아들이는 것은 지구온난화의 심각함을 받아들이는 것이다. 지구온난화의 심각함이란? 인간은 지구온난화를 해결하지 못하며 그렇게 되면 지구는 생명체가 살지 못하는 상태가 되어 다시 최초의 생명체가 발생하는 현상이 만들어진다는 것이다. 이것은 4차원으로 존재하는 신의 존재를 증명하는 현상으로 알려지는 것이다. 이 책은 신의 존재를 한류 현상과 관련 있는 4장의 사진으로 신의 존재를 증명하고 있으며 이 책의 하권을 이것을 이론적으로 설명하는 것이라고 할 수 있다.

2. 이산화탄소의 농도

    자연재해를 대신하는 한류 현상의 사진 4장으로 종교를 떠나서 신의 존재를 증명하였다. 또 불교에서 가장 중요한 석가모니의 깨달음인 '불생불멸'은 내가 해석하는 신의 존재가 옳다는 것을 증명해 주었다. 이것은 오랜 기간 알려져 온 불교를 통해 그동안 종교를 떠나서 모든 사람에게 제대로 알려지지 않은 신의 존재가 정확하게 알려지는 것이 옳다는 것을 나타낸다. 그렇지 않고 새로운 사실로 신의 존재를 증명하면 모든 사람이 받아들이지 못한다고 할 수 있다.
    어떻게 존재한다는 의미의 '자연'으로 존재하는 신의 존재는 미래의 어느 시기에 인간의 노력으로 지구온난화를 해결할 수 없을 때 '자연'으로 존재하는 신의 존재가 자연재해로 알려져 인간이 자연재해로 신의 지배를 받는 것을 알리고 지구온난화의 심각함을 나타내었다. 그리고 자연재해로 지구온난화의 심각함을 알리는 데에는 수많은 인명피해와 피해복구액이 들어가므로 자연재해를 대신해서 한류 현상으로 인간이 신의 지배를 받는 것을 알려 지구온난화를 해결하도록 하였다. 그리고 이러한 사실의 빈부귀천(貧富貴賤), 지위고하(地位高下)를 떠나서 지구상의 모든 사람이 '자연'으로 존재하는 종교의 신의 존재를 알고 지구온난화'를 해결하는, 이 사실을 받아들이도록 '코로나19'와 같은 현상을 신의 뜻으로 만들었다. 오랜 기간 백신이 제대로 만들어지지 않고 수많은 인명 손실이 발생하며 치료 후 재감염되거나 사망하는 특이한 현상이 만들어진 것은 지구온난화에 관한 사실을 모든 사람이 받아들이도록 하기 위해 이루어진 현상이다. '코로나19'는 지구온난화가 심각한 현상이 되면 대재앙에 가까운 자연재해의 피해자가 누구나 될 수 있다는 것을 스스로 느끼어 지구온난화를 해결하도록 하는 것이다. 지구온난화의 심각한 현상으로 일정한 양의 이산화탄소 수치가 되면 인간은 지구에서 생존할 수 없는 상태가 될 수 있다. 산업혁명 초기 280ppm이었던 이산화탄소의 농도는 최근 2020년에는 413ppm이 되었으며 평균온도가 1.09도 상승하였다. 그리고 2050년에는 1.5도 상승할 것으로 예측했으나 10년 앞당겨져 2040년이면 1.5도 상승하게 된다. 이산화탄소의 연평균 증가량은 1년에 2.3ppm씩 증가하고 있다. 다음 수치는 계속 2.3ppm이 증가하는 것으로 예측하여 10년 후에는 23ppm이 증가하며 2030년에 436ppm이 된다. 그리고 20년 후 2040년은 459ppm이 되며 평균온도는 1.5도가 상승한다. 지구온난화에서 평균온도 상승과 이산화탄소의 농도에 의해 지구온난화의 심각함을 바로 알 수 있으며 이 이산화탄소의 농도를 나타내는 숫자에 의해 지구에서 인간의 멸망이 결정될 정도로 이 숫자는 매우 중요하다.

여기에서 2020년은 평균온도는 1.09도 상승하였으며 이산화탄소 농도는 413ppm이다. 20년 후 2040년에는 평균온도가 1.5도 상승하며 이산화탄소 농도는 459ppm이 된다. 그러면 2도 상승하는 시기와 이때의 이산화탄소의 농도를 유추해 볼 수 있다고 할 수 있다. 평균온도 1.09도에서 1.5도로 상승할 때 평균온도가 0.41도 증가하여 이산화탄소 농도는 46ppm 증가하였다. 1.5도에서 2.0도로 0.5도 상승할 때 56ppm이 증가하게 된다. 2도 상승할 때 이산화탄소의 농도는 2040

년의 459ppm에서 56ppm이 증가한 515ppm이다. 또 평균온도가 2도 상승하는 연도는 2040년에 24년을 더한 2064년이다. 2064년 이후에는 평균온도가 2도 상승하여 이산화탄소를 제어할 수 없게 된다. 이 수치는 2020년 이산화탄소가 연평균 2.3ppm 증가하는 것을 기준으로 한 것이다. 물론 이 수치가 정확하지 않다고 할 수 있다. 그런데 미래를 알 수 없는 상태에서 이 수치를 통해 어떻게 인간이 지구에서 멸망하는지 유추해 볼 수는 있다고 할 수 있다.

  2050년 탄소 제로는 현재 뚜렷한 방법이 실행되고 있지 않은 상태이며 지구온난화에 관한 사실조차 제대로 알려지지 않은 상태이다. 연평균 2.3ppm 증가가 정확한 수치가 아니더라도 이 책에서 나타내고 있는 인간의 노력으로 지구온난화를 해결하지 못하는 상태에서 인간이 멸종하는 미래를 이산화탄소의 농도로 예측할 수 있다고 할 수 있다.

	평균온도 상승	이산화탄소 농도
2020년	1.09도	413ppm
2040년	1.5도	459ppm
2064년	2도	515ppm

  위의 표는 계속 연평균 2.3ppm씩 계속 증가하였을 경우를 가정하고 예측한 것이다. 2도가 상승하는 2064년에는 이산화탄소 농도가 515ppm까지 증가하였다. 2도에 도달하면 온실가스는 더 이상 제어할 수 없는 단계에 이르게 된다. 이것은 자연이 이산화탄소 농도 조절을 상실하게 된 것이라고 할 수 있다. 그 이후 600ppm, 700ppm까지 증가하면 더 이상 이산화탄소가 증가하지 않는다. 이것은 어느 시점에 도달하면

인간의 몇 %가 멸종하여 더 이상 증가하지 않는 것으로 이해하면 된다. 이때는 이미 대재앙에 가까운 자연재해로 많은 인류가 희생된 상태이며 인류가 희생됐기 때문에 이산화탄소가 더 이상 증가하지 않게 된 것이다. 이때부터 다시 이산화탄소가 감소하기 시작하여 430ppm까지 줄게 된다고 할 수 있다. 이때도 많은 희생자가 발생하고 30%의 인류가 남았다고 할 수 있다. 이때 해안가의 해수면 높이는 다시 내려가지 않는다. 담수인 얼음이 바닷물에 녹아 해수가 되어 다시 얼지 않으며, 인류는 정상적인 생활을 할 수 없어 인류는 다시 생명을 잃을 것이다. 430ppm으로 인간이 살 수 있는 상태가 되었더라도 정상적인 생활을 할 수 없기 때문에 결국 인간은 멸망하게 된다.

   1.5도인 459ppm에서 이산화탄소의 증가는 멈추어야 한다. 여기서 탄소중립 2050년은 2014년 처음 IPPC에 의해 주장된 것으로, 현재 뚜렷하게 목표치를 이루려는 노력이 나타나지 않았다. 결국 그때 가서 보자는 무책임한 탄소중립이라고 할 수 있다. 최근 1.5도를 넘는 시기가 10년 앞당겨져, 2050년 탄소중립이 2040년으로 앞당겨졌다. 현재는 어떻게 하면 되겠지 하는 막연한 상태라고 할 수 있다. 앞으로는 예측할 수 없는 대재앙에 가까운 자연재해가 빈번하게 발생하게 된다. 1.5도 상승하는 459ppm에서 이산화탄소의 증가는 멈추어야 한다. 빈부의 차이, 지위고하 신분의 차이와 상관없이 많은 사람이 코로나19의 확진자가 된 것은 20년 후 이산화탄소 농도 459ppm, 평균온도 1.5도 상승한 상태에서는 누구나 자연재해의 희생자가 될 수 있다는 것을 코로나19가 경고하는 것이라고 할 수 있다. 지구온난화에 관한 것을 코로나19를 통해 제대로 받아들이지 못하면 제2의 코로나19가 발생하며

또는 지금까지 경험하지 못한 대재앙에 가까운 자연재해가 발생한다고 할 수 있다. 앞으로는 15~20년 사이 이산화탄소의 농도를 급격하게 줄이지 못하면 평균온도가 2도 이상 상승될 수 있으며 이런 상태가 되면 지구온난화를 제어할 수 없는 상태가 된다. 지금은 전쟁할 시기가 아니라 15~20년 이내에 이산화탄소를 급격하게 줄여야 할 방법을 찾아야 한다. 이산화탄소를 줄여야 자연재해가 그만큼 덜 발생하며 이산화탄소를 많이 배출하고 이산화탄소를 줄이려고 하지 않을 때 자연재해가 그만큼 더 발생하기 때문이다.

2035년경에는 여름에 북극의 얼음이 모두 녹아 북극의 얼음이 반사하였던 태양광을 바다가 모두 흡수하여 해수 온도가 오르게 되며 이것으로 태풍이나 허리케인의 강도가 강해진다. 그러면 기습 폭우에 의한 강수량은 증가하게 되며 하루에 500mm 이상의 폭우가 발생하는 지역이 늘어나며 점차 횟수도 증가하게 된다. 이런 상태에서 서울과 같은 대도시의 강이나 하천은 심각하게 범람하게 된다. 지구온난화의 심각함을 직접 체험하는 것은 하루에 500mm 이상의 폭우가 발생하는 것을 체험하는 것이라고 할 수 있다. 그러면 지구온난화를 예방하는 목적은 이런 현상이 빈번하게 발생하는 것이 멈추도록 하는 것이다. 어떤 심각한 재앙이 아니더라도 하루에 500mm 이상의 폭우가 자주 내리는 현상에 의해서 인간은 멸종할 것이다. 이런 현상은 이산화탄소의 농도가 올라가면 올라갈수록 빈번하게 발생하며 이런 상태가 계속되면 지구온난화는 해결할 수 없는 심각한 상태가 될 것이다. 이런 경우 북극의 얼음이나 남극의 얼음이 다시 어는 현상은 불가능하며 한번 발생한 이산화탄소가 사라지게 되는 데는 5~200년 이상 걸린다. 그것은 담수인 얼음이 녹은 물이 소금물인 바닷물에 섞이면 다시 어는 것이 어렵기 때문이다. 올라간 이산화탄소의 농도가 다시 내려가도 얼음으로 얼지 않는다고 할 수 있다. 이것은 한번 높아진 해수면 상승이 다시 내려가기 어려운 것을 나타낸다. 한번 올라간 이산화탄소는 없어지는 데 최장 200년 걸리며 이산화탄소의 농도가 정상 상태로 내려가도 이 사이에 이미 인간은 30%만 남고 멸종한 상태라고 할 수 있다. 이 30%의 인간이 남았다고 해도 해수면 상승은 내려가지 않는다고 할 수 있다. 또 이 30%의 인간이 생존했다고 하더라도 정상적으로 살아가기는 어려우며 지구는 생명체가 살지 못하는 최초의 지구 상태로 변한다고 할 수 있다. 생명체가 존재하지 않는 상태가 되는 것은 예언서를 해석해서 나타났다.

또한, 2030년대에는 북극의 영구동토층이 녹게 되고 메탄가스가 분출되어 지구온난화는 가속도가 붙게 될 것이다. 지구의 평균온도가 2도 상승하면 500mm 이상의 폭우가 빈번하게 발생하며 지구온난화는 제동이 걸리지 않게 된다.

"온도가 2도까지 올랐다가 다시 떨어져도 결빙을 가로막는 자체 메커니즘 때문에 이전의 얼음 상태로 돌아가기는 힘들다는 것이다." 라는 기사의 내용에서 "자체 메커니즘 때문에"란, 담수인 얼음이 녹아 소금물인 바다에 녹아 들어갔기 때문에 이미 소금물이 된 상태에서는 다시 얼기 어려운 것을 나타낸다.

이것은 상당히 중요한 표현이라고 할 수 있다. "이전의 얼음 상태로 돌아가기는 힘들다." 이산화탄소의 농도가 515ppm 이상으로 지구 평균온도가 2도 상승했을 때는 지구온난화가 자정 능력을 상실하여,

제동이 걸리지 않는다고 할 수 있다. 일정한 온도 상승 또는 일정한 농도에 도달하고 인간이 지구에서 지구온난화에 의한 대재앙으로 일부 멸종하면 이산화탄소의 농도가 올라가는 현상이 멈출 수 있다. 예를 들어 이산화탄소의 농도가 600ppm일지 700ppm일지 알 수 없는 상태가 되면 인간의 일부가 멸종하여 이산화탄소의 농도 증가가 멈추고 이산화탄소의 농도가 내려갈 수 있다. 이런 상태에서 다시 430ppm으로 줄어드는 과정에서 인간은 지구상에서 일부가 살아남더라도 지구에서 해수면 상승은 인간이 복구할 수 없는 상태라고 할 수 있다. 그렇게 되면 지구는 최초에 지구에서 생명체가 살지 않은 상태로 돌아가고 다시 생명체가 나타나는 현상이 발생하여 최근의 인류가 탄생하는 현상이 다시 만들어진다고 할 수 있다. 이런 현상이 발생하는 것은 인간은 3차원적인 존재이며 우주는 4차원으로 존재하기 때문이다. 이것은 우주는 '우주의 탄생과 소멸이 동시에 존재하는 4차원'이며 지구에서 생명체가 최초로 발생하는 상태와 인간이 지구에서 멸망하는 상태가 신(우주)의 입장에서는 동시에 존재한다고 할 수 있다. 우주는 4차원으로 시간과 공간을 초월해서 존재하기 때문에 지구의 탄생 시기와 멸망 상태가 동시에 존재한다고 할 수 있다. 이것은 우주가 시간의 흐름에 지배받지 않고 과거와 현재, 미래가 동시에 존재하여 시간과 공간을 초월해 우주의 탄생과 소멸이 동시에 존재하기 때문이다. 이것은 예언서에서 가장 중요한 계시록의 신의 존재를 나타내는 "나는 알파와 오메가요 처음과 나중이요 시작과 끝이라"의 해석으로 나타나는 것이며 계시록의 해석에서 가장 중요한 두 가지 사실에 의한 것이다. 이것은 불교에서 석가모니의 가장 중요한 깨달음인 '불생불멸(不生不滅)로 나타나며 불생불멸은 우주의 탄생과 소멸이 동시에 존재하는 것을 나타낸다. 이런 사실은 이 책에서 반복해서 나타나고 이 책을 통해 알 수 있으며 이런 사실은 이 책을 여러 번 읽어야 정확하게 이해할 수 있다고 할 수 있다. 성경을 한 문장으로 줄여서 신의 존재를 나타내면 "나는 알파와 오메가요 처음과 나중이요 시작과 끝이라"이며 팔만대장경을 한마디로 줄이면 "불생불멸(不生不滅)"이라고 할 수 있다. 이처럼 이 책은 오랜 기간 해석되지 않은 난해한 예언서의 해석에 의해서 이루어지며 이것을 정확하게 이해하기 위해 예언서의 특성으로 반복되거나 중복해서 기록된 부분이 있다고 할 수 있다.

  이와 같은 사실은 미래에 일어나는 일을 정확하게 알 수 없는 상태에서 가능한 한 최대의 가능성을 나타내는 것이다. 이것은 성경의 예언서 계시록에 과거와 현재, 미래에 동시에 존재하는 신의 존재가 증명되어 알려지는 사실로 유추해 볼 수 있다. 이런 사실은 신의 존재가 증명되었기 때문에 확신할 수 있다고 할 수 있다. 미래에 일어날 불행한 일을 예방한다는 의미에서 일어날 수 있는 최대한의 가능성을 나타낸다고 할 수 있다. 페이스북을 처음 시작할 무렵 자연이 이산화탄소 조절 능력을 상실하지 않기 위해 대재앙에 가까운 자연재해가 발생할 수 있다고 생각하였다. 또한, 이렇게 아름다운 자연의 멸망이라는 것을 생각하지 못했다. 그런데 그동안 여러 가지를 생각하고 알게 된 사실을 정리하며 기록하면서 위와 같은 현상으로 지구가 멸망할 수 있다는 것을 깨닫게 되었다. '지구의 멸망'이라는 반갑지 않은 사실을 전달한다는 것 자체가 불행한 일이지만, 앞으로 발생하는 재앙을 조금이라도 줄여야 한다는 의미에서 지구온난화는 예방되어야 한다고 생각되었다. 앞으로 하루에 500mm 이상의 폭우가 발생하는 현상에 의해 지구는 멸망 현상으로 가게 된다고 할 수 있다. 500mm 이상의 폭우가 발생하여 서울의 한강

같은 대도시가 범람하는 현상이 빈번하게 발생하게 되는 현상을 가능한 한 줄여야 하며 이런 형태로 지구가 멸망 현상으로 가는 것을 막을 수 있다. 이산화탄소의 농도가 상승하면서 지구온난화가 발생하며 2035년경 북극의 얼음이 여름에 모두 녹아 태양광을 바다가 그대로 흡수하게 되는 것이다. 그렇게 되면 해수 온도가 올라가고 이것으로 허리케인이나 태풍의 강도가 강해지고, 이런 현상으로 집중호우나 하루에 500mm 이상의 폭우가 발생하는 빈도가 높아진다고 할 수 있다. 또한, 2030년대 이산화탄소의 농도가 상승하고 지구 평균온도가 상승하여 북극 영구동토층의 해빙으로 메탄가스가 발생하여 지구온난화는 가속이 붙게 된다. 이런 현상에 의해 하루에 500mm 이상의 폭우가 발생하는 빈도에 의해 도시 기능이 마비되는 상태에서 지구의 인구수는 급속하게 줄어들 가능성이 발생한다고 할 수 있다. 이런 현상은 현재에도 발생하고 있으며 앞으로 10년 후 2030년이면 모든 사람이 심각하게 체감하게 될 것이다. 코로나19는 빈부 차이나 신분의 높고 낮은 것과 상관없이 모든 사람에게 발생하였다. 이것은 2030년 이후 모든 사람이 하루에 500mm 이상의 폭우가 발생하여 대도시인 서울의 한강이 범람하는 현상을 직접 체험하게 된다는 것을 의미한다. 가능한 한 이산화탄소의 농도가 올라가는 현상을 줄이는 것이 앞으로 발생하는 하루에 500mm 이상의 폭우가 발생하는 빈도를 줄이는 것이라고 판단해야 한다.

　백신으로 코로나19의 영원한 종식을 알 수 없으며 제2의 코로나19가 발생하지 않게 하기 위해서 한류 현상으로 신의 존재를 증명하여 지구온난화를 해결하는 사실이 세계 곳곳에서 알려져야 한다. 코로나19가 종식된 후 감염병을 극복했다는 일회성 사실에 머물러 있으면 지구온난화를 제대로 해결하지 못하며 제2의 코로나가 발생할 수 있다고 할 수 있다. 지구온난화를 반드시 해결해야 한다는 의지가 담긴 한류 현상이 세계 곳곳에 알려져 K-POP과 K-드라마, K-영화(오래전의 영화를 포함하여), K-문학 등을 모든 나라에서 직접 체험하고 경험한다면 코로나 19는 다시 발생하지 않을 것이다. 이처럼 전 세계 모든 사람이 직접 본인 스스로 지구온난화를 해결해야 하며 그러지 못할 때는 제2의 코로나 19가 발생하여 경제가 후퇴하는 현상이 다시 발생하게 되는 것이다. 이것은 지구온난화를 해결하려는 시도를 하지 못하면 그만큼 제2의, 제3의 코로나19가 발생하며 지구온난화를 해결할 때까지 코로나19와 같은 현상이나 지금까지 경험하지 못한 대재앙의 자연재해가 나타난다고 할 수 있다. 그래서 자연재해로 지구온난화의 심각함이 알려지는 것을 대신하는 한류 현상이 세계 곳곳에 알려져 모든 사람이 지구온난화를 해결하려고 할 때 코로나19는 다시 발생하지 않는다. 또한, 전 세계 모든 사람이 지구온난화에 관한 사실을 제대로 받아들이지 못할 때는 코로나 19보다 더 심각한, 지진이 발생하는 모든 해안가에서 지진해일이 발생할 것이다. 이런 상태에서도 지구온난화에 관한 사실을 제대로 받아들이지 못하면 중국의 싼샤 댐이 붕괴하거나, 중국에서 발생한 하루에 시간당 200mm 또는 그 이상의 폭우가 발생하거나, 미국·유럽을 비롯한 지구상의 모든 나라에서 재해가 발생하게 될 것이다.

   그래서 제2의 코로나19가 발생하지 않기 위해선 한류 현상이 세계적으로 알려져서 K-POP이나 K-드라마, K-영화 등 한류 현상을 지구상의 모든 사람이 직접 경험하고 체험하는, 지금까지와는 완전히 다른 세상이 만들어져 지구온난화의 심각함이 알려지는 세상이 만들어져야 한다. 그리고 한류 현상으로 신의 존재가 증명되고 지구온난화를 해결하는 것을 전 세계 모든 사람이 중요하게 여기는 것이, 제2의 코로나19와 지금까지 경험하지 못한 멸망 현상에 가까운 자연재해가 발생하는 것을 대신한다고 할 수 있다. 이것은 지금까지 알려지지 않은 신의 존재가 '자연'이라는 사실을 알고서 받아들이는 것이며 '자연'으로 존재하는 신의 존재가 살아 있다는 것을 받아들여 지구온난화를 해결하는 것이다.

3. 세계적인 수준의 K-POP

방탄소년단이 빌보드 앨범 차트와 싱글 차트에서 1위를 하는 현상이 만들어졌는데 이 책의 한류 현상으로 신의 존재를 증명하는 것이 알려진다면 K-POP의 여러 팀이 빌보드 싱글 차트에서 1위를 하는 현상이 만들어진다고 할 수 있다. 2020년 현재 K-POP은 세계적인 수준이며 가장 전성기에 와 있다. 현재 K-POP은 여러 사람의 칼 같은 군무로 비주얼 중심의 음악이 성행 중이다.

비주얼 중심의 음악이란? 연주 중심의 음악인 '록 음악'은 대중음악의 대표적인 한 형태이다. 록 음악은 기타, 보컬, 베이스, 키보드 등 각 악기가 동등한 지위를 가지면서 연주하는 음악이다. 이러한 연주 중심의 록 음악과 비교하여 댄스가 추가되어 비주얼이 특색으로 나타나는 의미에서 비주얼 중심의 음악이라고 한 것이며, K-POP 역시 연주가 중요한 부분을 차지한다고 할 수 있다. 그리고 K-POP의 연주는 여러 가지 장르가 혼합한 형태이며 연주가 발달한 한 형태라고 할 수 있다. K-POP에서 걸 그룹 (여자)아이들의 음악 장르가 "댄스, 랩, 힙합, 록/메탈"로 나오고 있으며 그중에 〈톰보이〉는 메탈이다. '메탈'이란 '헤비메탈'을 가리키며 '하드록'과 같은 말로서 '록' 음악 자체를 가리키는 말이다. 헤비메탈, 하드록은 연주 중심의 음악으로 굉장히 파워풀한 음악을 가리킨다. K-POP의 걸 그룹 중에 파워풀하게 연주하는 팀이 여럿 있으며 이렇게 헤비메탈의 파워풀한 모습을 연주하는 것은 K-POP이 여러 장르의 음악이 혼합되어 발전된 모습을 이루기 때문이라고 할 수 있다. 그만큼 K-POP은 대중음악의 발전된 모습을 나타내며 '댄스'도 '연주'와 함께 동등한 위치를 차지하며 완벽한 조화를 이룬 명곡이 탄생하기도 한다. 예를 들면 트와이스의 경우 댄스와 연주가 완벽한 모습으로 조화를 이루는 명곡이 여러 곡 있다. 나는 〈Heart Shaker〉를 듣고서 K-POP이 굉장히 훌륭하다는 것을 느끼고 K-POP에 다시 관심을 두게 되었다. 그 뒤에 나온 두 곡 〈What is Love?〉, 〈Dance The Night Away〉도 명곡이다. 그 외에 〈TT〉, 〈Cheer Up〉, 〈OOH-AHH하게〉 역시 명곡이라고 할 수 있다. 특히 내가 듣고서 다시 K-POP에 관심을 두게 된 곡 〈Heart Shaker〉의 가사는 이전에 내가 교회에 간 90년대 "한류가요"처럼 나와 관련된 가사를 나타내고 있다.

　이런 유형의 가사가 평범하지 않고 나에게 메시지를 전하는 가사이다. 이 경우 신과 관련된 현상의 신의 영감이 작용하여 가사가 신에 의해 만들어졌으며 이런 경우가 많은 가수는 '아이즈원'이 있다고 할 수 있다. 이런 가사는 나에게 용기를 북돋워 주었고 내가 어려움을 겪는 것을 부정적인 가사에서 확인할 수 있었다. 부정적인 가사는 나를 긴장시키고 이 책에 관한 사실에 긴장하고 잊지 못하게 하는 경우라고 할 수 있다. 이처럼 나에 관한 것을 직접 나타내고 있는 곡 중에 한류 초기의 〈마법의 성〉이 있으며 나에 관한 가사가 나타나는 곡을 알 수 있게 한다고 할 수 있다. 이 〈마법의 성〉이 나타내는 가사를 보면 나에 관한 내용의 가사를 나타내는 곡을 쉽게 알 수 있게 하고 있으며 '아이즈원'의 가사는 나에 관한 사실을 잘 나타내고 있다. 이러한 형태로 K-POP에서 나에 관한 내용을 나타내는 곡을 알 수 있다.

K-POP 3세대의 곡은 이전 세대보다 발전한 형태라고 할 수 있는데 이전에는 가사의 일부가 나와 관련된 사실을 나타냈다면 가사 전체가 나와 관련된 사실을 나타내는 경우가 있다고 할 수 있다. 그 가운데 1세대의 〈마법의 성〉은 더 분명하게 나타나는 경우이며 초기에 이런 현상은 나는 상상도 하지 못한 종교와 관련된 형태로 종교의 서적에 나에게 일어나는 일이 기록된 것을 알도록 한 경우라고 할 수 있다. 이러한 것이 나에게 좋은 의미만을 나타낸다면 나는 기고만장할 수도 있기 때문에 나에게 부정적인 의미를 나타내는 경우도 있으며 나를 긴장시키고 이 책에 관한 사실에 집중하도록 하는 것이라고 할 수 있다. 이처럼 "한류 현상"은 이 책이 만들어지는 동안에 일어난 신과 관련된 한류 기적 현상이다. '아이즈원'의 경우 이런 가사 전체가 나와 관련된 의미를 나타내는 경우가 더 있으며 내가 오디오를 설치하고 다시 K-POP에 관심을 두게 된 시기에 데뷔하여 활동했기 때문에 이러한 현상이 발생한 경우가 특히 많다고 볼 수 있다.

K-POP에서 이처럼 연주와 댄스가 완벽한 조화를 이루는 곡은 명곡이라고 할 수 있다. 이러한 것을 보면 K-POP이 얼마나 완성된 음악인지 알 수 있다.

그리고 신과 관련된 현상으로 신의 영감이 작용하여 만들어진 가사는 평범하지 않으며 주의해서 읽어 보면 K-POP의 가사가 신의 작용으로 만들어진 것을 알 수 있다.

- 에스파 - 블랙맘바, 넥스트 레벨
- 애버글로우 - 파일럿, 라디다

- 이달의 소녀 - So what
- 빌리 - RING ma Bell

- [예능연구소 4K] (여자)아이들 직캠 'TOMBOY' ((G)I-DLE FanCam) @Show!MusicCore 220319   유튜브

  이 외에 아이즈원의 〈해바라기〉(2019. 04. 01.)도 어떤 대상에 관한 사실이 나타나는 것을 느낄 수 있다. 이런 현상이 이 곡 한 곡에서 나타나는 현상이라면 어떤 근거 없는 소리가 될 수 있으나 한류 초기에 나에 관한 사실이 종교의 예언서에 쓰여 있는 것을 알 수 있도록 하는 현상이 노래의 가사, CF의 내용, 드라마의 내용으로 나타났었다. 이 경우 나만이 알 수 있도록 나타나는 경우와 다른 사람도 알 수 있도록 나타났는데 나만이 알 수 있도록 한 것은 예언서를 해석하기 위한 방법으로 작용했다. 이것은 아이즈원이 데뷔할 무렵 2018년 8월 여름, 내가 오디오를 설치하고 2004년 베이비복스가 해체한 후 보지 않았던 가요 순위 프로그램을 다시 보면서 관련되었기 때문에 이 책이 기록되는 과정의 마지막 팀으로 '아이즈원'이 관련됐다고 할 수 있다. 그렇기 때문에 '아이즈원'의 노래 가사는 나와 관련된 사실을 나타낸다고 할 수 있다. 베이비복스, 소녀시대, 아이즈원, 다이아는 내가 이 책에 기록하면서 마지막으로 이 책과 관련 있는 형태로 나타나거나 내가 관심을 둔 형태라고 할 수 있다. 이런 사실이 직접적으로 나타나는 경우와 비유적인 사실로 나만이 제대로 느낄 수 있다.

  아무튼 내가 지금까지와 다르게 오디오를 제대로 설치하고 K-POP을 듣게 된 시기에 아이즈원이 데뷔했기 때문에 이 책과 관련된 형태로

신과 관련된 한류 기적 현상이 만들어지는 과정의 마지막 팀이라고 할 수 있다. 그리고 아이즈원이 2019년 11월 잠시 활동을 중단한 후 4개월 만인 2월에 다시 활동하게 되는 어려운 과정을 거치게 된 것은, 내가 관심을 둔 이 책과 관련되었기 때문에 발생한 현상이다.

또한, 나는 걸 그룹 '다이아'에 관심이 많았는데 베이비복스와 유사한 부분이 많았다. 나는 베이비복스를 많이 좋아했는데 다이아가 그들과 비슷했기 때문에 나의 이목을 끌게 된 것이다. 이들은 베이비복스처럼 좋은 곡이 많은데도 잘 알려지지 않은 특이한 걸 그룹이었다.

K-POP은 직캠이라는 독특한 문화가 작용한다. 그중에 MBC의 음악방송 '음악중심'의 직캠은 상당히 매력적이다. 직캠이란 무대가 녹화되는 콘서트홀의 음악을 직접 촬영한 영상물로, 요즘은 방송사에서도 고화질의 직캠을 따로 업로드해 주기도 한다. 보통 방송에서는 스튜디오에서 녹음하여 앨범을 발매할 때 사용된 연주음악 녹음 MR을 사용하는데, 유튜브에서는 콘서트홀의 스피커에서 나오는 소리가 카메라의 마이크로 녹음되어 현장감 있는 음악을 들을 수 있다. 이때 스마트폰의 성능이나 위치, 스피커의 성량에 따라서 최적의 소리가 녹음되는 경우도 발생한다. 나는 오디오에 관심이 많은데 이렇게 최적의 위치에서 녹음되어 저음이 파워풀하고 웅장하게 들리는 것이 마치 콘서트홀에서 직접 듣는 것처럼 들리기 때문에 직캠을 선호한다. 이처럼 K-POP은 오디오를 어느 정도 갖추고 들으면 그 감동을 더 극대화할 수 있다. 또한, 비주얼 중심의 음악이기 때문에 어느 정도의 디스플레이기와 함께 오디오로 K-POP을 들으면 그 감동을 더욱 극대화할 수 있다. 이처럼 K-POP은 신과 관련된 현상으로 노래 가사가 만들어지고 곡의 영감도 신에 의해서 만들어지는 상당한 고급 음악이라고 할 수 있다.

K-POP은 어느 정도의 디스플레이기와 대형 스피커로 들을 만한 충분한 가치가 있다고 할 수 있다. 또는 중고 오디오 판매 사이트를 통해서 어느 정도의 고급 오디오로 들어도 저렴하게 좋은 소리를 들을 수 있다. 나는 몇 달 동안 중고 오디오 사이트를 집중해서 관찰하면서 때로는 좋은 이전의 다양한 명기를 구경할 수 있었으며 좋은 앰프가 간혹 저렴하게 매물로 나오는 경우를 볼 수 있었다. 오디오를 좋아하는 경우 다양한 옛날 명기를 구경할 수 있으며 오디오에 관한 시야도 넓어질 수 있어 이런 행위 자체가 취미가 되는 경우도 있었다.

  MBC '음악중심'은 좋은 오디오를 사용하며 고품질의 마이크로 콘서트홀의 연주를 그대로 녹음하는 것처럼 느껴졌다. 어느 날 '아이즈원'의 〈환상동화〉라는 곡을 들었는데 음악중심의 직캠 음악이 스피커에서 드라이아이스 연기가 흘러나오는 것처럼 느껴진 적이 있었다. 또 〈환상동화〉를 처음 들었을 때 인상적이었던 부분을 저녁 늦게 다시 떠올리면서 드라이아이스 연기가 흘러나오는 느낌을 다시 한번 느꼈다. 동영상을 보니 아이즈원이 춤을 출 때 바닥에 드라이아이스 연기가 바닥에 깔려 있었다. 이것은 영상이기 때문에 음악 소리와는 상관없는 것이지만, 나는 이 〈환상동화〉를 처음 들을 때 그 드라이아이스 연기가 스피커에서 흘러나오는 것처럼 느껴진 것을 생각하며 집중해서 듣곤 하였다. 개인적으로 명곡이며, 항상 다시 들을 때 처음 드라이아이스가 흘러나온 느낌을 생각하며 음악을 듣곤 했다.
  이후로 다른 곡들을 MBC 음악중심의 직캠을 통해 유심히 듣게 되었다. 직캠은 스튜디오 녹음과 다르게 새로운 녹음 방식처럼 들렸고 아예 뮤직비디오의 음악보다 음악중심의 직캠이 훨씬 좋게 들리는 경우가 생겼다. 그래서 대부분 콘서트홀에서 듣는 것처럼 느껴지는 음악중심의 직캠을 중요하게 느끼며 듣게 되었다. 특히 좋은 곡을 발견하면 음악중심의 직캠을 반드시 듣곤 했다. 또 좋았던 곡들은 음악중심의 직캠 링크를 페이스북에 기록하였다. 다른 방송사에서도 직캠을 업로드하지만, 음악중심의 직캠이 월등하게 능가하는 것 같았다. 특히, (여자)아이들의 **"[예능연구소 직캠] (여자)아이들 라타타 @쇼!음악중심_20180512 LATATA (G)I-DLE in 4K"**는 또 다른 새로운 녹음 방식처럼 느껴졌다.

- [예능연구소 4K] 아이즈원 직캠 '환상동화(Secret Story of the Swan)' (IZ*ONE FanCam) @Show!MusicCore 200620   유튜브
- [예능연구소 직캠] (여자)아이들 라타타 @쇼!음악중심20180512 LATATA (G)I-DLE in 4K   유튜브

4. 잃어버린 친구

나는 몸에 통증이 있거나, 하루라도 빨리 이 책이 만들어져야 한다는 부담감을 떨치지 못한 상태에서 나의 행동을 함부로 행동할 수 없었다. 나는 오랜 기간 만나지 못했던 친구들을 제대로 만나려고 했으나, 한 친구를 만나기 위해 찾아간 순간 이 친구가 이 세상 사람이 아니라는 사실로 너무나 큰 충격을 받았다. 그래서 나는 TV에 나오는 김희선 씨에게 친구의 역할을 대신해 달라고 하였다. 나는 한 가지에 깊게 빠지곤 하는데 그 친구에 대한 생각으로 굉장히 고통스러웠다. 이를 김희선 씨가 대신했으며 또한 2022년 2월, 어머니마저 갑자기 돌아가신 상황에서 김희선 씨의 도움은 상상 이상이었다. 어머니의 장례식을 치르고 집으로 돌아와서 모니터 앞에 앉는 순간 이 책에 대한 부담감 때문에 장례식에 대한 생각을 잃어버렸다. 그리고 시간이 두세 달이 지나자 어머니에 대한 생각이 떠올랐다. 그동안 김희선 씨가 어머니에 대한 생각을 대신하였다. 이처럼 김희선 씨는 이 책에 대한 부담감, 몸의 통증, 친구와 어머니에 대한 생각 등 여러 가지를 대신하고 있었다. 왜 김희선 씨가 어머니와 친구에 대한 생각을 대신하였는지는 같은 방법으로 오랜 기간 송윤아 씨, 베이비복스는 나에게 긍정적인 생각을 하도록 한 유일한 피난처였기 때문이다. 95년 이 책과 처음 관련됐을 때 송윤아 씨와 김희선 씨는 이 책과 관련 있었으며 97년 나는 친구들이 나 때문에 어려움을 겪고 있는 것은 아닌지 생각이 들어 연락을 끊게 되었으며 송윤아, 김희선, 베이비복스는 나에게 친구들을 대신하는 역할을 하였다. 그랬기 때문에 잃어버린 친구를 대신해 달라고 하였다. 친구를 만나지 못할 때 TV를 통해 친구를 대신했었기 때문에 김희선 씨는 어머니와 친구의 역할을 대신할 수 있었다.

2019년 '아이즈원'은 11월에 갑자기 4개월간 활동을 잠정 중단했다. 내가 집에서 오디오를 설치하고 음악 방송 순위 프로를 볼 때, 2018년 8월경에 아이즈원은 데뷔했다. 아이즈원은 활동기간이 2년으로 정해진 팀이었다. 그런데 이 책이 알려지면 아이즈원이 빌보드에서 우승하는 현상이 만들어지고 이때 '아이즈원'이 해산할 때까지는 K-POP의 전성기가 유지될 것으로 느껴졌다. 그래서 당시에는 곧 발매될 음반을 들어 보면 그것이 사실인지 확인할 수 있을 것이라 생각했다. 그러나 '아이즈원'은 프로듀스48 조작 파문 구설수로 활동을 중단하였다. 이때 '아이즈원'이 해산할 것으로 많은 사람에게 알려졌지만, 결국에는 다시 활동하게 되었다. 나는 '아이즈원'이 다시 활동할 수 있도록 기다렸으며, 기사 분위기도 아이즈원에 유리한 방향으로 바뀌었다. 그리고 아이즈원의 팬덤 '위즈원'이 악성댓글을 유도하는 기사와 부정적인 기사, 악성댓글에 '아이즈원은 다시 활동할 수 있으며 필요한 팀'이라고 답글을 달았다. 결국 위즈원의 긍정적인 댓글에 의해 소속사는 다시 활동할 수 있음을 알리게 되었다. 이때 내가 설레발치고 했으면 오히려 부정적으로 작용했을 것이다. '아이즈원'은 이미 발매된 음반 중에 빌보드 싱글 차트 '핫100'에서 1위를 할 수 있는 곡이 있다. 개인적으로는 이 책에서 기록하고 있는 K-POP 최고의 연주로 〈해바라기〉를 꼽고

싶다. 이 노래는 나에게 항상 처음 듣던 감명이 그대로 전달되고, 시간이 지나도 그 감명이 지속된다.

　한류 현상이란 이 책이 만들어지는 과정과 알려지는 현상 동안 발생한 신과 관련된 기적 현상이라고 할 수 있다. 〈SO CURIOUS〉도 독특하면서 매우 뛰어난 가사와 함께 신과 관련된 특별한 현상인 신의 영감이 작용했다고 할 수 있다. 아이즈원만의 명곡이면서 K-POP의 대표적인 명곡이라고 할 수 있다. 〈해바라기〉가 수록된 'HEART*IZ'와 〈SO CURIOUS〉가 수록된 음반 'BLOOM*IZ'을 통해 Steve Winwood의 명반 〈Back In The Highlif Again〉에서 느껴졌던 만족감을 그대로 느낄 수 있었다.

- [MPD직캠] 아이즈원 직캠 4K 'SO CURIOUS' (IZ*ONE FanCam) | @COMEBACK IZ*ONE BLOOM*IZ　　　　　　　　유튜브
- IZ*ONE (아이즈원) - Sunflower / Hey. Bae. Like it. (해바라기) Lyrics (Color Coded Han/Rom/Eng)　　　　　　　유튜브

　강한 비트의 음악인 록 음악은 70년대가 가장 전성기였다. 그 이후 K-POP은 여러 장르가 혼합되어 발전했는데 여러 명의 칼군무는 K-POP에서만 볼 수 있는 특징이기도 하다. 음악 역시 1994년 내가 처음 교회에 갈 무렵부터 신과 관련된 현상으로 한류 가요, K-POP이 만들어져 지금의 발전된 형태가 이루어졌다. 이 시기에 가요의 가사가 나의 주변에서 이루어지는 일을 나타냈는데 이는 신과 관련된 현상이다. 드라마와 CF도 같은 현상을 나타냈으며 이러한 현상으로 나에게 이루지는 일이 기록된 성경의 예언서를 해석하는 현상이 만들어졌다. 이런 형태로 한류 현상은

신과 관련된 현상으로 만들어졌으며 소녀시대가 신의 존재를 증명하는 것이다.

　록 음악은 미국에서 컨트리와 블루스를 합하여 만들어진 대중음악으로서, 60, 70년대 영국에서 비틀스와 레드 제플린의 '브리티시 록'으로 완성되었다. 이처럼 '브리티시 록'이 미국 빌보드를 통해 세계적으로 알려진 것과 같이 K-POP도 같은 형식을 따르고 있다. 이것은 60, 70년대 '브리티시 록' 이후 세계적으로 대중음악의 역사가 새롭게 쓰인 것이라고 할 수 있다. 소녀시대를 통해 신의 존재가 증명된 것은 K-POP이 신의 작용으로 만들어졌으며 한류 현상이 알려져 종교를 떠나서 지구온난화에 관한 사실이 세계적으로 알려지기 위해 만들어진 것을 나타낸다. 방탄소년단이 빌보드 앨범 차트 순위권에서 두 번 우승한 후 〈작은 것들을 위한 시〉의 컴백 무대를 보는 순간 이제 방탄의 무대는 빌보드라는 것이 느껴졌다. 그 후 시간이 지나면서 이 책이 많은 사람에게 알려지는 방법이 될 수 있는 것을 깨닫게 되었다. 앞서 언급했듯이 트와이스의 〈Heart Shaker〉를 듣고 그해 방송사의 2017년 연말 가요 대전에서 방영하는 2017년 K-POP의 주요 곡을 보고 K-POP이 대단히 훌륭하다고 느꼈으며 K-POP을 다시 듣게 되었다고 할 수 있다. 그래서 트와이스와 레드 제플린의 음악을 비교해서 들을 수 있게 페이스북에 기록하였다. 이때 영국의 '브리티시 록'이 빌보드를 통해 세계적으로 알려졌으며 K-POP도 영국의 브리티시 록처럼 빌보드를 통해 세계적으로 알려진다는 설명을 하려고 하였으나 아직 K-POP을 잘 알지 못했기 때문에 제대로 설명하지는 못했다. 이처럼 트와이스의 〈Heart Shaker〉를 들으면 비주얼 중심의 음악인데도 음악적 서정미가 담겨 있어 굉장히 뛰어난 음악으로 느낄 수 있을 것이다. 거기에다 9명의 완벽한 칼군무가 이루어져 이것보다 더 훌륭한 음악이 있을까 싶었다. 트와이스의 〈What is love〉 발매 때 처음 오디오를 갖추고 베이비복스 이외에 K-POP에 제대로 관심을 가지기 시작했다. 〈Dance the night away〉도 들으면 바로 좋아지는 명곡으로 추천한다. 트와이스는 명곡이 여러 곡 있어 트와이스를 가장 많이 듣고 또 페이스북으로 소개했던 것 같다. 사람마다 좋아하는 색이 다르듯이 트와이스가 나와 가장 맞는 색깔이었던 것이다.

방탄소년단 이외에 다른 K-POP 그룹도 빌보드에서 우승할 수 있을 것처럼 느껴졌다. 또한, 방탄소년단의 〈작은 것들을 위한 시〉가 2017년 빌보드 앨범 차트를 석권했지만, 역주행해서 싱글 차트 '핫100'에서도 충분히 기량을 펼칠 수 있을 거라는 생각이 들었다. 이런 현상으로 종교적으로 새로운 사실이 알려져 많은 사람에게 알려지기 어려운 이 책이 많은 사람에게 알려지는 방법이 될 것으로 느껴졌다. 그만큼 〈작은 것들을 위한 시〉는 완성된 K-POP 최고의 명곡이라고 할 수 있다. 베이비복스 해체 이후에는 가요 순위 프로그램을 보지 않았는데, 그 이후 방탄소년단을 통해 느낀 나의 소감이다.

베이비복스 이후 가요 순위 프로를 보지 않다가 초등학교 저학년의 조카들에게 그 당시의 가요를 들려준 적이 있었다. 그때는 원더걸스, 소녀시대, 카라, 브라운아이드걸스 등의 후속곡들이 연달아 성공하며 걸 그룹의 입지를 단단히 잡아 준, 그야말로 걸 그룹이 대세인 시대였다. 다시 제2의 K-POP 시대가 만들어진 것이다. 이전에 베이비복스를 비롯하여 이 책과 관련 있는 탤런트 김희선 씨, 송윤아 씨의 드라마 등 모든 TV 출연 프로그램을 VCR로 녹화해서 보았으며 2009년 이후에는 TV를 보지 않게 됐었다. 김희선 씨, 송윤아 씨, 베이비복스는 내가 한류 현상으로 나타난 드라마와 가요를 체험하도록 해 주었다. 이분들을 통해 한류 현상의 드라마와 가요를 체험할 수 있었으며 불가능한 예언서의 해석과 관련되어 고통스럽고 어려운 데 유일하게 위안이 되어 주었다. 그러나 TV를 안 볼 때에는 송윤아 씨에게 악성댓글이 달리는 현상을 알지 못했으며 이때는 김희선, 송윤아, 베이비복스가 한류 현상과 관련 있다는 5줄의 글만 기록한 상태였다. 그런데 이런 사실조차 송윤아 씨에게 누가 될 것 같아 한류 현상과 관련됐다는 글을 지우려고 했으나 김희선 씨의 네임밸류(name value)가 너무 커서 지우지 못했다. 이런 현상에 의해 김희선 씨는 한류 현상에 관하여 처음 이 책에 기록하는 데 영향력이 작용했다고 할 수 있다. 여기에서 김희선 씨와 송윤아 씨, 베이비복스가 이 책과 관련된 부분에 대하여 살펴보자.

1993년, 나라에서 실시하는 6개월 과정의 컴퓨터 교육을 수강하면서 이전에는 꾸지 않았던 꿈을 선명하게 꾸는 일이 생겼다. 매일 희미한 꿈을 꾸다가 선명한 꿈을 꾸는 날이면 전산원에서 여학생이 나에게 관심을 가지는 것 같았다. 나의 입장에서는 그렇게 느낄 수밖에 없었다. 군대 제대 후 입시학원에 다닐 때도 이런 현상이 발생했는데 이것이 나를 제어하고 구속하는 수단으로 작용하였으며 나의 진로가 순탄하게 진행되지 않는 상황으로 연결되었다. 이것은 내가 어느 시기에 교회에 가서 교회와 연관된 현상이 만들어지도록 나를 제어하는 현상이라고 할 수 있다. 이런 현상이 평범하지 않은 특수한 현상이라고 할 수밖에 없다. 한 가지를 오랫동안 깊이 생각하는 버릇 때문일 수도 있다. 또 반드시 그렇지 않은 경우도 있었다고 할 수 있다. 아무튼 이것은 교회에 가기 전에 나에게 발생한 특수한 현상이라고 설명할 수밖에 없다. 이처럼 이성과의 상호작용이 생기면 전날 맑은 물에서 노는 물고기의 꿈을 선명하게 꾸곤 했다. 꿈을 꾸면 나는 집에서 아버지가 보던 작은 해몽서를 찾아보았으며 나중에는 서점에서 1,000페이지에 달하는 해몽서를 사 오기도 했다. 그리고 이 해몽서를 사 온 후 성경에서의 꿈을 해몽 방식으로 해석한 동일 저자의 《성경속의 꿈 해석》을 1994년 6월 말 구입했으며 7월에 우연히 교회에 가게 되었다. 《성경속의 꿈 해석》은 언젠가 교회에 갔을 때 도움이 될 것 같았다. 이 책은 신의 존재를 증명하는 데 가장 중요한 역할을 하며 이 책과 관련된 사실로 신의 존재를 증명하는 현상이 가능하게 되었다. 이런 상태에서 집 앞에 분식집이 이사를 오고 젊은 여성이 있었지만, 나는 분식집에 직접 가지 않았기 때문에 얼굴을 볼 수 없었다. 그 후 10월경에 이분과 연관 있는 것처럼 느껴지는 중요한 꿈을 꾸었는데 이분이 잘못된다거나 도움이 필요한 꿈을 계속 꾸게 되었다. 또 소중한 자전거를 잃어버리는 꿈 등으로 고통스러웠고 이것 때문에 교회에 가게 되었다. 정말이지 얼굴도 이름도 나이도 전혀 모르는 상대가 꿈속에 나타나서 잘못된다거나 도움이 필요하다고 하여 고통스러움에 교회에 가게 되었는데 이제는 내 가족이 잘못된다고 하여 열 달 동안 혼자 교회에 다니는 현상이 발생하였다. 전혀 어떤 납득이 되지 않는 일이었으며 잘못되는 일이 발생하였으면 이 현상에 의해 내가 교회를 다니지 못할 수도 있었다고 할 수 있다. 이처럼 꿈과 관련된 고통스러운 현상에 의해 나는 열 달 동안 정상적이지 않은 모습으로 교회를 혼자 다녀야 했다. 그리고 열 달째 될 무렵 이번에는 집 앞 상가의 여성이 잘못된다고 꿈에 나타났다. 같은 상태로 집 앞 상가였기 때문에 얼굴만 볼 수 있었으며 이름도 나이도 알 수 없었다. 이 사람을 보고 한 달 후 송윤아 씨의 데뷔 드라마 〈개성시대〉가 방영되었으며 앞 교회의 여성이 계시록의 첫 번째, 집 앞 아파트 상가의 여성이 두 번째가 되었다. 시간이 지난 뒤 베이비복스에도 닮은 사람이 한 사람 있었다. 이 현상에 의해 얼굴도 이름도 모르는 사람과 관련된 형태로 내가 교회에 가는 현상이 만들어졌으며 교회를 그만둘 때도 같은 현상으로 이름도 나이도 모르는 상태로 집 앞 상가의 아가씨와 연관되었다. 앞에서 말한 것처럼 계시록의 첫 번째와 두 번째로 작용하는 현상이 만들어져 중요한 현상이 되었으며 송윤아 씨와 닮은 상가의 여성이 김희선 씨와도 닮은 형태로 김희선 씨도 이 책과 연관되었다. 이분들이 등장하는 드라마, 가요, 예능 프로는 빠지지 않고 전부 직접 보거나 VCR로 녹화해서 보았다. 그 이유는 나에게 유일하게 위안이 되는 대상이기 때문이었다. 또 이 시기에는 TV를 보아야만 했으며 TV CF가 비유적인 사실로 나에 관한 사실을 나타내어 엄청난 고통을 받는 가운데 유일하게 긍정적인 의미로 작용하였다. 나는 이 현상을 지옥에서 만난 부처라고 표현했다. 또한, 97년 이후 친구들과 연락을 끊고 친구들을 만날 수 없는 상태에서 친구의 역할을 대신했다고 할 수 있다. 이러한 의미에서 또 다른 가족이라는 느낌을 받았다. 베이비복스는 정말로 어렵게 가수 활동을 했으며 베이비복스의 윤은혜 양은 2015년 무렵 의상 디자인 표절과 관련된 시비가 생겨 긴 기간 공백기를 가졌다. 그리고 송윤아 씨는 악성댓글에 휘말리는 현상이 발생하였으며 고통을 심하게 받았고 현재 CF를 찍지 못하는 상태로 알고 있다. 그리고 내가 페이스북을 하는 동안 김희선 씨도 페이스북을 운영하였는데 동시대에 운영한 것 자체가 나에게 큰 도움이 되었다. 이 책과 관련 있는 연예인이 고통받는 것은 나에게 극심한 고통으로 작용하였다. 그래서 김희선 씨가 잘못되는 현상이 발생할까 봐 굉장히 조심스러운 편이었다.

한류 현상이란 내가 종교와 관련 있는 지구온난화에 관한 책을 쓰는 동안에 발생한 '신과 관련된 기적 현상'이다. 또한 이러한 한류 현상이 지구온난화를 해결하기 위해 세계적으로 알려지는 현상이다. 내가 이 책을 쓰는 동안 처음부터 끝까지 나의 곁에서 도움을 준 김희선 씨, 송윤아 씨 그리고 베이비복스가 진정한 한류 스타라고 할 수 있다. 특히 김희선 씨는 95년, 이 책과 관련 있는 것을 느낀 후 중국 무협 영화의 의상을 입은 남녀가 팔짱을 끼고 옆으로 나란히 서서 우주로 떠오르는 모습으로 보였다. 그리고 다시 둘이서 나란히 하강하는 모습을 볼 수 있었다. 이 꿈은 하도 선명하고 분명하여 지금도 그대로 기억하고 있는데 최근에 설마 김희선 씨라고는 생각할 수 없었다. 김희선 씨는 인스타와 페이스북을 하였기 때문에 자신의 인스타와 페이스북에 똑같이 사진을 올렸다. 나는 김희선 씨가 올린 사진을 인스타로 확인하고 김희선 씨의 페이스북에 '좋아요'를 주의해서 체크하였다. 그 이유는 이 당시 페이스북을 운영하는 것만으로도 나에게 상당히 도움이 되었기 때문이었다. 이 책과 관련된 중요한 역할을 하였으며 어떤 불행한 현상이 발생하면 나로서는 고통이 더 심하기 때문에 염려하는 마음에서 페이스북에 '좋아요'를 조심해서 체크하였다. 이러한 형태로 김희선 씨는 이 시기에 나에게 상당한 도움을 주었다. 그전에 이 책과 관련된 형태로 소녀시대의 제시카 양이 탈퇴할 때는 이 책에 관한 사실을 모두 잊고 2~3일 동안 신문 기사만 긍정적으로 보도되어 긍정적으로 해결되기를 기원한 적이 있었다.

5. 소중한 친구

1986년은 나에게 너무 안 좋은 해로 기억하고 있다. 85년 전문대학교에 다니고 봄에 휴학 후 입시학원 종합반에서 수업을 듣게 됐었다. 그런데 여름 무렵에 몸이 안 좋아 그만두었고 86년은 집에만 있었다. 이 시기에 친구들이 군대에 가게 되어 단체로 여러 사람이 송별회를 하였다. 이때 친한 친구가 의가사 제대를 하게 되어 일찍 제대하였으며 이 친구와 송별회를 함께했다. 또 이와 비슷한 시기인 1984년 입시학원에서 다른 친구가 면회하러 와서 같은 입시학원에 다니고 있던 한 사람을 친구로 소개받게 되었다. 그런데 이 친구는 입시학원에 다니던 중 군대에 지원한 상태였으며, 곧 영장이 나와 군대에 가게 되었고 세 명이 함께 술을 마시고 환송하였다. 이 친구는 14개월이 지나도 휴가를 나오지 않았으며 얼마 후 휴가를 나왔다. 86년 다른 친구들은 이제 군대에 가려고 송별회를 하는 중에 이 친구는 군대에서 고참이 되어 자주 휴가를 나오게 되었다. 이 시기에 친구들과 술을 먹으면서 나하고 상당히 친하게 되었다. 이때 단체로 송별회를 하며 나는 한 이성을 알게 되었는데 그녀에게 깊이 빠지게 되었다. 그녀를 만나기 몇 개월 전 1986년 7월 오전에 FM 라디오에서 2시 이후에 에릭 클랩턴의 라이브 연주 두 곡을 송출한다고 해서 기다린 적이 있다. 그래서 12시경부터 카세트 녹음기 앞에 엎드려 누워서 곡이 나오면 녹음하려고 점심도 안 먹고 기다렸다.

그런데 나는 잠이 들었으며, 잠결에 FM 라디오에서 곡이 나오는 것 같아 녹음 버튼을 눌러 간신히 녹음을 했다. 어떤 면에서 특이한 현상이었으며 우연히 두 곡을 녹음하게 되었다. 두 곡은 에릭 클랩턴의 〈Presence of the lord〉와 〈Have you ever loved a woman〉이었으며 〈Have you ever loved a woman〉이 내가 이성을 처음 만난 것과 연관이 있는 줄 이 시기에는 알 수 없었다. 그리고 나는 영어를 잘하지 못할뿐더러 잠결에 곡이 나온 상태에서 녹음한 것이며 제목을 정확하게 알 수 없었다. 이처럼 내가 최초로 이성을 만난 것과 관련된 곡을 특이하게 녹음하는 현상이 발생하였다. 이때 나에게 의미 있는 현상이 있었는데 나의 친구가 아니었던 친구와 만나서 너무나 소중한 친구가 된 것이다. 교회에 가기 전 3년 동안 나는 원인이나 이유도 모른 채 무척 고통받는 현상이 나의 주변으로부터 발생했으며 이 친구는 그런 나를 알고서 일부러 도와주려고 한 상태였다. 이때 'Steve Winwood'의 〈Back in the high life again〉(1986. 06. 30.)이 발매되었고 또 '이문세' 씨의 〈깊은 밤을 날아서〉(1987. 03. 10.) 앨범이 발매되었다. '이문세' 씨는 4집 〈깊은 밤을 날아서〉로 골든디스크어워즈 '대상'을 받았으며 Steve Winwood와 비교될 정도로 한국의 뛰어난 발라드 가수이다.

   이런 형태로 나는 군대에 가는 시기에 한 이성을 알게 되었고 이런 현상은 소중한 친구를 만나게 되는 현상으로 만들어졌다. 이때 이 친구가 일본에 신문 장학생으로 일본 전문대를 졸업하자는 제의를 받게 되었다. 나는 어지간하면 함께 일본에 갈 수는 있는데 실패하고 돌아왔을 때 후유증이 심할 것 같다고 했으며, 결국 친구 혼자 일본에 가게 되었다. 나는 야간 전산원에서 컴퓨터 자격증을 취득하려고 하였고 그러면 다른 자격증을 딸 수 있는 자격이 주어지는 것을 알게 되었다. 그런데 컴퓨터 자격증은 취득하더라도 취업이 어렵고 이 시기에 컴퓨터를 배우는 것은 소프트 엔지니어가 프로그램을 만드는 것으로 조금 더 전문적으로 배우는 것이었다. 그래서 자격증을 취득하고 바로 취업이 가능한 어떠한 직업이든지 선택하기로 마음먹었다. 그런데 2년제 야간 전산원에서 컴퓨터를 배우기 전에 6개월 과정의 무료 컴퓨터 강좌가 있는 걸 알고 6개월 과정의 컴퓨터 교육을 받게 되었다. 이때가 1993년 1월이었으며 이때 나는 희미한 꿈을 꾸다가 선명한 꿈을 꾸게 되는 이상한 현상이 발생하였다. 이때 6개월 전산원 과정을 다니면서 나 때문에 남학생이 여학생을 사귀지 못하는, 말로 설명하기 어려운 특이한 현상이 발생하였다. 이것은 나를 고통스럽게 하였으며 수업이 제대로 이루어질 수 없었다. 다시 2년제 야간 전산원에 다니면서 6개월 과정과 같은 현상이 발생하지 않도록 미리 한 여학생을 사귀어야 하는지 생각하게 되었다. 그런데 이번에도 6개월 과정과 같은 현상이 발생하였으며 상당수의 어린 친구들이 1학기를 마치고 여학생을 사귀지 못할 것 같아 군대에 가는 현상이 발생하였다. 이때는 1994년이며 나는 7월에 교회에 가게 되었다. 94년 2월에 나는 단독주택에 살다가 아파트로 이사 갔으며 층간 소음으로 무척 고통스러웠다. 야간 전산원에서는 내가 전산원을 그만두게 하려고 수업 시간에 수업을 방해하는 현상이 계속 발생하였다. 또 이 시기에 낮에는 아르바이트를 하려고 2곳에 취업했으나, 제대로 다닐 수 없거나 폐업하는 현상이 발생하였다. 나는 그래서 그나마 안정적인 새벽 우유 배달을 하게 되었다. 야간 전산원에서 전혀 수업이 제대로 이루어지지 않고 집으로 돌아와 12시 반에 누워 잠들면 3시 반경에 깨어 나와 관련된 일을 머릿속으로 생각하다 4시 반에 우유 배달을 하였다. 그리고 집으로 돌아와 정신없이 잠이 들고 오전에 일어나면 층간 소음으로 긴장한 상태가 되어 5시에 야간 전산원에 갔다. 나는 이 시기에 굉장히 힘든 시간을 보내게 되었고 이런 상태로 94년 7월에 교회에 가게 되었다. 일본에 간 친구는 어학 코스를 마치고 일본 전문대에 입학할 자격이 주어졌는데 한국으로 돌아오게 되었다. 한국에 돌아온 후 2~3개월 동안 다른 곳에 갔다 온다고 하고선 8톤 대형 화물차를 몰고 왔다. 대형 화물차 조수로 교육받고 직접 화물차를 몰고 온 것이었다. 이것은 내가 전산원을 다니기 2년 전이었으며 나는 이 친구가 도움을 많이 받게 되었다. 청주를 지나 청원쯤에서 이 친구는 휴대전화로 나에게 연락하면 나는 택시를 타고 대전 톨게이트로 가서 화물차를 타고 친구와 여러 곳을 다니게 되었다. 친구와 다니면서 대형 화물차 좌석 뒤에는 한 사람이 누울 공간이 있는데 서로 마주 보고 반대로 누우면 발이 얼굴 옆에 있으며 이런 상태에서 옆으로 누우면 두 사람이 누울 수 있었다. 이런 식으로 여러 곳을 다니며 이 친구는 나에게 술도 사고 어려운 시기에 친구가 되어 일부러 나를 배려해서 나에게 도움이 되려고 하였다.

 이 시기에 나는 집에 머물러 있는 시간이 많았으며 상당히 안 좋은 상태였다. 그런데 트럭 운전하던 친구도 이 시기에 어려운 편이었으며 이런 상태에서 친하게 되었다. 98년 나와 관련하여 이 친구에게 좋지 않은 일이 발생할까 봐 이사하면서 연락을 두절하게 되었다. 이 현상으로 드라마 〈응답하라 1997〉이 만들어졌다. 또 94년에 내가 교회에 처음 갈 시기와 관련하여 〈응답하라 1994〉가 만들어졌다. 1986년은 나에게 가장 안 좋은 해였던 시기에 처음으로 이성을 알게 되고 또 소중한 이 친구를 알게 된 시기였다. 이때 나와 관련하여 〈응답하라 1988〉가 만들어졌다. 나와 관련하여 드라마 시리즈가 만들어진 것이다. 그렇지만 2009년 이후로 드라마를 안 보았기 때문에 이 드라마를 본 것은 아니었다. 1986년 이 시기에 친구들이 군대에 가던 때였으며 군대에 가는 친구를 위해 환송연을 했다. 이때 나는 최초로 이성을 여러 사람과 함께 환송연 하는 모임을 통해 알게 되고 여러 친구와 함께 만났는데 내가 크게 반하게 되었다.

  이때 트럭을 운전하던 친구의 도움을 무척 많이 받았으며 이 친구와 다른 친구 덕분에 내가 오랜 기간 고통과 어려움 속에서 이 책을 기록할 수 있었다. 그리고 이 책을 마무리할 무렵 이 책의 마무리가 어려워 친구를 만나려고 연락했는데 얼마 전에 심장마비로 갑자기 세상을 떠난 것을 알게 되었다. 당시 나는 상당한 충격을 받게 되었다. 그런데 이때 조금 지나서 김희선 씨를 통해 이 친구를 대신하는 역할로 도움을 받게 되었다. 또 이 무렵 지구온난화를 해결하지 못하여 인간이 사는 지구가 생명체가 전혀 살지 않는 상태로 바뀌는 과정을 깨닫게 되어 부담이 생각보다 상당했다. 생각을 오래 하는 습관이 배어 있는 상태에서 친구의 죽음은 너무나 큰 상처가 되었다. 친구는 오랫동안 내가 책을 완성하기를 기다린 상태였으며 나는 오랜 기간 고통과 외로움에서 나의 친구들을 제대로 만나기를 기다린 상태였다. 이런 의미에서 김희선 씨의 도움은 크게 작용할 수밖에 없었다. 몸에 통증이 있는 상태에서 어렵게 독서실에 가서 하루를 보내고 다음 날 다시 가려면 통증이 심해져 독서실에 갈 수 없었다. 나중에는 김희선 씨의 호의를 생각해서 독서실에 가서 책을 마무리하는 형태가 되었다. 이럴 때 독서실에 가서 책 정리를 할 수 있었던 것은 연예인 중에 김희선 씨의 나에 대한 호의를 생각해서 이 책에 관한 마무리 작업을 할 수 있었다. 또한, 지구온난화로 지구에서 모든 생명체가 사라지고 다시 새로운 생명체가 최초로 나타나 오랫동안 진화를 거쳐 다시 지금과 같은 상태가 된다는 것은 너무나 부담이 되어 책을 끝낼 수 없었다. 그때 김희선 씨가 이 책과 관련 있다는 것을 느끼고, 그날만 남녀가 팔짱을 끼고 우주 끝까지 날아올랐다가 다시 하강하는 꿈의 모습이 떠올라, 김희선 씨가 그 시기에 나에게 도움이 되는 것을 이 책을 마무리해도 되는 것이라고 깨닫게 되었다. 이처럼 이 시기에 탤런트 김희선 씨는 SNS를 사용하여 나에게 도움을 주었으며 나는 김희선 씨에게 너무나 큰 도움을 받았다. 또 나에게는 너무나 소중한 어머니가 돌아가셨는데 김희선 씨는 어머니를 대신하는 역할을 하였다. 이런 형태로 김희선 씨는 나에게 크게 도움이 되었기 때문에 김희선 씨에게 내가 할 수 있는 것은 최대한 많은 액수로 신의 존재를 증명하는 소녀시대의 SM엔터 주식을 사라는 것이었다. 내가 어려움을 겪을 때 가장 큰 도움이 된 김희선 씨에게 가능한 한 나의 도움이 작용하도록 했으며 이것은 내가 알게 된 사실을 전달하는 것뿐이었다. 내가 개인적으로 만나거나 하는 현상은 발생할 수 없었다. 신과 관련 현상에서 이전에 삼풍백화점 붕괴와 대구 지하철 화재 사고 당시 안전불감증으로 많은 사람이 사망했을 때 눈물도 흘릴 수 없었다. 마음이 약해지기 때문이었다. 물론 내 마음대로 눈물을 흘릴 수 있지만, 거기에는 고통이 따랐다. 그런 의미에서 내가 김희선 씨를 만나는 것은 이 책을 쓰는 것에 반대 현상으로 작용하는 것이며 몸에 통증이 있는 상태에서 나에게 고통만 발생할 수 있었다.

한류 현상이 세계적으로 알려지기 위해선 K-POP이 빌보드 싱글 차트 '핫100'에서 다수의 팀이 1위 하는 현상이 많은 영향을 준다고 할 수 있다. 또한, K-POP이 빌보드에서 1위 하는 데에는 K-먹방이 글로벌하게 알려지는 것이 중요한 역할을 한다고 할 수 있다. K-POP과 K-먹방과 같은 한류 현상이 세계적으로 알려지기 위해 인터넷과 유튜브, SNS, 삼성·LG의 스마트폰, 디스플레이(TV)가 신과 관련된 현상으로 신의 뜻에 의해 만들어졌다고 할 수 있다. K-POP이 세계적으로 알려지기 위해서 K-먹방의 한류 문화가 알려지는 것이 영향을 주며 또한, K-먹방이 세계적으로 알려지면 K-POP에 영향을 준다고 할 수 있다. 그리고 K-먹방이 세계적으로 알려지면 K-푸드가 세계적으로 알려지는 데 영향을 줄 수 있다. K-푸드가 세계적으로 알려지면 밀키트, 가정간편식과 같은 한국에서 만들어진 음식을 외국에서 직접 주문해서 먹는 방식이 활성화될 수 있다. 소상공인이 직접 응용하고 개발한 K-푸드를 외국에서 직접 주문하는 현상이 만들어지는 것이다. 또한, K-푸드가 외국에 많이 알려져 한국 문화가 세계적으로 알려지는 현상이 만들어질 것이다. 또, K-POP이 세계적으로 알려지면 K-먹방이 세계적으로 알려지며, K-먹방이 세계적으로 알려지면 K-POP이 세계적으로 알려져 상호작용이 발생할 것이다. K-먹방이 세계적으로 알려지면 우리나라 소상공인이 제작하는 밀키트 음식이 인터넷을 통해 세계적으로 알려지는 효과가 나타난다고 할 수 있다. 그렇게 되면 외국인이 외국에서 우리나라 밀키트를 직접 주문해서 집에서 요리해 먹는 현상이 만들어진다. 이처럼 소상공인이 만든 음식과 밀키트를 주요 콘텐츠로 다루는 유튜버로 '애주가TV참PD'가 있다.

다음은 유튜브 먹방 '애주가TV참PD'의 동영상 제목을 예를 든 것이며 중소상인의 식품을 다룬 참PD의 특유의 먹방이 많은 편이라고 할 수 있다.

"배달치킨 손절합니다. 에어프라이어용 치킨리뷰"(2021. 3. 12.)
"품절대란 줄서서 먹는다는 마약냉면을 먹어봤습니다."(2021. 3. 8.)
"대적할곳이 없다는 갈비와 고깃집 비법된장 리뷰"(2021. 3. 7.)
"이런 갈비찜은 41년만에 처음입니다."(2021. 3. 13.)
"구매평이 18000개?? 왜 사먹는지 알아봤습니다. 국민닭갈비 리뷰" (2020. 4. 20.)

유튜브가 한류 현상이 알려지기 위해 신과 관련된 현상으로 만들어졌기 때문에, 이 책을 통해 유튜브가 만들어진 원인이 알려지면 한국과 관련된 유튜브가 더 많이 알려질 것이며 이 유튜브를 통해 이 책이 알려질 방법을 생각하였다. 그중에 먹방 유튜브를 많이 시청했으며 내가 많이 시청한 유튜브는 "애주가TV참PD", "산적TV 밥굽남", "광마니", "상해기 SangHyuk", "맛상무", "[햄지]Hamzy", "맛있겠다 Yummy", "tzuyang 쯔양" 등이다.

유튜브의 'Mukbang(먹방)'이라는 단어는 우리나라에서 만들어졌으며 인터넷, 유튜브와 페이스북, 인스타그램, 트위터 등 SNS와 삼성·LG 스마트폰, 삼성·LG 디스플레이기(TV)가 한류 현상이 세계적으로 알려지기 위해 신의 뜻으로 만들어졌다. 이런 사실은 소녀시대의 〈라이언 하트〉 뮤직비디오를 통해 신의 존재를 증명하는 현상이 만들어졌기 때문이라고 할 수 있다. 이런 사실이 다니엘 12장 4절 "많은 사람이 빨리 왕래하며 지식이 더하리라"라고 나타나는 사실로 알 수 있다고 할 수 있다.

6. 한류 현상이 세계적으로 알려져야 하는 이유

　종교를 떠나서 성경 예언서의 해석이 옳다는 것을 나타내는 다른 종교(불교)의 중요한 사실을 알고 성경의 예언서를 해석하게 되었다. 다른 종교의 중요한 사실은 성경의 예언서 해석이 옳다는 것을 증명하고 있다. 이것은 새로운 사실로 해석하면 많은 사람이 받아들이지 못한다고 할 수 있다. 그런데 오랫동안 알려져 온 불교에서 석가모니의 가장 중요한 깨달음으로 전해져 왔기 때문에 종교를 떠나서 많은 사람이 받아들일 수 있는 것이다. 이처럼 불교에서 나타난 신의 존재가 궁극적인 의미에서, 종교를 떠나 '자연'으로 같다는 사실로 성경의 예언서가 해석되었다. 이렇듯 모든 종교에서 정확하게 알려지지 않은 신의 존재는 어떻게 존재한다는 의미에서 '자연' 또는 '자연이 살아 있다'라고 나타나며 이것은 불교와 교회의 신의 존재가 궁극적인 의미에서 같은 사실임이 나타나고 있다. 성경의 예언서 계시록의 해석으로 나타난 신의 존재(신이 존재한다는 생각)는 '우주 전체가 하나의 살아 있는 생명체로 자연이 신이다'라고 나타난다. 이것은 '우주=자연=하늘=神'이며 '우주', '자연', '하늘'은 같은 사실로 나타나며 우리나라에서 나타나는 '하늘'이라는 의미는 神을 잘 설명한다고 볼 수 있다.
　한마디로 종교의 신의 존재는 미래의 어느 시기에 인간의 노력으로 지구온난화를 해결할 수 없을 때 '자연'으로 존재하는 신의 존재를 증명하여 나타내고 지구온난화를 해결하기 위해 지금까지 알려지지 않았다. 그런데 이제는 어떻게 존재한다는 의미의 '자연'으로 존재하는 신의 존재가 정확하게 알려진다고 할 수 있다. 또 이런 사실이 종교를 떠나서 지구상의 모든 사람에게 알려지기 위해 한류 현상과 관련 있는 사진 4장으로 신의 존재를 증명하도록 하였다. 그리고 자연재해를 대신하여 한류 현상으로 인간이 신의 지배를 받는 것을 나타내어 한류 현상이 종교를 떠나서 세계적으로 모든 사람에게 알려져 지구온난화를 해결하도록 하였다. 또, 이런 현상을 주의해서 받아들이도록 재산이나 신분의 차이와 상관없이 세계적으로 모든 사람이 코로나19를 직간접으로 체험하는 현상이 발생하였다.

  자연재해로 지구온난화의 심각함을 나타내는 것은 인명 손실과 피해복구액의 한계가 있기 때문에 한류 현상이 자연재해를 대신해서 인간이 신의 지배를 받는 사실을 알려 지구온난화를 해결하도록 하였다. 그러므로 한류 현상이 세계적으로 알려지는 것은 돈으로 환산할 수 없는 가치가 발생하는 것이다. 그런 이유로 한류 현상과 관련 있는 사진 4장이 종교의 예언서와 관련 있는 것은 인간의 노력으로 해결할 수 없는 지구온난화를 해결하는 것으로 작용하고 있다. 이런 사실이 종교와 빈부의 차이, 신분의 차이를 떠나서 모든 사람이 받아들이는 현상으로 코로나19가 발생하였다고 할 수 있다. 신과 관련된 현상으로 코로나19가 발생하여 전 세계적으로 동시에 발생하는 전염병이 나타났으며 지구온난화에 관한 사실이 세계적으로 모든 사람에게 알려지도록 하였다. 코로나19는 지구온난화에 관한 사실이 모든 사람에게 알려지기 위해 발생하였다. 코로나19는 신의 의도에 의해 발생한 자연재해의 일종이기 때문에 코로나19가 완전히 종식되고 제2의 코로나가 발생하지 않으려면 한류 현상이 세계적으로 알려지고 모든 사람이 K-POP, K-드라마, K-영화, K-문학, K-먹방 등을 직접 체험하고 생활 속에 깊이 스며들게 해야 한다. 이렇게 한류 문화가 세계적으로 알려지는 데에는 K-POP이 중요한 역할을 한다고 할 수 있다.

내가 이 책과 직접 관련된 것은 1994년 7월 교회에 가면서부터였다. 나는 글을 잘 쓰지 못했기 때문에 처음 3년 동안은 책으로 기록한다는 생각을 전혀 하지 못했으나 98년 초 내가 알게 된 것을 잊어버릴 것 같아서 예언서의 순서를 정하는 등 초안을 만들었다. 그리고 내가 알게 된 신과 관련된 현상이나 예언서의 해석을 메모로 기록한 후 2002년 처음 책의 형태가 만들어졌다. 이 책을 처음 만든 후 3~4개월에 한 번씩 책의 내용이 잊힐 만하면 계속 검토하고 끝없이 수정하면서, 2011년에야 처음 책으로 제대로 만들어졌다. 이때는 어떤 면에서 더 자세히 해석하면 오히려 그 사실에서 벗어나면서 모호해지는 면이 있었다. 그 이유는 이 책이 인간의 노력으로는 해석할 수 없는, 지금까지 해석되지 않은 예언서의 해석으로 기록되었기 때문이었다. 몇 개월 동안 예언서의 단어 하나를 해석하였으며 또한, 성경의 여러 예언서와 내가 1994년 처음 교회에 간 후 2~3달 동안 알게 된 예언서의 해석 방법으로 나타난 7~8 권의 성경 해석 요령의 책을 동시에 해석해야 하였다. 여러 가지 예언서와 관련된 단어를 동시에 해석해야 했으며 잊었다가 다시 떠오르거나 신과 관련된 현상을 경험한 후에 정확한 의미를 알게 되는 경우가 있었다. 이처럼 인간의 노력으로 해석이 불가능한 성경의 예언서가 신과 관련된 현상을 체험하여 예언서의 단어 하나가 정확하게 해석되는 경우가 있었다. 몇 개월 동안 예언서의 단어 하나를 생각하며 해석되는 경우가 있었으며 또는 그 단어를 잊어버렸다가 신과 관련된 현상을 체험하고 그 단어가 머릿속에 떠올라 정확한 의미를 알게 되는 경우가 있었다.

예언서 해석의 실마리를 나타내는 꿈을 꾸고 깨어 새벽에 3~4시간 동안 예언서와 예언서 해석 요령을 나타내는 책의 해석을 끝없이 계속 머릿속에서 정리했다. 그런 뜻에서 성경의 여러 가지 예언서와 7~8권의 성경 해석 요령을 나타내는 책을 수십 번, 수백 번 보고 또 수십 번, 수백 번 생각하며 해석하였다. 낮에도 틈만 나면 이 책을 해석하는 데에만 빠져 주변의 친구를 만나지 못하고 정상적인 사회생활을 하지 못하였으며 24시간 동안 이 책의 해석에 매달려야 했다. 이 책의 해석과 관련되지 않은 다른 행동을 하면 고통스러운 일이 발생하였으며 다른 일을 하지 못한 채 이 책의 해석에 매여 있었다. 이런 형태로 가족에게는 이 책에 관하여 설명하지 못했으며 또한, 말로는 제대로 된 설명이 불가능했다고 할 수 있다. 나 역시 이 책에 대한 사실을 제대로 알지 못했다고 할 수 있다. 그리고 내 가족이나 가까운 주변 사람에게 경제적으로 어려운 일이 발생하였으며 주변의 친구들을 만나지 못한 채 이 책을 만드는 것에 몰두해야 했다.

이 책의 하권은 17년 동안 만들어졌으며 종교에 관하여 기록되었다. 상권은 2011년 이후 한류 현상에 관하여 기록하였으며 한류 현상은 1990년대 중반에 시작되었다. 한류 현상은 계속 발전했으며 중간에 내용 자체를 삭제하거나 수정해야 하는 등 어렵게 기록되었다. 그리고 한류 현상이 종교와 관련된 형태로 알려지는 현상을 내가 알게 된 과정이 기록되었다. 예를 들면 원더걸스에 관하여 기록하였는데 원더걸스가 해체하면 원더걸스에 관한 내용을 삭제하거나 수정하며 계속 기록해야 했으며 이런 사실은 큰 애로 사항으로 작용하였다. 이런 현상과 예언서가 시간의 흐름과 무관하게 기록되어 있거나 예언서의 해석을 여러 번 반복해서 읽고 정확하게 깨닫는 형태로 이루어져 이 책이 반복되거나 중복해서 나타나는 경향이 있다.

 이 책이 한류 현상과 관련된 사실로 신의 존재를 증명하며 유튜브는 한류 현상을 알리기 위해 만들어졌기 때문에, 한류 현상과 관련 있는 국내외 유튜브에 이 책을 홍보하기 위해 처음에는 짧은 전자책으로 만들려고 하였다. 그런데 이 책에 대한 부담감과 코로나19, 북핵 위기의 비핵화 등 지구온난화와 관련된 사실이 부담으로 크게 작용하여 이 책의 기록이 늦어지게 되었다. 그리고 북핵 위기와 코로나19에 관한 사실이 외국에 이른 시기에 알려져야 하므로 상권의 경우 요약한 책으로 만들어지는 것이 낫다고 생각되었다. 앞에서 언급한 '신의 존재를 증명하는 현상'을 중간에 깨닫게 되어 불필요한 논란이 필요 없게 되었다. 그리고 이 책이 나타내는 중요한 현상 중의 하나인 한류 현상이 세계적으로 알려지도록 작용하는 북핵 위기의 비핵화 과정이 이른 시기에 미국을 비롯한 외국에 알려져야 할 필요가 있기 때문에 상권의 핵심적인 내용으로 기록된 이 책이 우선 필요하다고 느껴졌다.

 이 책의 상권은 한류 현상에 관하여 시간의 흐름대로 기록되었다. 상권은 한류 현상이 신과 관련된 현상으로 나타나는 것이나 이 책이 알려지기 위한 현상 또는 이런 사실을 내가 알게 되는 과정이 기록되었다. 그동안 알려지지 않았던 신의 존재에 관한 사실로 이 책이 알려지기 위한 현상에 관하여 기록하다 보니 필요 이상의 논란이 기록된 면이 있다. 이런 현상이 필요 이상의 혼란으로 나타나며 이것에 대하여 내가 더욱 부담감을 가질 수밖에 없었다. 이 책을 기록하는 과정에서 한류 현상과 관련된 4장의 사진으로 그동안 불가능으로 알려진 교회의 신의 존재를 증명하는 현상에 대하여 깨닫게 되었다. 그동안 유신론·무신론, 창조론·진화론의 논란이 끝없는 논쟁으로 나타나며 종교와 생물학의 석학 간에도 논쟁이 되었다. 이와 같은 유신론·무신론의 논란이 신의 존재를 증명하여 필요 없게 되었다. 이처럼 한류 현상으로 신의 존재를 증명하는 현상이 중요한 현상으로 나타나기 때문에 이 책이 알려지기 위해 필요 이상의 논란이 되는 부분은 삭제하는 것이 옳다고 생각하게 되었다. 또한, 상권은 내가 건강의 어려운 여건에서 기록하다 보니 중간에 수정하면서 중복되거나 반복해서 기록될 수밖에 없었다고 할 수 있다. 이런 이유로 이 책의 핵심적인 사실로 많은 사람에게 이른 시기에 알려지는 것이 필요하다고 느껴졌다. 하권은 1994년부터 2011년까지 종교에 관하여 기록하였으며 전반부는 2011부터 최근까지 한류 현상에 관하여 기록하였다. 한류 현상에 관한 책이 하권이며 이것이 정상적인 순서이다. 그런데 이 책이 알려지기 위한 현상으로 상·하권의 위치가 바뀌어 한류 현상에 관한 책이 상권이 되었다. 나는 그래서 한류 현상에 관한 책을 먼저 만들려고 하였다. 이 책이 많은 사람의 관심을 받는 것은 종교에 관한 것보다 한류 현상에 관한 것이기 때문이다. 그래서 원래 시간의 흐름으로는 종교에 관한 책이 먼저 기록되었고 이 사실을 보충하기 위해 한류 현상에 관한 사실이 나중에 기록된 것이다.

그동안 예언서의 정확한 해석을 알 수 없어서 교회는 지금까지 신의 존재를 증명하지 못하였으며 '창조론·진화론, 유신론·무신론'이 석학 간에도 많은 논란의 대상이었다.

《종교전쟁(종교에 미래는 있는가)》- 저자 장대익, 신재식, 김윤성, 사이언스북스. 2009. 06. 12.

종교 전쟁을 끝낼 대화의 시작! 과학과 종교의 새로운 만남과 진화를 꿈꾼다!

『종교전쟁 : 종교에 미래는 있는가?』 사이비 과학/사이비 종교 운동이 파고들 틈을 메울 수 있는 과학과 종교 간의 진지한 대화를 다룬 책이다. 신학자 신재식 교수, 종교학자 김윤성 교수, 과학 철학자 장대익 교수가 21세기 다시 불붙기 시작한 과학과 종교 논쟁에 대한 한국 지식 사회의 대응을 시작한다. (이하 생략)
인터넷 교보문고

위와 같이 '종교 전쟁'은 신학자, 종교학자, 과학자의 과학·철학의 석학 간에도 창조론·진화론, 유신론·무신론으로 오랜 논란이 되고 있다. 그 원인은 교회에서 신이 존재하는지, 존재하지 않는지 정확하게 알려지지 않았으며 신의 존재가 증명되지 않았기 때문이다. 이처럼 신의 존재는 교회에서 정확하게 알려지지 않고 미래의 어느 시기에 알려지도록 하였다. 이것은 미래의 어느 시기에 인간의 노력으로 지구온난화를 해결할 수 없을 때 '자연'으로 존재하는 신의 존재가 증명되고 알려져 지구온난화를 해결하기 위해서이다. 또 신의 존재를 증명하는 자체가 미래를 알 수 없는 인간에게 '인간이 지구온난화를 해결하지 못한다'는 것을 알려주는 현상이 되고 있다. 이제는 신의 존재가 한류 현상과 관련된 사실로 증명되고 알려지도록 하였기 때문에 이러한 논란이 필요 없게 되었다.

이 책의 기본 요약은, 그동안 교회에서 2,000년 동안 예언서 계시록이 해석되지 않아 신의 존재에 관하여 제대로 알 수 없었는데, 이 책은 요한계시록을 해석하고 한류 현상과 관련된 4장의 사진으로 신의 존재를 증명하고 있다. 이것은 오랜 기간 종교(교회)의 신의 존재를 나타내지 않았다가, 인간의 노력으로 지구온난화를 해결할 수 없을 때, '자연(自然)'으로 존재하는 신의 존재를 증명하고 자연재해로 나타내어 지구온난화의 심각함을 알려 해결하도록 하는 내용이 주요 내용이다. 그러면 왜 한류 현상으로 신의 존재를 증명하느냐! 그 이유는 대재앙의 자연재해를 대신해서 한류 현상으로 인간이 신의 지배를 받는 사실을 나타내어, 신의 존재에 관한 사실을 교회뿐만 아니라 다른 종교를 믿는 사람과 그리고 종교를 믿지 않는 이 땅에 존재하는 모든 사람에게 한류 현상으로 종교를 떠나서 신의 존재를 알리기 위해서이다. 인간은 종교를 떠나서 신의 지배를 받는 것뿐만 아니라 자연재해로 신의 지배를 받기 때문에 자연재해를 대신해서 한류 현상으로 인간이 신의 지배를 받는 것을 알리고 있다. 한류 현상으로 종교의 신의 존재를 알게 된 것은, 한류 현상으로 인간이 신의 지배를 받는다는 것뿐만 아니라 서로 다른 종교를 믿는 사람, 어느 종교도 믿지 않는 사람 등 모든 사람이 똑같이 '자연'으로 존재하는 신의 지배를 받기 때문에, 한류 현상으로 인간이 자연재해를 대신해서 신의 지배를 받는다는 사실을 알게 되었다.

이 책은 인간의 노력으로 지구온난화를 해결할 수 없기 때문에 자연재해를 통해 자연(自然)으로 존재하는 신의 존재를 증명하여 나타내고 있으며, 신의 존재는 '自然' 또는 '自然이 살아 있다'이다. 그런데 자연재해로 인간이 신의 지배받는다는 의미의 '자연'이라는 표현은 신(神)이라는 의미를 완전하게 표현하지 못한다고 할 수 있다. 그래서 이 책에서는 자연재해를 통해 지구온난화를 해결해야 한다는 의미에서 인간이 자연(自然)의 지배를 받는다는 '자연' 또는 '자연이 살아 있다'가 신의 존재이지만, 神이라는 의미를 더 잘 설명하는 것은 우리나라에서 알려져 온 '하늘'이라고 할 수 있다. 사후세계, 천국과 지옥, 전생, 귀신, 유령 등과 같은 단어 자체가 신과 관련된 현상이며 이런 단어를 사용하는 것이 무의식적으로 종교를 떠나서 신과 관련된 현상과 관련되었거나 알아 온 것이라고 할 수 있다. 이것은 교회뿐만 아니라 종교를 믿지 않는 경우에도 무의식적으로 신과 관련된 현상으로 신의 존재를 느껴온 것이다. 신(神)이라는 단어의 가장 근접한 표현은 종교를 떠나서 '하늘'이라고 할 수 있다. 이것은 인간이 신의 작용을 밀접하게 받아 왔다는 것을 무의식적으로 느껴 왔기 때문이다. 그리고 신의 존재는 인간의 노력으로 해결할 수 없는 지구온난화를 해결하려고 미래의 어느 시기에 '자연'으로 존재하는 신의 존재가 증명되고 알려지도록 하였다. 교회는 신의 존재(신이 존재한다는 사실)를 알 수 없었지만, 인간이 밀접하게 신의 지배를 받는다는 사실이 알려져 오면서 자신의 인격 수양을 하기 위해 많은 사람이 신앙생활을 제대로 하였다. 교회는 신의 존재가 알려지지 않은 채 미래의 어느 시기에 종교의 유무와 상관없이 지구온난화를 해결하기 위해 '자연'으로 존재하는 신의 존재가 증명되고 알려지도록 하는 역할을 한 것이다. 그런데 우리나라의 대표적인 종교학자인 길희성 교수님은 "신은 어디에 숨어 있나"라고 하면서 신의 존재가 정확하게 알려지지 않은 사실을 명제처럼 분명하게 말씀하셨다. 여기에서 길희성 교수님은 신의 존재가 정확하게 알려지지 않았다는 것을 명확하게 알고서 "어디에 숨어 있나"와 같은 말씀을 하셨다. 그러므로 교회는 신의 존재가 명확하게 알려지지 않았거나 신이 존재하는지 존재하지 않는지 제대로 알려지지 않은 상태이다. 그렇다 보니 교회는 신의 존재에 관한 혼란을 경험하고 있다고 할 수 있다. 그 예로 '내가 신이다'라는 사이비 종교가 만들어지고 일부 잘못된 목사 중에 개인적인 비리로 교도소에서 수감하는 중형을 선고받는 현상이 만들어졌다. 이것은 神의 존재 또는 神이라는 개념이 부정확하게 알려졌기 때문이다. 여기에서 교회뿐만 아니라 모든 종교는 미래의 어느 시기에 신의 존재가 종교를 떠나서 모든 사람에게 정확하게 알려지는 역할을 한 것이다. 그래서 '자연'으로 존재하는 신의 존재는 인간이 지구온난화를 해결하지 못하는 미래의 어느 시기에 종교를 떠나서 신의 존재를 증명하고 신의 존재가 정확하게 알려지도록 한 것이다. 우리나라에서 '하늘'이라는 의미로 신의 존재가 무의식적으로 알려져 온 것처럼 이미 인간은 종교를 떠나서 신의 지배를 받아 왔으며 미래의 어느 시기에 종교를 떠나서 신의 존재가 정확하게 알려지도록 한 것이다. 사후세계, 천국과 지옥, 전생, 귀신, 유령 등과 같은 단어는 종교를 떠나서 신과 관련된 단어이며 이와 같은 단어를 사용함으로써 종교를 떠나서 신과 관련된 현상을 무의식적으로 알아 온 것이다. 그리고 미래에 인간의 노력으로 지구온난화를 해결할 수 없을 때 '자연'으로 존재하는 신의 존재는 종교를 떠나서 한류 현상으로 증명하여 세계적으로 알려지도록 한 것이다. 미래의 어느 시기에 인간의 노력으로 지구온난화를 해결할 수 없을 때 '자연'으로 존재하는 신의 존재를 한류 현상으로 증명하여 종교를 떠나서 세계적으로 알려지도록 하였다.

여기에서 신의 존재가 왜 지금까지 정확하게 알려지지 않았으며 神의 존재(신이 존재한다는 사실), 神이라는 개념은 무엇인가를 이 책은 정확하게 나타내고 있다. 먼저, 신의 존재가 왜 '지금까지 정확하게 알려지지 않았는가?'는 인간의 노력으로 지구온난화를 해결할 수 없을 때, 인간이 지구온난화를 해결하지 못하고 이 땅에서 살 수 없을 때, 인간이 지구상에서 존재할 수 없을 때, 이것을 방지하기 위해 그동안 정확하게 알려지지 않았던 신의 존재를 자연재해로 나타내며 인간이 '자연'의 지배를 받는 것을 나타내기 위해서이다. 인간은 자연재해를 통해 신의 지배를 받으며, 인간이 '생로병사' 신의 지배를 받는 것을 나타내고 인간의 노력으로 해결할 수 없는 지구온난화를 해결하도록 한다. 인간의 노력으로 지구온난화를 해결할 수 없을 때 대재앙에 가까운 자연재해를 통해 인간이 신의 지배를 받는 것을 나타내고 '자연'이 신이라는 것을 증명하여 지구온난화를 해결하도록 한 것이다. 그렇기 때문에 모든 종교에서 정확하게 알려지지 않은 궁극적인 의미의 신의 존재는, 자연재해로 나타나는 '자연'이 '神'인 것이다.

이런 사실은 신의 존재가 무엇이며 왜 지금까지 신의 존재가 알려지지 않고 지금 이 시기에 종교를 떠나서 모든 사람에게 알려지게 되었는지 설명하는 것이 된다. 인간이 자연재해로 신의 지배를 받는다는 사실을 알려 지구온난화의 심각함을 나타내고 지구온난화를 해결하도록 하고 있다. 인간의 노력으로 지구온난화를 해결할 수 없다는 것은 지금까지 나타난 사실 중 가장 중요한 사실이며 지구온난화를 반드시 해결하도록 해야 한다. 여기에서 신의 존재는 '자연'이고 자연이라는 것은 자연재해로 인간이 신의 지배를 받는 것을 나타내며 반드시 지구온난화를 해결하라는 것이다. 그리고 신의 존재가 '자연'이라는 것은 인간이 생로병사, 길흉화복 등 신의 지배를 받는 것을 나타내는데, 신이라는 의미를 나타내는 데 부족함이 있다고 할 수 있다. 자연재해뿐만 아니라 인간이 생로병사, 길흉화복 신의 지배를 받는 것을 나타내는 것에는 우리나라의 '하늘'

이라는 의미가 더 잘 설명해 준다.

여기에서 지금까지 알려지지 않았던 신의 존재가 증명되고 알려지는 것은 인간이 자연재해로 신의 지배를 받는 것을 나타낼 뿐만 아니라 인간의 생로병사, 길흉화복이 신의 뜻에 의해 정해지는 것을 나타내며 신의 정확한 의미는 '하늘'이라고 할 수 있다.

이것은 대재앙의 자연재해를 한류 현상이 대신하기 때문에 인간이 자연재해로 신의 지배를 받는 것을 대신해서 한류 현상으로 인간이 신의 지배를 받는 것을 나타내어 이 땅의 모든 사람이 지구온난화를 해결하도록 하고 있다. 자연재해로 지구온난화의 심각함을 나타내면 그 비용이 너무 크기 때문이다. 그렇기 때문에 한류 현상은 대재앙의 인명 손실과 재산 피해를 대신하며 돈으로 환산할 수 없는 가치를 나타낸다고 할 수 있다. 이런 이유로 한류 현상은 "자연"으로 존재하는 신의 존재를 증명하여 나타내며 인간의 노력으로 해결할 수 없는 지구온난화를 해결하도록 하고 있다. 그렇기 때문에 최근 '방탄소년단'이 미국의 빌보드에서 1위를 하는 현상과 영화〈기생충〉이 미국 아카데미 시상식에서 작품상, 감독상 등을 받은 현상이 만들어진 것이다. 이것은 앞으로 한국의 K-POP이 세계적으로 훨씬 더 알려지는 것을 나타내며 이런 현상으로 한류 드라마, 영화, 문학 등의 한국 문화가 세계적으로 알려지는 것을 나타낸다고 할 수 있다. 이것은 한류 현상으로 신의 존재를 증명하여 2,000년 동안 알려지지 않은 종교(교회)의 신의 존재가 알려져 인간의 노력으로 해결할 수 없는 지구온난화를 해결하기 때문이다. 앞으로는 K-POP, 한류 드라마, 영화, 문학뿐만 아니라 한류 문화를 나타내는 모든 것이 세계적으로 알려질 것이다. 이런 현상으로 일본과 비교하여 아직 과학과 문학에서 노벨 수상자가 발생하지 않는 현상이 신과 관련된 특수한 현상으로 만들어졌다고 할 수 있다. 앞으로는 노벨 과학상, 노벨 문학상뿐만 아니라 다른 노벨상도 받는 현상이 만들어질 것이다. 이와 같은 현상으로 한류 현상이 종교와 동서양 문화 차이를 떠나서 세계적으로 알려지는 것은 경제적인 가치뿐만 아니라 통일에도 영향을 줄 수 있다.

7. 객관적인 과학에서 신의 존재

먼저 이 책이 많은 사람에게 알려져야 할 특별한 현상으로 2019년 노벨상 수상과 관련된 형태로 이 책이 기록된 부분이 있다. 먼저 이 부분을 살펴보겠다. 과학자의 우주에 관한 연구는 오랜 기간 해석되지 않았던 예언서의 신의 존재를 증명하는 것이 가능하게 하였으며, 과학자들의 희생과 고통으로 신의 존재를 증명하는 현상이 이루어졌다고 할 수 있다. 그리고 오랜 기간 종교의 예언서에서 해석되지 않았던 신의 존재가 증명되고 알려지게 된 것은 인간의 노력으로 해결할 수 없는 지구온난화를 해결하기 위한 현상으로 작용한 것이다. 그리고 신의 존재가 제대로 알려지지 않고 서로 다른 종교에서 종교의 갈등마저 나타나고 있으며 신의 존재가 제대로 알려지기 어려운데 한류 현상은 신의 존재를 증명하여 종교를 떠나서 신의 존재가 알려지는 현상이 되고 있다. 한류 현상은 자연재해를 대신하기 때문에 지금 자연재해를 경험하고 있다면 앞으로 더 심각한 자연재해를 경험하지 않기 위해서 한류 현상에 관심을 가져야 한다고 할 수 있다. K-POP과 K-드라마를 듣고 보는 현상이, 나의 주변에서 발생하는 자연재해를 경험하지 않게 되는 것이다. 예를 들어 2018년 동남아에서 갑자기 폭우가 쏟아져 우산 하나 들고 집을 나와 대피했는데 모든 것이 떠내려간 경우가 있었다. 이런 현상을 줄이려면 지구상의 모든 사람이 한류 현상의 K-POP과 K-

드라마에 관심을 두는 것이 앞으로 나에게 발생하는 자연재해를 줄이는 것이라고 할 수 있다. 이것은 지구온난화와 관련되어 알려지게 된 신의 존재 '자연이 살아 있다'임이 알려져 해결하는 것이 되고 있다. 이것은 자연재해의 대재앙으로 알려지는 '자연이 살아 있다'는 신의 존재가 알려지는 현상이 한류 현상으로 알려지기 때문에 나의 주변에서 발생하는 자연재해를 줄이는 현상이 되고 있다. 자연재해로 알려지는 '자연이 살아 있다'는 신의 존재가 알려지는 한류 현상이 자연재해를 대신해서 알려져 인간의 노력으로 해결할 수 없는 지구온난화를 해결하도록 한다.

이와 같은 신의 존재를 증명하는 현상이 과학자의 우주에 관한 연구에서 이루어지는 부분이 있으며 신의 존재가 과학과 관련된 사실로 나타나는 것은 종교를 떠나서 모든 사람이 신의 존재가 알려지는 현상을 받아들일 수 있도록 하는 것이다. 다음과 같이 과학의 노벨상과 관련된 형태로 신의 존재를 증명하는 현상은 종교를 떠나서 모든 사람에게 지구온난화에 관한 사실이 알려지도록 한다.

2019년 노벨 물리학상이 우주의 암흑에너지와 관련된 형태로 수상하였다. 또한, 외계 생명체의 존재에 관한 사실과 관련 있다. 그러면 과학이 종교에서 신의 존재를 증명하는 핵심적인 사실과 관련된 것을 살펴보겠다.

종교의 예언서 요한계시록에 나타난 가장 중요한 두 가지 핵심적인 사실로 과학의 노벨상과 관련된 신의 존재에 관한 것을 확인할 수 있는데,

첫 번째, '우주(神) 전체는 하나의 살아 있는 생명체로서 자연(自然)이 신(神)이다'. (우주=자연=하늘=신)

두 번째, 우주(神)는 과거와 현재, 미래의 시간 흐름에 지배받지 않으며 과거와 현재, 미래가 동시에 존재하고 시간과 공간을 초월해 4차원으로 존재한다.

이것은 종교의 예언서 요한계시록을 해석해서 나타난 것이며 신의 존재를 증명하는 종교와 과학이 서로 관련된 사실을 나타내고 있다.

"우주(神)는 과거와 현재, 미래의 시간 흐름에 지배받지 않으며, 과거와 현재, 미래가 동시에 존재하여 시간과 공간을 초월해 4차원으로 존재한다." 이것은 '빅뱅우주론'이 잘못되었음을 나타내며 우주론에서 '정상우주론(우주는 시작도 끝도 없이 항상 일정하며, 무(無)에서 새로운 물질이 생겨나 우주가 팽창하여도 우주의 물질 밀도는 변하지 아니한다는 우주 이론 - 표준국어대사전)'이 옳은 것을 나타낸다.

성경의 예언서 계시록에는 "나는 알파와 오메가요 처음과 나중이며 시작과 끝이다"라고 기록되어 있다. 이것의 해석은 '우주의 탄생과 소멸이 동시에 존재한다'이다. 우주는 과거와 현재, 미래가 동시에 존재한다. 이것은 시간의 의미가 없는 것을 나타낸다. 시간과 공간을 초월해서 4차원으로 존재한다고 했는데 시간과 공간을 초월한 것은 4차원으로 존재하는 우주에서 시간과 공간의 의미가 없는 것을 나타낸다. 말 그대로 우주의 탄생과 소멸이 4차원으로 동시에 존재한다는 것은 시간과 공간의 의미가 없는 것을 가리킨다고 할 수 있다.

그리고 성철 스님은 불교에서 석가모니의 가장 중요한 깨달음은 '불생불멸(不生不滅)'이며 팔만대장경을 네 글자로 줄이면 '불생불멸'이라고 말씀하였다. 성철 스님은 현대물리학을 연구하시어 석가모니의 가장 중요한 깨달음인 '불생불멸'을 물리학으로 쉽게 설명하고 있다. 불생불멸

(不生不滅)은 '(우주는) 생기는 것이 없으며 (우주는) 없어지는 것도 없다'는 것으로 '우주의 탄생과 소멸이 동시에 존재한다'이다. 이처럼 성경에서 가장 중요한 예언서 계시록과 석가모니의 가장 중요한 깨달음이 공통된 사실로 나타나서 이것(성경의 신의 존재를 증명하는 것)이 옳다는 것을 성철 스님은 말씀하신다.

이것은 우주의 탄생과 소멸이 동시에 존재해서 우주는 시간과 공간을 초월해 4차원으로 존재한다는 것으로 '빅뱅우주론'의 새로운 사실이 알려져야 하는 것을 나타내고 있다. 또한, 이것이 2019년 노벨 물리학상의 '암흑에너지'와 관련된 상태로 나타나서 종교의 신의 존재가 과학과 관련된 사실로 종교를 떠나서 많은 사람에게 알려지는 현상이 되고 있다. 한류 현상으로 신의 존재를 증명하여 알려지는 유신론·무신론, 창조론·진화론의 논란도 종교를 믿지 않는 무신론에 종교의 신의 존재가 종교를 떠나서 알려지는 현상이다. (암흑에너지=우주의 비밀=지금까지 알려지지 않은 신의 존재)

'우주가 시간과 공간을 초월해 4차원으로 존재하며 우주 전체가 하나의 살아 있는 생명체'라는 것을 계시록의 해석을 통해서 나타내면

"나는 알파와 오메가요 처음과 나중이요 시작과 끝이라"(계 22:13)

우주의 탄생과 소멸이 동시에 존재한다.

"나는 알파와 오메가라 이제도 있고 전에도 있었고 장차 올 자요 전능한 자라 하시더라"(계 1:8)

과거와 현재, 미래에 동시에 존재한다.

"나는 처음이요 나중이니 곧 산 자라 내가 전에 죽었었노라 볼찌어다 이제 세세토록 살아 있어"(계 1:17-18)

"나는 처음이요 나중이니 곧 산 자라"에서는 우주의 탄생과 소멸이 동시에 존재해서 신의 존재가 과거와 현재, 미래에 동시에 살아 있는 것을 나타낸다. "내가 전에 죽었었노라." 과거와 현재, 미래에 동시에 존재하기 때문에 동시에 살아 있는데 전에 죽었다는 것은 신의 존재가 증명되지 않아 정확하게 알려지지 않은 것을 나타낸다. 이것은 또 성경의 계시록이 해석되지 않아 신의 존재가 증명되지 않은 것이다. "볼찌어다 이제 세세토록 살아 있어", 이제는 계시록이 해석되어 신의 존재가 증명되었기 때문에 세세토록, 영원히 살아 있는 것이다.

이처럼 우주는 과거와 현재, 미래에 동시에 존재하여 시간과 공간의 의미 없이 4차원으로 존재하며 '우주 전체가 하나의 살아 있는 생명체'라고 나타나고 있다. 이 사실에 의해 외계 생명체는 존재하지 않고 지구로 접근할 수 없으며 이것은 신의 능력을 초월하는 것이라고 할 수 있다. 그러면 UFO나 외계 생명체가 있는 것처럼 나타내고 영화 〈백 투 더 퓨처〉, 〈터미네이터〉와 같은 시간 여행이나 미래에서 온 사실을 나타낸 이유는 신의 존재를 설명하거나 나타내기 위한 것이며, 이와 같은 초자연적인 현상은 신이 일부러 만든 것이다. 시간 여행은 인간이나 외계 생명체가 시간 여행을 할 수 있는 것이 아니라 우주(神)가 시간의 흐름이 없이 과거와 현재, 미래에 동시에 존재하여 시간과 공간을 초월해 존재한다는 것을 나타내는 것이라고 할 수 있다. 시간과 공간이 존재하는 것은 태양계 내에서만 존재한다고 할 수 있다. 그러면 '외계 생명체는 어떻게 존재하느냐?' 우리와 다른 시간과 공간대에 존재하며 3차원으로 존재하는 인간은 다른 지적 생명체를 만날 수 없다. 우주에서 존재하는 인간 이외에 지적 이성체는 4차원으로 존재하는 신의 존재(우주)라고 할 수 있다. 외계 생명체, UFO, 무속인이나 영매자에게 보이는 유령, 귀신 등은 미래의 어느 시기에 신의 존재를 나타내기 위해 신이 일부러 만든 초자연적인 현상이라고 할 수 있다. 그러면 '인류가 멸망하면 어떻게 되느냐?' 지구가 완전히 변화하여 오래전으로 돌아가서 생명체가 새로 탄생하는 형태가 된다. 원시의 바다에서 최초의 생명체 발생한 것과 같은 새로운 생명체가 발생하는 현상이 반복한다. 이것은 우주(神)는 4차원으로 존재하고 인간을 비롯한 생명체는 3차원으로 존재하기 때문이다.

"전에 죽었었노라 이제 세세토록 살아 있어"

이것은 이전에는 신의 존재가 정확하게 알려지지 않았으며(죽었었노라) '이제 세세토록 살아 있어'는 신의 존재(신이 존재한다는 생각)가 정확하게 알려진다는 것이다. 이처럼 신의 존재가 세세토록 살아 있다는 것은 신의 존재가 살아 있는 것이 정확하게 알려지며 우주=자연=하늘=신으로 존재하는 신의 존재가 정확하게 알려진다는 것이다. 이것은 다시 오는 예수, 미륵불은 '신이 존재한다'는 신의 존재가 정확하게 알려지는 것이며 인간이 신의 지배를 받는 것이 알려지는 것이다. 이것은 '신이 살아 있다'는 것을 나타내는 것이다.

여기에서 '다시 오는 예수', '미륵불'이란 엄밀하게 나타내면 지금까지 알려지지 않은 신의 존재가 증명되고 알려지며 과거와 현재, 미래에 동시에 신이 살아 있다는 것이 알려지는 것이라고 할 수 있다. 또한, 인간이 생로병사, 길흉화복으로 신의 지배를 받는 것이 종교를 떠나서 분명하게 알려지는 것이라고 할 수 있다. 이처럼 신이 살아 있으며 인간이 살아서 존재하는 신의 지배를 받는 것이 알려지는 것이 중요한 사실이라고 할 수 있다. 그동안 알려지지 않은 신의 존재가 증명되고 알려지는 것이 중요한 사실인 것이다.

  종교의 신의 존재를 증명하는 핵심적인 사실이 과학의 빅뱅 이론이 잘못된 것과 또는 새로운 사실로 나타나는 것은, 신과 관련된 현상에서 인간이 신의 지배를 받는 현상에 관하여 올바른 사실을 직접 깨닫도록 하는 것과 관련 있다. 최근에 발생하는 중요한 모든 현상은 신의 존재와 관련된 형태, 인간이 신의 지배를 받는 것이 알려지는 형태로 발생하였다. 그렇기 때문에 신과 관련된 현상을 먼저 올바르게 판단하고 현명한 선택을 하도록 하고 있다. 그러지 않을 때는 신과 관련된 현상이 불리하게 작용할 수 있기 때문에 신과 관련된 현상의 가장 올바른 형태를 먼저 깨닫도록 하는 것이다. 이 사실은 다니엘에서 "많은 사람이 연단을 받아 스스로 정결케 하며 희게 할 것이나 악한 사람은 악을 행하리니 악한 자는 아무도 깨닫지 못하되 오직 지혜 있는 자는 깨달으리라(단 12:10)"라고 나타나 있다. 이것은 신의 존재가 알려지는 현상에서 가장 중요한 것은 신과 관련된 현상이 알려지는 현상을 올바르게 깨닫는 것이며, 그러지 못할 때는 올바른 사실을 깨달을 때까지 어려움을 겪게 된다는 것이다.

  그리고 신의 존재가 알려지는 현상에서 이 책이 나타내는 모든 사실이 옳다고 할 수 없지만, 그래도 옳은 것을 나타내는 것은 2,000년 동안 성경의 예언서에 기록되어 알 수 없었던 신의 존재를 한류 현상과 관련된

4장의 사진으로 증명하는 것이라고 할 수 있다. 그런 면에서 한류 현상이 자연재해를 대신해서 알려지는 것을 증명하고 있으며 지금 이 시기에 한류 현상이 무엇보다 중요한 것을 나타내고 있다. 인간의 노력으로 해결할 수 없는 지구온난화를 해결하기 위해선 먼저 모든 사람이 한류 현상의 K-POP과 K-드라마, K-영화, K-문학 등을 보고 듣고 체험하고 생활화해야 한다. 이처럼 지금까지 알 수 없었던 신의 존재를 증명하는 현상에 관하여 깨닫게 되는 것은 한류 현상으로 나타난 K-POP과 K-드라마와 같은 신과 관련된 현상을 체험하면서 그동안 오랜 기간 종교와 문화 차이를 떠나서 알 수 없었던 '자연'으로 존재하는 신의 존재를 깨닫게 되는 것이다.

8. 만들어진 신

《만들어진 신》(리처드 도킨스, 김영사)은 창조론·진화론, 유신론·무신론 논란의 대표적인 서적이며 종교의 유신론에 관하여 다음과 같이 기록하고 있다. 오랜 기간 석학 간에도 논란이 되는 유신론·무신론, 창조론·진화론의 논란이 신의 존재를 증명하는 현상으로 필요 없게 된다고 할 수 있다.

만들어진 신

《만들어진 신》(The God Delusion, 신이라는 망상)은 리처드 도킨스가 쓴 책으로, 과학적 논증을 통해 신은 존재하지 않는다는 무신론을 펼치면서, 종교(인격화된 신을 숭배하는 종교)에 대해 문제를 제기하고 있다. 그는 자신의 다른 저서들과 마찬가지로 초자연적 창조주는 존재하지 않는다고 하면서, 로버트 피시그의 말을 인용하며 종교에 대해 다음과 같이 말한다. "누군가 망상에 시달리면 정신이상이라고 한다. 다수가 망상에 시달리면 종교라고 한다." 그리고 종교가 없는 우리 세상을 상상해 보라고 리처드 도킨스는 외친다. 그러한 세계는 자살 폭탄 테러범도 없고, 9.11 테러도 없고, 십자군도 없고, 마녀사냥도 없을 것이라 단언한다. 2007년 9월을 기준으로 전 세계에 백만 권이 팔렸으며, 2006년

11월 아마존닷컴 베스트셀러 2위에 기록되었고 2006년 12월 초에 뉴욕타임스 베스트셀러에 선정되었다. 리처드 도킨스, 무신론이란 두 요소의 결합은 수많은 찬사와 비평을 불렀다.
– 위키백과, 만들어진 신, 2017. 12. 27.
https://ko.wikipedia.org/wiki/%EB%A7%8C%EB%93%A4%EC%96%B4%EC%A7%84_%EC%8B%A0

그런데 2,000여 년 전에 만들어진 성경의 예언서 다니엘에 기록된 신의 존재가 한류 현상의 K-POP, 소녀시대의 〈라이언 하트〉 M/V 와 관련된 사진으로 신의 존재를 증명하고 있다. 그리고 성경에 "많은 사람이 빨리 왕래하며 지식이 더하리라"(단 12:4)라고 기록되었는데 이것은 인터넷과 유튜브, 트위터·페이스북·인스타그램의 SNS와 삼성, LG 스마트폰, 디스플레이기(TV)가 우리나라의 한류 현상과 K-POP이 세계적으로 알려지기 위해 신의 뜻으로 만들어진 것을 나타낸다. 한류 문화를 외국 사람들이 우리나라의 스마트폰이나 디스플레이기(TV)로 촬영하고 보는 현상이 만들어졌다. 이것은 한류 현상으로 신의 존재를 증명하고 종교나 언어를 떠나서 지구상에 존재하는 모든 사람에게, 인간의 노력으로 해결할 수 없는 지구온난화를 해결하려고, 한류와 K-POP이 세계적으로 알려지도록 신의 뜻으로 만들어진 것을 나타낸다. 한류 현상으로 신의 존재를 증명하는 것은 유신론·무신론, 다른 종교와 상관없이 종교를 떠나서 누구나 알 수 있도록 사진 네 장으로, 그동안 2,000년 동안 알려지지 않은 성경의 신의 존재를 증명하고 있다. 이처럼 한류 현상으로 신의 존재를 증명하는 4장의 사진은 지구온난화를 해결하는 만국 공용어가 되고 있다. 한류 현상과 관련 있는 사진 4장으로 신의 존재를 증명하는 것은 남녀노소 누구나 종교를 떠나서 한 권의 책으로 증명하는 신의 존재가 사실이라는 것을 눈으로 직접 확인하는 것이다. 이것은 인간의 노력으로 해결할 수 없는 지구온난화를 해결하는 방법으로 작용하고 있다. 지금까지 교회에서 증명되지 않은 신의 존재를 한류 현상으로 증명하여 종교를 떠나서는 모든 사람에게 알려져 인간의 노력으로 해결할 수 없는 지구온난화를 해결하는 것은, 콜럼버스가 아메리카 신대륙을 발견한 것과 비교될 수 있는 위대한 발견이라고 할 수 있다. 교회에서 '자연'으로 존재하는 신의 존재는 미래의 어느 시기에 신의 존재를 증명하고 나타내서, 인간이 자연재해로 신의 지배를 받는 사실을 알려 지구온난화의 심각함이 알려지도록 하였다. 그리고 인간의 노력으로 해결할 수 없는 지구온난화를 해결하려고, 종교(교회)에서 '자연'으로 존재하는 신의 존재를 한류 현상으로 증명하고, 자연재해를 대신해서 한류 현상으로 인간이 신의 지배를 받는 사실을 세계적으로 알려 지구온난화를 해결하도록 하였다. 자연재해를 통해 인간이 신의 지배를 받는 것을 나타내는 데에는 너무 많은 인명 손실과 재산 피해가 발생하기 때문에 한류 현상이 자연재해를 대신하고 많은 사람에게 알려지는 역할을 하고 있다. 한류 현상은 인도네시아·일본지진 해일과 허리케인 카트리나의 뉴올리언스 침수와 같은 해수면 상승의 자연재해 대재앙을 대신해서 수많은 사람의 인명 손실과 재산 피해를 예방하고 있다.

9. 유튜브로 알려지는 뛰어난 음악 K-POP

　방탄소년단은 빌보드 앨범 차트 '빌보드 200'과 싱글 차트 '핫100'에서 여러 곡이 우승하였으며 〈버터〉는 싱글 차트 '핫100'에서 10회 우승하였다. 특히 2020년 11월 〈라이프 고스 온〉(Life Goes On)은 앨범 차트와 싱글 차트에서 동시에 1위를 하는 쾌거를 이루었다. <u>이것은 방탄소년단을 통해, 종교와 관련하여 신의 존재를 증명하는 소녀시대의 〈라이언 하트〉가 빌보드 싱글 차트 '핫100'에서 1위를 할 수 있는 것을 나타낸다.</u> 이런 현상으로 K-POP의 여러 팀이 빌보드에서 우승하는 현상이 만들어진다고 할 수 있다. 이것으로 세상은 크게 뒤바뀐다. 또한, 소녀시대와 같은 2세대 걸 그룹 원더걸스는 2009년 유튜브의 영향을 받지 않고, 미국의 유명 연예·가십 블로그, '페레스 힐튼 닷컴'의 블로그에 〈Nobody〉 동영상이 노출되었다. 이런 상태에서, 미국 최대 에이전시 'CAA'의 초청으로 미국에 진출하였으며 빌보드 싱글 차트 '핫100'에서 76위를 기록하였다. 이 시기에 원더걸스는 〈Nobody〉, 〈Tell me〉 2곡으로 미국에 진출하였다. 미국은 지역이 넓어 전용기 투어를 해야 하는데 12인승 버스로 침대 버스를 만들어 16명이 10시간씩 이동하며 어렵게 활동하였다. 당시에 지금의 트와이스 프로듀서 JYP PD는 밤 12시 무렵 하루 스케줄을 마치고 10시간을 침대 버스로 원더걸스와 함께 이동하며 미국 활동을 죽기 살기로 어렵게 하였다고 한다(황금어장, 무릎팍도사

2009. 11. 9.). 그런데 현재 같은 JYP 소속사 3세대 걸 그룹 트와이스는 〈I Can't Stop Me〉 M/V까지 14곡의 M/V가 유튜브 조회수가 연속해서 1억 뷰를 넘게 기록하였다. 이런 현상으로 원더걸스와 트와이스는 '유튜브가 K-POP을 위해 만들어진 이유'를 나타내는 것으로, 이 책의 소녀시대가 한류 현상으로 신의 존재를 증명하는 현상과 함께, 트와이스가 유튜브로 빌보드 싱글 차트 '핫100'에서 1위에 오를 수 있는 것을 나타낸다. 또한, 이것은 트와이스의 1위 현상으로 트와이스 이외에 다수의 K-POP이 빌보드 싱글 차트 1위에 오를 수 있으며 그만큼 K-POP이 확대되는 것을 나타낸다. 이런 현상은 현재의 3세대 K-POP뿐만 아니라 1세대, 2세대 외에 전통 가요 등 이전의 한국 가요가 K-POP으로 빌보드 1위 또는 상위권에 오르는 현상이 만들어진다고 할 수 있다. 한류 현상의 K-POP은 '비주얼 중심 음악'으로 유튜브를 통해 세계적으로 알려지며 '브리티시 록' 음악과 비교될 수 있다. 지금의 K-POP은 '비주얼 음악'뿐만 아니라 여러 장르의 음악이 혼합하는 것과 같은 음악이 발전해 온 형태를 이루며 '연주 중심 음악'의 감성(트와이스 - 하트 쉐이커와 같은)까지 담고 있는 경우가 있었다. 브리티시 록의 비틀스가 해체하고 레드 제플린으로 넘어가는 60년대 말 많은 '브리티시 록' 그룹이 쏟아져 나왔다고 할 수 있다. 이 책과 관련 있는 베이비복스의 활동 중단 후 2세대 걸 그룹이 만들어지던 시기 이외에 가요 순위 프로그램을 보지 않았다. 그런데 2018년 여름부터 가요 순위 프로그램을 보면서 한류 현상의 K-POP이 많은 팀의 경쟁 관계로 좋은 곡이 쏟아져 나오고 있었으며 K-POP은 대중음악의 어느 정점에 있었다. 1시간가량의 음악 프로그램을 시청하면 그날 하루 더 이상 음악 감상을 하지 않아도 될 정도로 다양하고 뛰어난 음악을 들려주고 있었다. 발라드 솔로 음악의 퀄리티도 상당히 수준이 높았으며 발라드 음악 자체로 음악

프로그램에서 1위 해도 되지 않을까 싶은 경우가 대부분이었다.

1세대 한류 가요는 휴대폰 통신회사에서 대도시를 순회하면서 대규모 콘서트를 개최하고 방송사에서도 대도시를 순회하는 형식으로 가요 순위 프로그램을 제작하였다. 현재의 3세대 K-POP은 케이콘 형식으로 CJ E&M에 의해 전 세계 대도시를 순회하면서 대규모 콘서트를 개최하고 있으며 방송사에서도 전 세계 대도시에서 음악 방송을 제작하는 형태가 이루어지고 있다. 이것은 유튜브를 통해 K-POP이 세계적으로 알려진 것을 나타내며 또한, 그만큼 K-POP이 발전하고 실력이 뛰어난 것을 나타낸다. K-POP은 직캠 형식으로 다양한 공연 실황의 많은 동영상이 만들어져 유튜브로 알려졌는데 카메라의 위치에 따라서 연주장 스피커의 영향으로 마치 연주장에서 직접 듣는 것처럼 뛰어난 실황 음악이 유튜브로 만들어지는 경우가 있었다. 10인치 이상의 저음 스피커는 저음이 자연스럽게 원음에 가깝게 들린다. 10인치 이상의 저음 스피커로 듣는 경우 스튜디오 녹음의 뮤직비디오 음악이 연주장에서 동영상 카메라의 위치에 따라 마치 라이브 연주 음악처럼 유튜브가 만들어져 연주장의 실황 음악으로 들리는 경우가 있었다. 이것은 연주장의 저음 스피커 앞에서 녹음된 것과 같은 현상이며 스튜디오에서 녹음된 뮤직비디오 음악이 마치 연주장에서 직접 듣는 것과 같은 연주 실황 음악처럼 들린다는 것이다. 이것은 다양한 스마트폰 카메라의 위치에 따라서 만들어진 특이한 경우이며 연주 실황 음악처럼 만들어져 스튜디오 녹음보다 상당히 뛰어난 녹음으로 들을 수 있다.

- 190616 IZ*ONE 아이즈원 - (Concert Opening) Hey. Bae. Like It 해바라기 @ Eyes On Me in Bangkok   유튜브

위 곡에서는 마치 대포를 쏘는 듯한 저음을 들을 수 있다. 이것은 공연장에서 카메라의 위치에 따라 마치 라이브 연주 음악처럼 촬영되어 유튜브로 좋은 음악이 만들어져 보이고 들리는 경우라고 할 수 있다. 이것은 연주장의 다양한 위치에서 카메라와 스마트폰으로 촬영되다 보니 스튜디오 녹음보다 상당히 퀄리티가 높은 음악이 '특별하게' 만들어진 경우다. 같은 공연장에서 촬영된 같은 곡이 유튜브에 많이 올라오는데 그중에서 이처럼 퀄리티가 높은 곡이 나타나는 것이다. 이것은 좋은 카메라의 스마트폰과 유튜브가 만든 지금까지 볼 수 없었던 특별한 것이라고 할 수 있다. 이전에는 한 가수가 같은 곡을 여러 번 라이브로 연주해야 그중에 뛰어난 곡이 있었다. 그런데 K-POP이 만들어진 지금 이 시기에는 좋은 카메라와 스마트폰으로 다양한 위치에서 촬영되어 유튜브로 올라오다 보니 그중에 뛰어난 촬영이 알려지는 것이다. 이 경우 성능이 좋은 오디오의 스피커로 집에서 듣게 되더라도 연주장에서 직접 듣는 것과 유사하게 감상하게 된다. 이처럼 최근의 3세대 K-POP은 좋은 장비의 4K 카메라와 스마트폰으로 많은 동영상이 촬영되어 촬영 위치에 따라서 스튜디오 녹음에서 만들어지지 않는 음악이 특별하게 만들어지는 것이다.

또한, 유튜브는 K-POP의 많은 가수의 마케팅 수단으로 작용하여 일상생활, 팬 사인회, 버스킹 등을 통해 자신의 그룹을 알리고 있었다. 1세대 K-POP은 지상파 TV의 예능 프로그램에 출연하여 존재감을 알렸다면 유튜브가 알려진 후에는 유튜브가 그 역할을 대신한다. 이처럼 최근의 K-POP은 유튜브, 페이스북 등 여러 가지 좋은 여건에서 어느 정점을 이루고 있으며 최고의 전성기를 이루고 있다고 할 수 있다. K-POP이 빌보드에서 다수의 팀이 빌보드 싱글 차트 'HOT 100'에서 우승하면 한류 문화가 세계적으로 훨씬 확대되고 세상이 크게 뒤바뀐다고 할 수 있다. K-POP이 좋은 성적으로 이루어지면 드라마, 영화, 출판, 푸드, 미용 등 한류 문화가 세계적으로 훨씬 더 확대된다고 할 수 있다. 이것은 한류 현상이 세계적으로 생활화되는 것이라고 볼 수 있다. 지금의 K-POP이 있게 된 것은 1세대, 2세대 한류 가요뿐만 아니라 이전의 한류 가요와 시적인 가사의 흘러간 전통 가요가 있었기 때문이다.

이처럼 지금의 K-POP이 만들어질 수 있었던 것은 정교한 국악이 있었기 때문이라고 할 수 있다. 전통 가요의 시적인 가사는 과거 고려시대 중기 이후 시조의 영향을 받고 K-POP에 영향을 주었다. "시조(時調)란 우리 민족이 만든 독특한 정형시의 하나. 원래 노래의 가사로서 문학인 동시에 음악인 셈이다"라고 네이버 지식백과에 나와 있는 것을 볼 수 있었다. (외국인을 위한 한국고전문학사, 배규범·주옥파 저, 2010. 1. 29, 도서출판 하우) 드라마와 영화의 뛰어난 OST나 K-POP의 연주도 실력이 뛰어난 연주가들이 있었기 때문이다. K-POP의 뛰어난 음악이 만들어질 수 있었던 것은 우리나라의 오랜 역사와 전통의 산물이라고 할 수 있다.

이런 현상으로 한류 현상은 종교와 동서양 문화 차이를 떠나서 인간의 노력으로 해결하기 어려운 지구온난화를 해결하기 위해 세계적으로 알려지는 언어와 같은 역할을 하고 있다. 이처럼 한류 현상이 확대되면 K-POP, 드라마, 영화, 문학, 출판, 예능 프로그램, 음식 등 한류 현상의 많은 것이 확대되고 경제적인 가치가 발생할 것이다.

1차 산업 혁명: 18세기 중반부터 19세기 초반(1760~1820년) 사이에 1차 산업 혁명이 발생하였고 비슷한 시기인 1859년 찰스 다윈의 《종의 기원》에 진화론이 발표되었다. 지구온난화 원인인 이산화탄소가 증가하게 된 산업 혁명이 발생한 비슷한 시기에 진화론이 발표되어 창조론·진화론의 논란이 만들어지고 유신론·무신론의 논란이 만들어졌다. 이처럼 이산화탄소가 증가하게 된 1차 산업 혁명이 발달하는 시기에 '진화론'이 발표되어 창조론·진화론, 유신론·무신론의 논란이 만들어져, 종교(성경)에서 '자연'으로 존재하는 신의 존재가 증명되고 알려져 종교적인 사실로 지구온난화를 해결하는 현상이 되었다. 창조론·진화론, 유신론·무신론의 논란은 종교를 믿지 않는 사람에게 종교를 떠나서 '자연'으로 존재하는 신의 존재가 알려져 지구온난화를 해결하는 현상이 되었다.

<u>2차 정보화 혁명</u>: 기술이 발달하여 반도체 100개로 스마트폰이 만들어졌으며 한류 현상이 유튜브와 트위터, 페이스북, 인스타그램의 SNS와 삼성·LG 스마트폰으로 알려져 인간의 노력으로 해결이 어려운 지구온난화를 해결하게 되었다.

<u>3차 저탄소 경제 혁명</u>: 지금은 온실가스인 이산화탄소를 급격히 줄여야 하며 이른 시기에 지금 발생하고 있는 피해복구액으로 지구온난화를 예방하고 모든 산업이 이산화탄소를 줄이는 것을 우선으로 하는 저탄소 경제 혁명(김현진, 서울과학종합대학원)이 만들어져야 한다. 2017년 미국에서 한 해에 자연재해 전체 피해액이 3,060억 달러(326조 원)였으며 3개의 허리케인 '하비', '어마', '마리아'가 발생하여 피해액이 각각 1,250억 달러(134조 원), 900억 달러, 500억 달러로 허리케인의 피해액이 전체 피해액의 80%로 2,650억 달러(302조 원)가 발생하였다.

4차 산업 혁명은 정보화 혁명에서 산업기술로서 더 발전된 형태이며

인간의 노력으로 해결할 수 없는 지구온난화는 이른 시기에 해결해야 하는 중요한 문제이다. 시기를 놓치면 해결이 어려울 수 있으며 시간이 지날수록 인명 손실과 피해 복구 비용이 급격히 증가하게 된다. 4차 산업 혁명의 기술로 지구온난화를 해결하는 저탄소 경제 혁명 시대를 만들어 가야 한다.

이처럼 이산화탄소가 급격히 증가하는 1차 산업 혁명이 발생할 시기에 창조론·진화론, 유신론·무신론의 논란이 만들어져 신(神)은 종교에 의해 지구온난화를 해결하려는 현상이 만들어지도록 하였다. 이처럼 지구온난화는 종교를 떠나서 모든 사람에게 중요한 현상으로 작용하고 있다.

그리고 2차 정보화 혁명 시대에 삼성·LG 스마트폰으로 유튜브, 트위터, 페이스북, 인스타그램을 사용하여 한류 현상이 세계적으로 알려져 지구온난화를 해결하는 현상이 만들어졌다.

또한, 성경이 만들어질 무렵 출애굽기에 "나는 스스로 있는 자니라 (출 3:14)"라고 기록하여 미래의 어느 시기에 "자연"으로 존재하는 신의 존재를 한류 현상으로 증명하고 나타내어 자연재해를 통해 지구온난화를 해결하도록 하였다. 이런 사실을 보면 성경은 신의 존재를 증명하고 나타내어 지구온난화를 해결하기 위해 기록된 책이라는 것을 알 수 있다. 그만큼 인간의 노력으로 해결할 수 없는 지구온난화가 중요하다고 할 수 있다.

10. 청와대-풍수지리 이전의 신과 관련된 현상

청와대 풍수가 나쁘다고?…문제는 '폐쇄성' [더(The)친절한 기자들]
한겨레, 채윤태, 2019. 1. 16.
https://www.hani.co.kr/arti/area/area_general/878614.html

지난 4일 유홍준 광화문대통령시대위원회 자문위원이 문재인 대통령의 대선 공약인 '대통령 집무실 광화문 이전' 보류를 발표하며 덧붙인 한마디로 난데없는 '풍수논쟁'이 벌어지고 있습니다. "풍수상의 불길한 점을 생각할 적에 (청와대를) 옮겨야 한다." 유 위원의 이 말에 기자들이 "풍수상 불길한 점의 근거가 무엇인가"라고 묻자, 그는 근거는 대지 않은 채 "수많은 근거가 있다"라고만 답했습니다.

유 위원의 '풍수 발언'에 자유한국당은 '잠꼬대 같은 소리' '뜬금없는 얘기' 등의 표현을 써가며 발끈했습니다. 윤영석 수석대변인은 이틀 뒤 논평을 내어 "유 위원은 청와대 터가 풍수상 흉지라며 아무런 근거도 없는 잠꼬대 같은 소리로 국민 불안감을 조성하고 있다"며 "청와대는 5천년 민족사에 가장 풍요롭고 부강한 대한민국 국가운영의 중심 역할을 해왔다"고 날을 세웠습니다. 같은 당이양수 원내대변인도 "우주탐사를 하는 첨단 과학의 시대에, 대통령 자문위원이 뜬금없는 비과학적인 얘기를 청와대 집무실 이전 문제와 연관 지어 설명했다"며 "지금까지 우리 대통령들이 하나같이 비극적으로 임기를 마친 것은 청와대의 풍수지리가 좋지 않아서가 아니다"라고 밝혔습니다.

역대 대통령들이 비극적으로 임기를 마치거나 측근 비리가 터질 때마다 '청와대 터가 문제다'라는 이야기가 돌았지만, '청와대 흉지론'을 공론화한 이는 풍수 전문가인 최창조 전 서울대 교수라고 일부 전문가들은 설명합니다. 최 전 교수는 1992년 <경향신문>에 연재한 '한국 풍수의 재발견'이라는 칼럼을 통해 "청와대 터는 살아 있는 사람들의 삶터가 아니라 죽은 영혼들의 영주처이거나 신의 거처"라고 주장했습니다.

풍수지리는 우리나라의 민간신앙으로 오랜 기간 많은 사람에게 알려져 왔다. 그런데 기사처럼 '청와대의 풍수상 청와대를 옮겨야 한다'는 것은 옳지 않으며 또 다른 풍수 현상 — 조금 더 정확한 표현은 신과 관련된 특별한 현상(인간의 노력으로 해결하기 어려운 지구온난화를 해결하기 위해 그동안 교회에서 정확하게 알려지지 않은 '자연'으로 존재하는 신의 존재가 종교를 떠나서 알려지는 현상)으로 대통령의 관저 '청와대 터'가 좋지 않은 것처럼 알려지는 현상이 발생하였다. 육관도사 손석우 옹의 풍수지리서 《터》는 우리나라의 현대사가 '터'에 의해 결정되었다고 할 수 있을 정도로 신과 관련된 중요한 현상으로 작용하였다. 신문처럼 역대 대통령들의 시작과 끝의 명암이 바뀌는 현상을 누구나 알 수 있게 발생하였는데 이것은 종교와 관련된 특수한 현상으로 인간이 불가항력의 신의 지배를 받는 현상을 나타내고 있다. 육관도사 손석우 옹은 풍수지리서《터》에서 김일성 주석(이하 존칭 생략)을 비롯한 역대 대통령 박정희 대통령(이하 '대통령' 생략), 전두환, 노태우, 김대중, 박근혜 조상 못자리의 발복을 밝히거나 직접 못자리를 정해 주는 현상이 있었으며, 이 현상(풍수 현상 이전에 종교적으로 새로운 사실로 신의 존재가 증명되고 알려져 지구온난화를 해결하는 현상)이 신과 관련된 특별한 현상으로 작용하였다. 육관도사 손석우 옹은 풍수지리서《터》에서 무덤 속이 투명한 유리관을 눈으로 보는 것처럼 보인다고 했는데 손석우 옹은 일반 사람과 다른 종교적으로 특별한 분이라고 할 수 있다. 육관도사 손석우 옹은 일본 히로히토 천황, 대만 총통 장개석, 중국의 덩샤오핑 못자리를 정해 주었다. 또한, 육관도사 손석우 옹과 무속인 심진송 씨는 1994년 7월 9일 사망한 김일성의 사망을 정확하게 예언하였다. 이러한 현상은 최근의 지구온난화 해결에서 가장 중요한 현상인 북핵 위기의 비핵화 현상이 신과 관련된 현상으로 만들어지게 하였다. 비핵화 현상은 인간의 노력으로 해결할 수 없는 지구온난화를 해결하는 한류 현상을 세계적으로 알리는 중요한 역할을 하고 있다. 또한, 한류 현상이 세계적으로 알려지고 지금과 비교하여 몇 배 이상 규모가 커지는 것은 북한에 불리한 현상이 될 수 있다. 그리고 북한이 핵을 포기해야 할 이유가 있는데 앞으로 하루에 500mm 이상의 폭우가 내리는 자연재해로 큰 위기가 발생할 수 있기 때문이다. 최근 일본에서 한 해에 두 개의 초강력 태풍이 발생하고 하루에 500mm 이상의 폭우가 내리는 현상이 발생하였다. 2020년 중국은 싼샤 댐이 붕괴할 위기로 여러 차례 폭우가 내렸으며 마찬가지로 중국도 하루에 500mm 이상의 폭우가 내리는 현상이 발생하였다. 이런 현상이 우리나라나 북한에서 발생하지 말라는 보장은 없다. 이런 현상은 앞으로 이산화탄소의 농도가 올라갈수록 빈번하게 발생할 수 있다.

최근에 우리나라의 주변국인 일본과 중국에 심각한 폭우가 발생하고 우리나라는 상대적으로 심각하지 않았다. 이것은 이 책이 만들어지기 위한 현상으로 심각한 폭우가 우리나라에서 발생하면 이 책이 만들어지기 어렵기 때문이었다. 앞으로는 우리나라와 북한에도 500mm 이상의 심각한 폭우가 발생할 수밖에 없다고 할 수 있다. 북한은 이러한 자연재해에 취약하기 때문에 이러한 심각한 자연재해가 대재앙으로 발생하는 것을 예방하기 위해서 경제가 발전해야 한다고 할 수 있다.

북한은 인간의 노력으로 해결할 수 없는 지구온난화 해결에서 중요한 역할을 하고 있으며 김일성은 종교와 특별한 현상으로 관련되었다. 이런 현상으로 북한이 비핵화를 이루었을 경우 정권 안정과 충분한 보상을 받고 경제가 발전하는 현상이 가능하다고 할 수 있다. 이런 현상은 지구온난화가 인간의 노력으로 해결할 수 없는 것으로 너무 중요하게 삭용하며 인간은 신의 지배를 받기 때문에 가능하다고 할 수 있다. 그리고 《터》와 관련된 현상을 더 설명하면, 모든 사람이 종교를 떠나서 신의 지배를 받는 사실이 알려지고 《터》와 관련 없는 이승만, 김영삼, 노무현, 이명박 전 대통령의 임기 시작과 끝의 명암이 크게 바뀌는 현상이 발생하였다. 이런 현상은 현재의 대통령에게도 신과 관련된 불가항력의 현상이 해당할 수 있으며 앞으로는 이런 현상이 발생하지 않도록 주의 깊게 예방해야 한다. 예언이란 앞으로 일어나는 불행한 일을 예방하는 의미가 있다. 현재 우리나라에서 발생하고 있는 대부분의 중요한 현상이 인간이 신의 지배를 받는 현상을 나타내는 신과 관련된 특별한 현상으로 나타나고 있다. 그렇기 때문에 현재 발생하고 있는 중요한 현상의 대부분에서 현명한 판단이 필요하다고 할 수 있다.

위의 역대 대통령의 시작과 끝의 명암이 바뀐 과거를 보면 미래에 일어나는 일을 알 수 있다. 이승만 대통령(이후 '대통령' 생략. 망명), 박정희(임기 중 사망), 전두환·노태우(구속 수감), 김영삼(측근 비리), 김대중(측근 비리), 노무현(임기 후 바로 사망), 이명박(측근 비리. 수감) 박근혜(구속 수감) 아홉 분의 전직 대통령 모두 시작과 끝의 명암이 크게 바뀌는 현상이 신과 관련된 특별한 현상으로 발생하였다. 문재인 대통령의 경우 지지율이 급락하는 현상이 발생하지 않았다. 앞으로는 이러한 현상이 신과 관련된 특별한 현상으로 발생하지 않을 가능성이 높다고 할 수 있다. 이런 현상은 앞으로 이런 일이 일어날 가능성을 나타내는 것이며 반드시 그러한 일이 일어난다는 것은 분명하게 아니다. 그러한 일이 일어나지 않도록 미리 방지하여 예방하면 그러한 일이 일어나지 않을 수 있으며 이런 사실을 주의해서 판단해야 한다. 여기에서 조금 더 주의해야 할 것은 현재 발생하고 있는 현상이 인간의 노력으로 해결할 수 없는 지구온난화를 해결하기 위한 특별한 현상으로 신의 작용이 발생하고 있는데 인간의 사고로는 그 원인이 정확하게 설명되지 않는 경우도 있다고 할 수 있다. 그러기 때문에 앞으로 일어나는 불행을 예방하기 위해선 현명한 판단이 필요하다고 할 수 있다. 인간은 앞으로 일어나는 일을 알 수 없다. 그 일을 경험하고 나서야 제대로 판단하게 되는데 그러기 때문에 가능한 한 현명한 판단으로 앞으로 일어나는 일을 예방하는 것이 최선의 방법이라고 할 수 있다.

북한의 비핵화 현상은 인간의 노력으로 해결할 수 없는 한류 현상을 세계적으로 알려지도록 작용하고 있으며 이런 이유로 북한 북핵 위기의 비핵화 현상은 지구온난화 해결에 가장 중요한 현상이 되고 있다. 북핵 위기의 비핵화 현상은 대규모 세계대전을 방지하는 현상으로 작용하면서 외국의 지도자들도 중요하게 받아들이는 현상이 되었다. 또한, 성경의 예언서 계시록을 해석하도록 작용하여 김일성의 사망을 정확하게 예언한 현상으로, 김일성을 포함한 육관도사 손석우 옹과 무속인 심진송 씨는 계시록 신의 일곱 사자이며 신의 존재를 증명하는 현상과 관련 있다. 이러한 현상으로 인간의 노력으로 해결할 수 없는 지구온난화를 해결하는 방법인 한류 현상이 세계적으로 알려지도록 작용하고 있다. 이것은 대규모 전쟁을 억제하는 현상으로 작용하여, 신의 존재를 증명하는 한류 현상이 세계적으로 알려지도록 하고 있다. 이러한 이유로 촛불 혁명 이후 전 정부에서 신과 관련된 현상으로 대통령이 만들어지고 2018년 6월 13일 지방선거와 2020년 4월 15일 총선에서 민주당이 압승하는 현상이 신과 관련된 현상으로 만들어졌다고 할 수 있다. 이것은 1994년 1차 북핵 위기가 신과 관련된 현상으로 만들어졌으며 2016년 북핵 위기도 지구온난화와 관련하여 한류 현상이 세계적으로 알려지도록 하였고 지구온난화를 해결하는 방법으로 작용한다고 할 수 있다. 이런 사실로 북한은 인간의 노력으로 해결할 수 없는 지구온난화 해결에 기여하고 있으며 북한이 핵무기를 포기하고 경제발전을 이룰 경우 많은 나라에서 원조할 수 있다. 코로나19와 같은 지금까지 상상하지 못한 대재앙이 발생한 현상으로 앞으로 지구온난화를 해결해야 하는 중요한 시기에 대규모 전쟁의 원인으로 작용하는 북한의 핵무기 보유는 북한에 불리한 현상이 될 수 있다. 코로나19 바이러스 이전에는 북한의 비핵화가 지구온난화의 신과 관련된 가장 중요한 현상이라고 하였다면, 코로나19가 발생한 후에는 코로나19가 북핵보다 더 지구온난화와 관련하여 신과 관련된 현상이라고 할 수 있다. 이것은 모든 나라에서 심각한 전염병이 발생하여 신분이나 지위고하의 차이를 떠나서 지구상의 모든 사람이 코로나19를 직간접적으로 체험하고 경험하는 현상이 되어 지구온난화에 관심을 두는 현상이 되었기 때문이다. 코로나19는 지구온난화를 해결하려는 신과 관련된 현상으로 나타났으며 인간이 신분이나 지위고하를 떠나서 신의 지배를 받는 현상으로 나타났다.

  코로나19는 앞으로 지구온난화와 관련하여 이전에 경험해 보지 못한 대재앙에 가까운 자연재해의 피해를 본인이 직접 경험하는 현상이 발생하는 것을 경고하는 현상으로 발생하였다. 일본 지진해일 같은 '대재앙에 가까운 자연재해'가 우리나라에서 발생하면 내가 이 책을 기록하지 못하기 때문에 우리나라와 가장 가까운 일본에서 후쿠시마 원전 사태와 지진해일이 발생하였다. 인도네시아 지진해일이 이미 발생하였지만, 해안가 원전 사고에 의한 해수면 상승을 경고하는 현상으로 일본지진 해일이 발생하였다. 또한, 우리나라와 가까운 중국이나 대만에서 지진해일이 발생하지 않은 것은 일본 지진해일 당시 일본이 휴대폰이나 카메라가 발달하여 일본 지진해일을 촬영할 수 있는 여건이 이루어져 있었기 때문이라고 할 수 있다. 앞으로 코로나19 이후에 급격한 지구온난화에 대한 대비 태세가 부족하다면 일본이나 서일본에 지진해일이 발생하여 우리나라도 지진해일의 영향을 받는 현상이 발생할 수 있다고 할 수 있다. 또한, 중국이나 대만, 미국, 유럽, 중동 등 해안가에 지진이 발생하는 모든 지역에서 지진해일이 발생할 수 있다는 것을 코로나19가 경고한다고 할 수 있다. 이처럼 코로나19는 지금까지 인간이 직접 경험하지 못한 대재앙에 가까운 자연재해가 발생할 수 있는 것을 경고하는 현상이라고 할 수 있다. 그렇다면 지구온난화와 관련하여 온실가스 위기의 지구온난화를 예방하려는 세상이 만들어져야 할 필요가 있다고 할 수 있다. 코로나19는 하나의 현상으로서 시간이 지나면 잊힐 수 있기 때문에 계속 지구온난화와 관련하여 한류 현상이 전 세계적으로 모든 사람에게 알려져 지금까지와 다른 세상을 만드는 것이라고 할 수 있다. 한류 현상은 자연재해를 대신해서 인간이 신의 지배를 받는 것이 알려지는 현상이기 때문에 이것이 가능하다고 할 수 있다. 그러한 이유에서 성경의 예언서 다니엘과 한류 현상이 관련된 형태로 신의 존재를 증명하는 현상이 발생하였다고 할 수 있다.

1994년 6월 1차 북핵 위기로 미국의 클린턴 대통령은 북한을 폭격하려고 했었다. 그리고 북한 김일성의 사망에 대해 육관도사 손석우 옹은 풍수지리서 《터》(도서 출판 답게, 1993. 7. 15.)에서, 무속인 심진송 씨는 1994년 《《월간조선》》 5월 호에서 정확하게 예언하였다. 1994년 6월, 북한의 폭격이 이루어질 뻔한 1차 북핵 위기가 발생하였다. 그리고 김일성의 사망을 정확하게 예언한 신과 관련된 현상의 연장으로 2016년 1월 북한에서 장거리 미사일 발사 실험과 9월 5차 북핵 실험이 발생하여 북핵 위기가 다시 발생하였다. 최근에 발생하는 중요한 현상이 지구온난화 해결과 관련하여 신의 존재가 알려지기 위한 현상으로 발생하고 있기 때문에 2016년 북한의 연이은 장거리 미사일 발사 실험과 5차, 6차 핵실험이 발생하여 외국의 지도자들이 대규모 전쟁 발생의 우려를 표현하는 현상이 나타나게 되었으며 북핵 위기는 신과 관련된 특별한 현상이라고 할 수밖에 없다. 또한, 코로나19 바이러스는 세계적으로 모든 국가에서 발생하여 외국의 지도자들이 직접 체험하는 현상으로, 나라마다 많은 인명 피해가 발생하였기 때문에 북핵 위기보다 더 중요한 지구온난화와 관련된 현상이라고 할 수 있다. 지금까지 발생한 자연재해 중에서도 가장 심각하고 중요한 지구온난화와 관련된 대재앙에 가까운 자연재해라고 할 수 있다.

"많은 사람이 연단을 받아 스스로 정결케 하며 희게 할 것이나"(단 12:10)와 같이 올바른 사실을 스스로 판단하고 깨닫는 것이 현명하다고 할 수 있으며 그렇지 못할 경우 스스로 깨달을 때까지 신과 관련된 현상이 작용한다고 할 수 있다. 그럴 경우 시간이 지난 후 불리한 현상이 만들어진 상태에서 깨닫게 될 수 있으며 먼저 현명한 판단을 하고 미리 준비한다면 불리한 상황을 최소화할 수 있다고 할 수 있다. 코로나19로 경험한 것과 같이 미리 준비한 경우와 그렇지 못한 경우와는 그 결과가 크게 차이가 났다고 할 수 있다. 미리 현명하게 판단하고 준비한다면 피해를 최소화할 수 있으며 그렇지 못할 경우 원인이나 이유를 알지 못한 상태에서 불리한 현상이 계속될 것이다. 코로나19 현상이 발생한 이유의 가장 중요한 목적도 지구온난화와 관련하여 현명한 판단으로 준비한 경우와 그렇지 않은 경우를 많은 사람이 직접 체험하게 하였다고 할 수 있다. 지구온난화뿐만 아니라 신의 존재가 알려지는 현상에서 현명한 판단으로 미리 준비한 것과 그렇지 못하면 원인이나 이유도 모른 채 어려움을 경험한 후에 올바른 사실을 깨닫게 된다고 할 수 있다. "희게 할 것이며 스스로 정결케 할 것이나"는 올바른 사실을 깨달을 때까지 신과 관련된 현상으로 어려움이 발생할 수 있다고 할 수 있다. 이것은 나를 포함한 인간은 모두 미래에 일어나는 일을 알 수 없으며 가능한 한 현명한 판단과 올바른 선택을 하여 앞으로 발생하는 어려움을 줄여야 한다고 할 수 있다. 지구온난화와 관련된 사실에서도 지금 바로 지구온난화를 해결하는 비용은 미래의 피해복구 비용으로 예방하는 것이며 하루라도 먼저 지구온난화를 예방하는 것은 비용을 줄일 뿐만 아니라 더 수월할 것이다.

먼저 인간의 노력으로 지구온난화를 해결할 수 없다는 사실을 알고 지구온난화를 해결할 획기적인 방법을 우선순위로 찾고 지구온난화를 해결해야 한다고 할 수 있다. 지구온난화를 해결할 획기적인 첫 번째 방법은 한류 현상이 전 세계에 완전히 알려지는 것이다. 그렇지 않을 경우 코로나19로 경험한 경제활동이 멈추는 현상과 같은 현상이 발생하고 오랜 기간 이어질 수 있다. 또는 지구온난화를 해결하려는 획기적인 노력을 하지 않을 때는 지금까지 경험하지 못한 중국, 대만을 비롯한 미국, 유럽, 중동, 아프리카까지 해안가 지진해일이 발생할 수 있다고 할 수 있다. 인간은 대부분 어떤 일이 발생한 후에야 그 일을 깨닫게 되는데 지구온난화와 관련하여 앞으로 인간이 경험하지 못한 심각한 현상이 신과 관련된 특별한 현상으로 발생할 수 있는 것을 경고하는 현상이 코로나19 라고 할 수 있다. 지금까지 지구온난화의 심각함을 알리는 인도네시아· 일본의 지진해일 현상, 뉴올리언스 침수 현상과 같은 신과 관련된 현상을 모두 합한 것보다 더 심각한 현상으로 코로나19가 발생하였다고 할 수 있다. 그렇기 때문에 코로나19는 지금까지 경험하지 못한 대재앙에 가까운 자연재해가 발생할 수 있는 것을 경고하는 것이라고 할 수 있다. 그래서 자연재해를 대신해서 인간이 신의 지배를 받는 것을 알리는 신과 관련된 특별한 현상으로 발생한 한류 현상이 전 세계적으로 알려져 이전 세상과 완전히 달라진 세상이 만들어져야 한다고 할 수 있다. 모든 사람이 K-POP, K-드라마, 영화, 문학, 먹방, 음식 등과 같은 일부러 신과 관련된 현상으로 만들어진 현상을 체험하는 현상이 만들어진 상태가 되어야 한다고 할 수 있다. 그렇게 되면 지구온난화와 관련된 코로나19 가 또다시 지구온난화의 심각함을 알리는 신과 관련된 특별한 현상의 대재앙으로 발생하지 않게 된다고 할 수 있다.

지금으로서 코로나19 현상이 나타내는 것은 '인간의 노력으로 지구온난화를 해결할 수 없다'는 것을 깨닫는 것이라고 할 수 있다. 인간의 노력으로 지구온난화를 해결할 수 없다는 것을 모든 사람이 깨닫게 된다면 지구온난화를 절반 해결한 것이라고 할 수 있다. 그 이유는 현재 환경전문가들이 지구온난화에 관한 주장에 관심이 없거나 받아들이지 못하고 있기 때문이라고 할 수 있다. 그렇기 때문에 인간이 지구온난화를 해결할 수 없다고 할 수 있다. 인간의 노력으로 지구온난화를 해결할 수 없다는 것을 분명하게 깨닫게 된다면 모든 산업, 발명, 전쟁, 우주개발 등 경제활동을 하기 전에 지구온난화와 관련된 사실 '인간의 노력으로 지구온난화를 해결할 수 없다'는 것을 염두에 두고 지구온난화를 해결하려는 현상을 시행해야 한다.

11. 코로나19가 전하는 사실

여기에서 코로나19가 신과 관련된 현상으로 발생한 이유와 신의 의도가 무엇인지 정확하게 아는 것이 다시 코로나19가 발생하지 않도록 하는 것이다. 코로나19가 지구온난화와 관련하여 지금까지 발생한 자연재해 중에서 가장 중요한 현상이므로 코로나19가 발생한 이유를 모두 알 수 없지만, 우선 코로나19가 발생한 이유를 살펴보면 아래와 같다.

1. '인간의 노력으로 해결할 수 없는 지구온난화'를 해결하기 위해 발생한 지구온난화와 관련된 가장 중요한 자연재해이다.

2. 이 책을 통해 오랜 기간 해석되지 않았던 성경의 예언서가 해석되어서 어떻게 존재한다는 의미의 '자연'으로 존재하는 신의 존재가 한류현상으로 증명되고 알려지게 되었다. '자연'으로 존재하는 신의 존재가 지금 이 시기에 알려지는 것은 인간의 노력으로 지구온난화를 해결할 수 없기 때문이다. 코로나19는 인간의 지위고하(地位高下), 빈부귀천(貧富貴賤)의 차이 없이 생로병사 신의 지배를 받는 것을 나타내며 이런 사실을 모든 사람이 받아들이고 지구온난화를 반드시 해결하도록 하고 있다.

3. 대재앙에 가까운 자연재해를 대신해서 인간이 생로병사(生老病死)의

신의 지배를 받는 것이 코로나19로 나타나며 알려졌다고 할 수 있다. 코로나19는 일회성 자연재해로 발생하였기 때문에 다시 발생하지 않도록 하기 위해선 한류 현상으로 신의 존재가 증명되는 것을 알고 종교를 떠나서 전 세계 모든 사람이 한류 현상을 직접 체험하여 알아야 한다. K-POP과 K-드라마, K-영화, K-문학, K-먹방 등을 직접 체험하여 신의 존재가 알려지는 것을 받아들이도록 하고 있다.

4. 성경의 예언서 계시록과 다니엘을 통해 종교를 떠나서 궁극적인 의미의 '자연'으로 존재하는 신의 존재가 증명되고 알려지고 있기 때문에 다른 종교를 믿는 사람, 종교를 믿지 않는 사람이 종교를 떠나서 모두 현명하게 받아들이도록 하고 있다. 전 세계적으로 동시에 발생한 코로나19는 종교를 떠나서 신의 존재가 증명되고 알려지는 현상을 받아들이도록 하고 있다.

5. "많은 사람이 연단을 받아 스스로 정결케 하며 희게 할 것이나 악한 사람은 악을 행하리니 악한 자는 아무도 깨닫지 못하되 오직 지혜 있는 자는 깨달으리라(단 12:10)" 다니엘 12장과 관련하여 '많은 사람이 연단을 받아서 스스로 정결케 하며 희게 할 것이나'의 해석은 '신의 존재가 알려지는 이 책을 통해 나타나는 신과 관련된 현상'을 현명하게 받아들이도록 하라는 것이다. 그렇지 못할 경우에 원인이나 이유를 알지 못한 채 신과 관련된 현상으로 불이익을 받을 수 있다. 또는 이 책이 나타내는 지구온난화와 관련된 사실을 모든 사람이 제대로 받아들이라는 뜻이 담겨 있다고 할 수 있다. 어떤 면에서는 신의 존재를 증명하여 신의 존재가 알려져 지구온난화를 해결하는 이 책을 모든 사람이 제대로 받아들이라는

뜻으로 코로나19가 발생한 것이다. 이것은 인간의 노력으로 해결할 수 없는 지구온난화를 해결하여 대재앙에 가까운 자연재해로 발생하는 수많은 인명 손실과 재산 피해를 줄이는 것이기 때문이다.

6. 코로나19는 지구온난화를 해결하려고 제대로 노력하지 않거나 부족할 때 많은 나라에서 지금까지 직접 경험하지 못했던 인도네시아·일본의 지진해일 같은 단시일 내에 복구할 수 없는 대재앙을 경험할 수 있다고 경고하는 현상이라고 할 수 있다.

7. 코로나19를 모든 사람이 경험하면서 느껴야 할 가장 중요한 교훈은 '인간의 노력으로 지구온난화를 해결할 수 없다'는 것이다. 이것만 제대로 깨닫는다면 지구온난화를 절반 해결했다고 할 수 있다. 코로나19를 경험하기 이전에는 환경전문가들의 지구온난화에 관한 경고를 많은 사람이 관심을 두지 않거나 받아들이지 못했다. 또는 반대로 지구온난화는 위험하지 않다고 주장하기도 하였다. 지구온난화가 심각하고 중요한 현상이라는 것을 나타내기 위해 자연재해가 발생하고 있는데 지구온난화를 반대로 생각하는 경우 자연재해는 더 강하게 발생한다고 할 수 있다. 이미 지구온난화는 위기의 순간인데 이처럼 받아들이지 못한 현상 때문에 '인간의 노력으로 지구온난화를 해결하지 못한다'는 중요한 교훈이 만들어지게 되었다. 그리고 코로나19를 경험한 상태에서는 코로나19가 지구온난화의 심각함을 깨달으라는 신과 관련된 신의 의도적인 현상으로 발생하였다는 것을 깨달아야 한다고 할 수 있다. 코로나19가 지금까지 경험하지 못한 현상으로 발생하였으며 지구온난화에 관한 사실이 알려지려는 이 시기에 대재앙에 가까운

자연재해가 신(神)(자연自然)의 뜻에 의해 발생한 자연재해로 나타났기 때문이다. 그렇기 때문에 코로나19는 신의 뜻에 의해 발생하였으며 지구온난화를 경고하는, 지금까지 경험하지 못한 가장 심각하고 중요한 현상이라는 것을 모든 사람이 깨달아야 한다. 이런 식으로 코로나19를 직접 경험하면서 지구온난화가 심각하다는 것을 모든 사람이 제대로 깨달으라는 의미로 전 세계적으로 모든 지역에서 동시에 발생하였다고 할 수 있다. 코로나19를 경험한 나라에서 그렇지 않은 나라에게 지구온난화가 심각하다는 것을 전달하는 것이 아니라 지구상에 존재하는 모든 나라에서 코로나19를 직접 경험하거나 주변 사람에 의해 체험하는 현상으로 코로나19가 발생하였다고 할 수 있다. 이것은 그만큼 지구온난화가 심각하고 중요하다는 것을 나타내는 것이라고 할 수 있다. 그렇기 때문에 서울 주변에 신도시를 개발할 때 버스보다 온실가스 배출이 적은 지하철 노선을 연장할 수 있는 곳을 개발하는 것과 같이 앞으로는 모든 행위가 지구온난화와 관련된 현상으로 만들어져야 한다. 또는 전쟁을 할 경우라도 지구온난화와 관련하여 얼마나 영향을 주는지 검토해야 한다. 이처럼 모든 경제활동, 과학 연구, 우주 연구를 하면서 모든 사람이 지구온난화 해결을 염두에 두고 개발을 해야 한다고 할 수 있다. 그러지 않을 경우 자연재해를 경험하거나 인간이 신의 지배를 받는 현상을 경험할 수 있기 때문이다. 그런 의미에서 코로나19라는, 지위고하를 떠나서 모든 사람이 코로나19 확진 판정을 경험하는 현상이 발생한 것이다.

또한, 코로나19는 석탄을 발전소의 원료로 사용하는 그룹, 탈원전과 관련된 지구온난화를 반대하는 그룹 등 그들이 잘못된다는 것을 일깨우는 현상으로 코로나19가 누구나 감염될 수 있는 것을 나타낸다.

이처럼 코로나19는 모든 사람이 지구온난화에 관심을 두도록 하는 현상과 이기적인 생각으로 지구온난화 해결에 반대를 주장하는 경우, 인간이 신의 지배를 받는 현상을 경험하는 현상으로 코로나19가 발생하였다고 할 수 있다.

그런데 북한의 김일성은 1994년 7월 9일 갑자기 사망하였으며 김일성의 사망을 육관도사 손석우 옹은 1993년 7월 15일 발간된 풍수지리서 《터》에서, 무속인 심진송 씨는 1994년 《월간조선》 5월호에서 김일성의 사망을 정확하게 예언하는 신과 관련된 특별한 현상이 있었다. 이런 현상으로 김일성과 육관도사 손석우, 무속인 심진송 씨는 성경의 예언서와 관련되게 되었다. 이와 같은 사실은 지금 이 시기에 신의 존재가 증명되고 알려지는 지구온난화 해결에 가장 중요한 한류현상이 세계적으로 알려지는 현상을 만들었다고 할 수 있다.

귀순한 태영호 씨는 '한국 정치가 감정적으로 너무 과열되어 있다'는 표현을 하였다.

"한국 생활에 이제 3년째 접어들었다. 어떤 점이 인상적인가."

"한국 사회가 이렇게 좌와 우, 보수와 진보로 양극화된 시스템이라는 걸 처음 알았다. 보수와 진보의 대결은 이념, 정책적 대결보다 감정적 대립이 더 강한 것 같다"(시사저널, 김지영, 송창섭, 유경민, 2018. 8. 24.)

12. 기후 교란 이상의 자연재해

* 일본의 심각한 자연재해

대형 태풍 '하기비스' 일본 직격...사망·실종 30여명, 산사태·하천 범람 잇따라

경향신문, 김진우, 2019. 10. 13.

http://news.khan.co.kr/kh_news/khan_art_view.html?artid=201910130942001&code=970100

· 전날 1000만명에 '피난 지시'나 '피난 권고' 발동

이번 태풍은 큰 비를 동반하면서 수도권과 도호쿠 지방에 큰 상흔을 남겼다. NHK에 따르면 각지에서 연간 강수량의 30~40%에 해당하는 기록적인 폭우가 하루, 이틀 사이에 쏟아졌다.

가나가와(神奈川)현의 인기 온천 관광지인 하코네(箱根)정에는 이날 새벽까지 48시간 동안 1001mm의 폭우가 쏟아졌다. 같은 시간 강수량은 시즈오카(靜岡)현 이즈(伊豆)시 이치야마(市山) 760mm, 사이타마(埼玉)현 지치부(秩父)시 우라야마(浦山) 687mm, 도쿄 히노하라(檜原) 649mm에 달했다. 또 미야기(宮城)현 마루모리마치(丸森町) 힛포

(筆甫)에 24시간 동안 587.5mm, 폐로 중인 후쿠시마(福島) 제1원전에 가까운 후쿠시마현 가와우치무라(川内村) 441mm, 이와테(岩手)현 후다이무라(普代村) 413mm의 집중호우가 내렸다. 이들 지역은 모두 기상청의 관측 사상 최대 강수량을 기록했다.

집중 폭우로 인해 곳곳에서 하천이 범람했다. 이날 오전 6시쯤 나가노(長野)현을 흐르는 지구마(千曲)강 제방 일부가 붕괴해 주변 마을이 물에 잠겼다. NHK는 나가노시에 주택 2층까지 물이 차고 있다는 소식들이 들어오고 있어 자위대 헬리콥터가 고립한 주민들의 구조 활동을 하고 있다고 전했다. 후쿠시마현을 가로지르는 아부쿠마강도 범람해 주택이 침수하는 피해를 입는 등 전국 14곳의 하천이 범람했다고 NHK는 전했다.

범람 위험 지역이 속출하면서 전날 밤 한때 즉시 피난을 명령하는 '피난 지시'와 피난을 권고하는 '피난 권고' 대상자가 합해서 1300만명을 넘어서기도 했다. 전날 오후 9시를 기준으로 81만3000세대, 165만9000명에 대해 '피난 지시'가, 412만 세대, 923만명을 대상으로 '피난 권고'가 내려졌다. 기상청은 13개 광역지자체를 대상으로 경보 중 가장 높은 '폭우 특별 경보'를 발표했다. 폭우 특별 경보는 이날 오전 모두 해제됐다.

2019년 10월 일본에서 "가나가와(神奈川)현의 인기 온천 관광지인 하코네(箱根)정에는 이날 새벽까지 48시간 동안 1,001mm의 폭우가 쏟아졌다"라는 기사가 올라왔다. "미야기(宮城)현 마루모리마치(丸森町) 힛포(筆甫)에 24시간 동안 587.5mm" 기사와 같이 2019년 10월 일본의 하코네에서 '48시간 동안 1,001mm', 힛포에서 '24시간 동안 587.5mm'

가 내린 것처럼 우리나라뿐만 아니라 우리의 이웃인 중국에서 하루에 500mm가 넘는 폭우가 발생하였으며 앞으로 이런 현상은 자주 발생하게 된다. 그런데 우리나라는 2019년 기준 최근 몇 년 동안 심각한 태풍이 발생하지 않았으며 강한 폭우가 내리지 않았다.

2020년 우리나라는 6월 10일부터 8월 16일까지 54일간 최장기간 장마가 발생하였으며 장마 후반기엔 섬진강과 낙동강의 둑이 무너질 정도의 폭우가 발생하였다. 또한, 강한 태풍 3개(태풍 바비, 마이삭, 하이선)가 연이어 발생하였지만, 예측보다 심각한 피해는 발생하지 않았다. 장마 기간 중국은 싼샤댐이 붕괴할 위기할 정도로 심각한 폭우가 여러 번 발생하였으며 일본도 지금까지 경험하지 못할 정도의 심각한 폭우 현상이 발생하였다. 이처럼 2020년에 우리나라의 한반도를 중심으로 역대급 폭우 현상이 발생하였으며 종교의 신의 존재 '자연이 살아 있다'라는 사실이 알려지는 현상으로 기후 교란이 발생하였다. 이것은 지구온난화를 실감할 수 있을 정도의 기후 교란 현상이라고 할 수 있으며 종교적인 표현으로 '자연이 살아 있다'라는 신의 존재 알려지는 현상이 발생하였다.

* 일본과 비교하여 한국은 상대적으로 태풍이나 폭우의 피해 가 발생하지 않았다.

곤파스와 닮았다...태풍 쁘라삐룬 2일 한반도 상륙
서울신문, 오달란, 2018. 6. 29.

https://www.seoul.co.kr/news/newsView.php?id =2018062950 0151&wlog_tag3=naver

올해 첫 태풍인 쁘라삐룬(Prapiroon)이 한반도를 관통할 것으로 예상되면서 관계당국이 바짝 긴장하고 있다. 태국어로 '비의 신'을 뜻하는 쁘라삐룬은 29일 오전 9시 일본 오키나와 남남동쪽 약 740km 부근 해상에서 발생해 북상 중이다.

쁘라삐룬은 이날 오후 3시 현재 중심기압 998hPa(헥토파스칼), 최대풍속 초속 18m(시속 65km)의 소형 태풍이다. 그럼에도 기상당국이 긴장하는 이유는 쁘라삐룬이 일본이 있는 동쪽으로 꺾지 않고 곧장 한반도를 향해 북진하고 있기 때문이다.

쁘라삐룬는 다음달 2일 오전 3시 서귀포 남남서쪽 약 240km 부근 해상까지 북상한 뒤 이날 오후 3시쯤 전남 목포 남서쪽 약 30km 부근에 상륙할 것으로 기상청은 관측했다.

한반도에 비바람을 뿌리며 북진할 것으로 예상되는 쁘라삐룬은 3일 오전 3시면 강원 춘천 남남서쪽 약 30km 부근까지 올라올 것으로 관측됐다.

2010년 9월 쁘라삐룬과 유사한 경로로 이동했던 태풍 곤파스는 당시 사망 6명 등 18명의 인명피해와 1300여명의 이재민, 1670여억원의 재산피해를 낸 바 있다.

앞서 김부겸 행정안전부 장관은 이날 오후 4시부터 정부서울청사 중앙재난안전상황실에서 부처 담당 실·국장과 시·도 부단체장이 참석한 가운데 태풍 대비 긴급대책회의를 주재했다.

회의에서는 태풍의 이동 경로와 우리나라에 미치는 영향을 확인하고 기관별 조치사항과 대처 계획을 점검했다.

김 장관은 "2016년 태풍 '차바'를 제외하고 최근 5년 동안 대규모 태풍이 한반도를 통과한 적이 없는 만큼 경험 부족을 적극적인 대처로 보완할 필요가 있다"고 말했다.

태풍 쁘라삐룬이 남북으로 한반도를 관통할 것으로 예측됐으나 진로를 변경하여 실제로는 한국과 일본 사이를 지나갔다.

2018년 8월에 2012년 이후 6년 만에 한반도를 관통하는 태풍 '쁘라삐룬'이 발생하였지만, 특이한 현상으로 급격하게 약해지고 방향을 트는 현상이 발생하였다. 그런데 2018년 우리나라의 이웃인 중국은 초강력 태풍 망쿳(태풍 '망쿳' 필리핀·홍콩·중국 강타…사망자 100명 넘을 듯(종합) - 연합뉴스, 안승섭, 2018. 9. 16.)이 발생하였다. "태풍의 진행 경로에 있는 원자력 발전소 2곳에 초비상이 걸렸고"라는 기사처럼, 초강력 태풍에는 원자력 발전소가 피해를 받을 수 있을지 예측할 수 없으며 여기에 대비해야 한다. 앞으로 해수의 온도가 올라가면 태풍은 더 강한 모습이 되며 더 빈번하게 발생하게 된다. 중국, 일본에서 큰 피해가 발생한 초강력 태풍이 우리나라에서 발생하지 않을 수 없으며 초강력 태풍이나 허리케인에 의한 원전의 피해는 중국을 비롯한 우리나라와 같은 해안가에 원전이 있는 경우 막대한 피해가 발생하게 된다. 미국도 앞으로 해수 온도가 올라가면 허리케인의 최고 등급이 5등급에서 6등급으로 더 강해지며 위험한 원인이 있는 해안가 원전은 심각한 피해가 발생할 수 있다. 그런 의미에서 위험 요소에 놓여 있는 해안가 원전은 철거되어야 한다고 할 수 있다. 몇 년 후에는 이산화탄소가 증가하여 기상이변이 빈번해지며 태풍이나 허리케인에 의한 해안가 원전의 위기를 직접 눈으로 경험하게 되며 해안가 원전은 가능한 한 최대로 사용하고 철거되어야 한다. 해안가 원전은 철거되어야 하며 소형 모듈 원전이 설치되어야 한다. 인도네시아 지진해일이 발생하고 얼마 후 일본 지진해일과 후쿠시마 원전 사태가 발생한 것은 자연인 신의 경고 현상이라고 할 수 있다. 인간뿐만 아니라 모든 생명체가 사라지고 지구가 새롭게 변하는 상태를 생각하면 다시 후쿠시마 원전 사태와 같은 현상이 발생할 수 있다는 것을 알아야 한다.

인도네시아 지진해일이 발생하고 얼마 후 바로 후쿠시마 원전 사태와 일본 지진해일이 발생하였다. 이러한 대재앙에 가까운 자연재해가 일부러 이처럼 신과 관련된 현상으로 발생하지 않는다고 할 수 있다. 지진해일이 발생한 것은 지구온난화에서 가장 심각한 자연재해인 해수면 상승의 심각함을 나타내기 위해 발생하였다. 이것은 인도네시아 지진해일이 발생한 얼마 후 후쿠시마 원전 사태와 일본 지진해일이 동시에 발생한 것은 해수면이 상승하고 태풍의 세기가 강해졌을 때 해안가 원전의 심각함을 나타내기 위해 발생하였다고 할 수 있다. 이러한 해안가의 위험 요소가 있는 원전의 경우 가능한 한 사용 후 폐기되어야 한다.

美, 동부 지진으로 원전 안전성 우려

이투데이, 조정은, 2011. 8. 29

https://www.etoday.co.kr/news/view/473716

日 같은 방사성 물질 유출 사고 가능성

지난주 미국 동부를 뒤흔든 지진 이후 미국 원자력 발전소에 대한 안전성이 우려되고 있다. 로스앤젤레스타임스(LAT)는 28일(현지 시각) 이번 동부 지진을 계기로 동일본 대지진 당시 일본 후쿠시마 원자력발전소에서 벌어진 방사성 물질 유출 사고가 미국에서도 일어날 수 있다는 우려가 일고 있다고 보도했다.

미국 동부에 규모 5.8의 지진이 발생한 지난 24일에 버지니아주 노스 애나 원전의 원자로 2기는 안전 시스템에 따라 자동으로 가동을 멈췄다. 비상 발전기는 외벽에 균열이 생겼지만, 심각한 이상 없이 가동돼 별다른 피해는 없었다. 30년 전에 지은 노스 애나 원전은 규모 5.9에서 6.1의 지진에 견딜 수 있게 설계됐다.

그러나 상원 환경위원회 위원장인 바버라 박서 상원의원(민주당)이 "지진에 대비한 안전 대책이 미흡하다"고 발언한 이후 미국 원자력발전소에 대한 우려가 쏟아지기 시작했다. 지진이 잦은 캘리포니아주 출신인 박서 상원의원은 "지진에 대비한 안전 대책과 주민 소개 계획 등이 되어 있는지 의문스럽다"고 말했다. 박서 상원의원은 앞서 원자력 발전소의 안전성에 문제가 있다는 주장을 해왔고 이번 미국 동부 지진으로 목소리가 높아졌다.

샘 블레이크슬리 캘리포니아 상원의원(공화당)도 가세해 캘리포니아주에 있는 디아블로 캐넌 원자력 발전소에 대한 안전 점검 자료를 미 원자력규제위원회(NRC)에 요구했다. 그는 "NRC가 구닥다리 기준으로 안전성을 평가하지 않았나 걱정하고 있다"며 "일본 후쿠시마 사고 이후에도 안전 기준을 바꾸지 않았다"고 비판했다.

앤드루 쿠오모 뉴욕 주지사는 지진 이후 뉴욕주에 있는 인디언 포인트 원자력 발전소에 재난 대비 태세를 강화하라고 지시했다. 에드워드 마키 산업자원위원회 하원의원(민주당)도 NRC에 원자력발전소 안전 대책을 주문하는 공문을 2차례나 보냈다.

마키 하원의원은 노스 애너 원자력 발전소를 비롯한 모든 원자력 발전소를 대상으로 지진 대비 안전 시스템을 전면 재점검하라고 촉구했다. 그는 특히 예전의 안전 기준을 적용하지 말고 강도가 더 높은 지진이나 해일, 허리케인 등 자연 재해에 대비한 안전 대책을 세워야 한다고 강조했다. 이에 대해 NRC와 원자력발전소를 운영하는 전력회사들은 지금도 안전 대책은 충분하다고 맞섰다.

노스 애너 원자력발전소를 운영하는 도미니언 전력회사의 데이비드 히콕 원자력 담당 임원은 "이중삼중 안전 시스템이 갖춰져 있다"며 "정상적으로 가동되고 있다는 사실이 이번 지진 때 밝혀졌다"고

큰소리를 쳤다.

NRC 대변인 데이비드 매킨타이어는 "미국 내 원자력 발전소 내 위험성은 발견되지 않았다"고 밝혔다.

"미국 동부에 규모 5.8의 지진이 발생한 지난 24일에 버지니아주 노스 애나 원전의 원자로 2기는 안전 시스템에 따라 자동으로 가동을 멈췄다. 비상 발전기는 외벽에 균열이 생겼지만, 심각한 이상 없이 가동돼 별다른 피해는 없었다."

"안전 시스템에 따라 자동으로 가동을 멈췄다. 비상 발전기는 외벽에 균열이 생겼지만"

신문에서 "외벽에 균열이 생겼지만, 안전 시스템에 따라 자동으로 가동을 멈췄다"라고 했는데 지진의 강도가 5.8이 아니라 7.8이었을 경우 어떻게 되는지 가능성을 생각해야 한다. 자연이 이산화탄소의 조절 능력을 상실한다는 의미에서는 7.8의 지진이 발생하여 원자력발전소가 심각하게 훼손될 수 있다. 앞으로는 지구온난화에 관한 대비가 제대로 이루어지지 않았을 경우 대만이나 중국, 미국, 유럽 어느 곳에서든지 지진해일이 발생할 수 있다는 가능성을 예측해야 하는 상태에서, 원전에서 지진이 발생할 수 있는 것을 예측해야 한다. 이것은 후쿠시마 원전 사태로 원전에 사고가 발생하였을 경우 너무 심각한 피해가 발생하기 때문이라고 할 수 있다. 이것은 후쿠시마 원전 사태와 일본 지진해일이 지구온난화와 관련하여 신과 관련된 현상으로 일부러 발생한 현상이기 때문이다. 또한, 이 현상이 일본 지진해일이 발생하고 불과 5개월 후에 노스 애나 원전의 외벽이 갈라지는 현상이 발생했기 때문이라고 할 수 있다. 해안가 원전은 앞으로 가능한 한 사용하지 않아야 하며 소형모듈 원전(Small modular reactor)을 안전하게 사용해야 한다. 이런 현상의 가능성은 2020년 중국의 싼샤 댐이 무너지는 것을 경고하는 현상으로 심각한 폭우가 연이어 발생한 현상을 참고해야 한다고 할 수 있다. 중국의 싼샤 댐이 붕괴할 수 있다는 것이 나타난 현상은 심각한 코로나19가 발생한 현상으로 예측할 수 있다. 코로나19는 앞으로 예측하지 못하거나 경험하지 못한 대재앙에 가까운 자연재해가 발생할 수 있다는 것을 지구온난화와 관련하여 예측하도록 하는 현상이라고 할 수 있다. 이산화탄소의 농도가 올라갈수록 해수 온도가 올라가며 심각한 태풍이나 허리케인이 발생하는 것은 중국의 싼샤 댐이 붕괴할 수 있는 것을 예측하도록 하는 것이라고 할 수 있다.

북극해 얼음, 2035년께 완전히 사라질 수 있다
에너지경제, 박성준. 2020. 8. 11.
http://www.ekn.kr/news/article.html?no=516625

[에너지경제신문 박성준 기자] 북극 바다를 덮고 있는 얼음이 15년 뒤 모두 사라질 수 있다는 전망이 나왔다.

영국 남극자연환경연구소(BAS)에 따르면 국제연구팀은 영국기상청 해들리 센터의 첨단 기후모델을 이용해 약 12만 7000년 전 마지막 간빙기와 현재의 북극 얼음 상태를 비교하는 연구를 통해 이런 예측을 내놓았다. 해당 연구 결과는 논문을 과학 저널 '네이처 기후변화'(Nature Climate Change)에 발표됐다.

북극해의 해빙(海氷) 면적은 지구 기온이 오르면서 줄곧 줄어왔으며, 최근 연구에서는 2044년에서 2067년 사이에 해빙이 가장 많이 줄어드는 9월에 얼음이 완전히 사라지는 현상이 나타날 것이라고 예측한 바 있다.

그러나 마리아 비토리아 구아리노 박사 등이 이끄는 연구팀은 해들리 센터의 기후모델로 마지막 간빙기의 북극해 얼음 상태를 들여다본 결과, 강한 봄볕이 해빙 위에 '융해연못'(melt pond)을 많이 형성하고 이는 해빙을 녹이는데 중요한 작용을 하는 것을 밝혀냈다.

이 기후모델을 이용한 시뮬레이션에서는 북극해의 얼음이 2035년께 완전히 사라질 수 있는 것으로 나타났다.

융해연못은 봄과 초여름의 햇볕으로 얼음 위에 만들어지는 얕은 물 웅덩이로 얼음이 햇볕을 흡수 또는 반사하는 양에 큰 영향을 미친다. 해들리 센터 모델은 해빙과 융해연못 등까지 고려해 기후변화를 예측할 수 있는 최첨단 모델이다.

구아리노 박사는 "마지막 간빙기 북극의 고온은 수십년간 과학자들에게 수수께끼였으며 이를 푸는 것은 기술적으로 과학적으로 도전적 과제였다"면서 "(이번 연구를 통해) 처음으로 해빙이 어떻게 사라지게 됐는지를 알기 시작했다"고 평가했다.

그러면서 "기후 모델의 발전은 과거의 기후를 더 정확하게 시뮬레이션할 수 있고 이는 미래 예측에 더 큰 신뢰를 제공하게 된다"고 덧붙였다.

논문 공동 제1저자인 BAS 고기후 그룹 책임자인 루이스 쉬마 박사는 "지구 온난화로 북극이 심각한 변화를 겪고 있다는 것은 모두 알고있다"면서 "마지막 간빙기에 무슨 일이 벌어졌는지 이해함으로써 미래에 일어날 일을 더 잘 이해할 수 있게 됐다"고 했다.

그는 "북극 얼음이 2035년께 사라질 것이라는 전망은 우리가 모두 저탄소 세계를 인간의 능력 범위에서 가능한 한 빨리 달성하는데 집중할 수 있게 해주는 것"이라고 했다.

해들리센터 기후 모델에 융해연못 변수를 반영한 레딩대학의 데이비드 쉬뢰더 박사 등은 "이번 연구 결과는 북극해의 해빙에서 융해연못이 얼마나 중요한 역할을 하고 이를 기후 모델에 포함하는 것이 왜 중요한지를 보여주는 것"이라고 했다.

13. 신의 지배를 받는 모든 인간

    육관도사 손석우의 풍수지리서 《터》에는 조상 묘의 발복으로 박정희, 전두환, 노태우, 김대중, 박근혜 대통령의 조상 묫자리에 관한 설명이 나오며 또한, 북한 김일성 조상 묫자리의 발복에 관한 설명이 나타나고 있다. 이것은 지금의 북한도 우리나라의 전직 대통령의 집권 말기에 지지율이 급락하는, 인간이 신의 지배를 받는 현상의 영향이 작용한다고 볼 수 있다. 이런 현상은 모든 인간이 신의 지배를 받으며 보통 사람의 일반적인 현상과 다른 특별한 현상을 가리킨다고 할 수 있다. 이러한 특수한 현상이 나타날지 또는 그러지 않을지는 정확하게 알 수 없으며 북핵 위기의 비핵화 현상에서 현명한 판단을 하는 것이 옳다고 할 수 있다. 이런 현상은 나의 경험을 통해서 신과 관련된 현상이 일어날 수 있는 가능성을 나타내는 것이지 반드시 그렇다는 것은 아니며 주의해야 한다고 할 수 있다. 이와 같은 현상은 앞으로 신과 관련된 현상으로 발생하는 잘못을 미리 예방하는 의미가 있으며, 북한은 비핵화의 핵 억제를 투명하게 이루고 경제발전에 집중하는 것이 현명한 선택이라고 할 수 있다. 이런 현상으로 2018년 6월 12일, 70년 만에 싱가포르 북미회담이 이루어졌으며 이것은 국가와 민족, 종교, 피부색, 언어 등 모두를 떠나 모든 사람이 똑같이 신의 지배를 받는 것이 알려지는 신과 관련된 현상이 나타난 것이라고 할 수 있다. 북핵 위기에서 투명한 비핵화나 핵 억제가 이루어지지 않으면 금강산 관광, 개성공단 중단과 같은 현상이 발생하는 원인이 될 수 있으며 외국의 투자를 통한 경제발전에 장애가 될 수 있다. 2018년 6월 13일 지방선거에서 당시의 야당인 국민의 힘이 크게 참패한 원인 중의 하나로 북한의 비핵화에 대한 대처를 들 수 있다. 같은 현상으로 2020년 4월 15일 총선에서 여당인 민주당이 과반 의석인 180석을 차지하는 현상이 발생했는데 이것은 신과 관련된 특별한 현상의 영향으로 발생한 현상이라고 할 수 있다. 누구나 납득하기 쉽지 않은 현상이다. 2018년 6월 13일 지방선거에서도 쉽게 받아들여지기 어려운 현상으로 당시에 여당인 민주당이 압승하는 현상이 발생하였다. 이처럼 최근에 발생하는 중요한 현상은 신과 관련된 인간이 신의 지배를 받는 현상을 나타내어 인간의 노력으로 해결할 수 없는 지구온난화를 해결하려는 현상이 신과 관련된 현상으로 발생하고 있는 것이다. 방탄소년단의 〈버터〉가 빌보드 싱글 차트 '핫100'에서 10주 동안 1위를 한 현상이나 영화 〈기생충〉이 미국 아카데미 시상식에서 작품상, 감독상, 각본상을 받은 것도 이전과 비교하여 좀처럼 발생하지 않은 현상으로, 신과 관련된 기적 같은 현상으로 발생하였으며 이것은 인간이 신의 지배를 받는 현상이라고 할 수 있다. 미국의 빌보드나 아카데미에서 한국이 중요한 상을 받는 것은 세계적으로 모든 사람에게 인간이 한류 현상으로 신의 지배를 받는 것이 알려지는 현상이라고 보아야 한다. 이와 같은 인간이 자연으로 존재하는 신의 지배를 받는 것이 자연재해로 발생한 현상은 뉴올리언스 침수 피해와 인도네시아·일본의 지진해일인데, 지구온난화에서 가장 심각한 현상인 해수면 상승을 경고하는 현상으로 발생한 것이다. 그런데 가장 최근에 발생한 코로나19는 인도네시아·일본의 지진해일보다 훨씬 심각하며 지구온난화와 관련하여 자연이 이산화탄소 조절 능력을 상실하는 것을 나타내는 가장 중요한 현상으로 발생하였다. '코로나19'라고 하면 무조건 인간의 노력으로 해결할 수 없는 '지구온난화'와 같은 단어라는 생각을 해야만 한다고 할 수 있다. 코로나19는 자연재해로 발생하였으며 인간이 생로병사(生老病死) 신의 지배를 받는 것을 나타내는 신과 관련된 특별한 현상이라고 할 수 있다. 그런 이유로 북한은 북핵 위기를 원만하게 해결하고 가능한 한 경제가 발전할 방법을 선택하는 것이 가장 현명한 선택이라고 할 수 있다. 지금의 여당인 국민의 힘이 집권하게 된 것이나 2018년 6월 13일 지방선거, 2020년 4월 15일 총선에서 민주당이 압승하는 기적 같은 현상이 발생한 것도 북핵 문제와 관련하여 모두 신과 관련된 현상으로 발생한 것을 나타내는 것이다. 특히 코로나19와 같은 강력한 인간이 신의 지배를 받는 현상이 발생한 상태에서는 앞으로 일어나는 일은 정확하게 알 수 없으며 인간의 중요한 현상이 신과 관련된 현상에 의해 결정될 수 있다고 할 수 있다. 코로나19가 지구온난화와 관련하여 신의 뜻에 의해서 발생한 현상이라는 것을 분명하게 깨달아야 한다. 우리나라에서 발생하는 한류 기적과 같은 현상을 보면 코로나19가 신과 관련된 현상으로 발생할 수 있는 것을 깨닫게 된다. 그렇기 때문에 북한에 가장 유리한 현상은 경제가 발전하여 북한 주민이 삶의 여유를 찾고 많은 사람이 만족할 수 있는 형태를 이루는 것이 신과 관련된 현상도 유리하게 될 수 있다. 지구온난화가 인간이 멸망할 수 있는 중요한 현상으로 알려졌으며 여기에 대한 대책이 세계적으로 결정되어야 할 시기에 핵무기로 위협하는 경우에 신과 관련된 현상이 유리하게 작용할 수 있을지 생각해 보아야 한다. 지구온난화의 영향으로 심각한 홍수의 자연재해가 빈번하게 발생하는 상태에서 자연재해의 영향을 덜 받는 것이 어떤 상태인가 생각해 볼 수 있다.

앞으로는 하루에 500mm 이상의 폭우가 일본(2019년 10월에 태풍 하기비스에 의해 미야기현 마루모리마치 힛포 지역에 24시간 동안 587.5mm)과 중국(2020년 7월 장시성 하루에 547mm)처럼 우리나라와 북한 등 어느 곳에서 얼마든지 발생할 수 있으며 이산화탄소의 농도가 올라갈수록 빈번하게 발생될 것이다. 2030년대에 북극의 얼음이 모두 녹아 그동안 북극의 얼음이 반사했던 태양광을 바다에서 흡수하면 해수의 온도가 오르게 되며 태풍이나 허리케인의 세기가 더 강해지고 집중호우에 의한 심각한 폭우 현상이 더 빈번해진다. 또한, 2030년대 북극 영구동토층의 해빙으로 메탄가스가 발생하며 온실가스의 증가도 지구온난화는 가속이 붙게 된다. 이런 현상으로 앞으로 이산화탄소의 농도가 올라가며 심각한 대재앙에 가까운 자연재해가 빈번하게 발생하게 된다고 할 수 있다. 이런 현상에 북한은 현재 취약한 상태에 있으며 경제가 발전하여 이러한 심각한 재앙에 대비해야 한다고 할 수 있다.

이처럼 2016년부터 발생한 북한의 북핵 위기는 인간의 노력으로 해결할 수 없는 지구온난화를 해결하기 위해 대규모 전쟁 억제 현상으로 한류 현상이 세계적으로 알려지도록 신과 관련된 특수한 현상으로 이루어진 것을 제대로 깨달아야 한다. 또, 국정 농단이 발생하였을 당시에는 북핵 문제를 원만하게 해결하도록 육관도사 손석우의 《터》와 관련하여 신과 관련된 특별한 현상으로 발생하였다고 할 수 있다. 북핵 위기의 비핵화와 국정 농단은 신과 관련된 특별한 현상으로 지구온난화 해결과 관련된 현상으로 발생하였다. 북핵 위기와 국정 농단은 인간이 신의 지배를 받는 불가항력의 현상으로 나타났으며 인간의 노력으로 해결할 수 없는 지구온난화를 해결하는 가장 중요한 현상으로 작용하고 있다. 그리고 일제강점기를 거쳐 남북 분단이 이루어지고 북핵 위기가 발생한 것은 지구온난화를 해결하기 위한 신과 관련된 특별한 현상으로 발생한 것이다. 북핵 위기가 한류 현상을 세계적으로 알리는 중요한 현상으로 작용하는 결과가 신과 관련된 현상으로 발생한 것을 나타내고 있다. 이것은 인간의 노력으로 해결할 수 없는 지구온난화가 그만큼 중요하기 때문이다. 진·딕슨 여사의 예언을 집대성해서 《A Gift of Prophecy The Phenomenal Jeane Dixon》(우리말 번역 《3차대전을 예언한다》)이라는 책을 미국의 여기자 몽고메리 여사가 저술하였는데, 여기서 '3차 대전을 예방한다'라는 의미이다. 북한의 북핵 위기는 대규모 전쟁 억제 현상으로 한류 현상을 세계적으로 알리는 역할을 하였다. 진·딕슨 여사의 이집트 피라미드에서의 일출이 계룡산에서 갑하산 세 봉우리의 일출과 일치하는 현상으로 신의 존재를 증명하는 현상이 만들어진 것을 보면 북핵 위기가 신과 관련된 특별한 현상으로 발생한 것을 설명할 수 있다. 어떤 면에서는 '3차 대전을 예언한다'는 소녀시대의 뮤직비디오와 관련된 현상으로 신의 존재를 증명하는 것과 관련 있다고 할 수 있다. 그리고 신과 관련된 현상으로 북한과의 전쟁은 발생하지 않으며 신과 관련된 현상으로 철저하게 예방될 것이다. 만약에 전쟁이 발생하였을 경우는 신과 관련된 현상에 의해서 발생할 수 있으며, 이때는 전쟁을 일으킨 당사자를 퇴출하려는 것이 신이 의도한 것임을 알 수 있다. 지금과 같이 지구온난화와 관련하여 중요한 시기에는 대규모 전쟁으로 발전할 수 있는 전쟁은 발생하지 않는 것이다. 전쟁이 발생하면 철저하게 신과 관련된 현상으로 전쟁을 일으킨 당사국은 파멸될 것이다. 우크라이나 전쟁은 북한이 전쟁이나 핵무기를 사용할 경우 어떻게 되는지 알려 주기 위한 현상으로 발생하였다고 할 수 있다. 또 풍수지리서 《터》에 의한 북핵 위기의 비핵화 현상은 한류 현상이 세계적으로 알려지도록 하고 있다. 이것은 북한에 불리한 현상이 될 수 있으며 북한은 이처럼 북핵 위기가 신과 관련된 현상으로 발생한 것을 깨달아야 한다고 할 수 있다. 이것은 핵무기를 보유하고 있다고 하더라도 신과 관련된 현상이 자연재해 등과 같은 현상으로 북한에 불리하게 작용할 수 있기 때문이다. 북한 주민을 위해 가능한 한 경제발전을 이루는 것이 현명한 선택이다. 그리고 진·딕슨 여사의 예언은 신의 존재를 증명하도록 하고 있으며 신의 존재를 증명하는 우리나라의 민간신앙인 무속, 풍수지리가 신과 관련된 특별한 현상으로 나타나는 것을 외국 사람이 이해할 수 있게 한다. 이것을 더 설명하면 우리나라의 중요한 현대의 역사와 관련된 형태로 우리나라의 민간신앙이 작용하고 있다. 이러한 현상을 외국 사람이 진·딕슨 여사의 예언을 통하여 신과 관련된 현상으로 서로 연관된 현상을 이해하는 데 도움이 되고 있다. 우리나라의 민간신앙인 육관도사의 풍수지리서 《터》와 무속인 심진송 씨가 특별한 현상으로 작용하는 것의 이해를 돕는 현상으로 작용하고 있다.

14. 신의 지배를 받는 한류 기적 현상

역대 대통령의 임기 말에 친인척, 측근 비리가 신과 관련된 불가항력의 특별한 현상으로 과거의 정부에서 공통적으로 발생하였다. 이것은 역대 대통령에게 특이하게 모두 똑같은 현상으로 발생하였기 때문에 의문이 생긴다. 특히 기사에 나타난 것처럼 박근혜 대통령에게는 친인척 비리를 예방하기 위해 가족을 만나지 않았는데 유일하게 가까이 지낸 지인에게서 측근 비리가 발생하는, 받아들이기 어려운 현상이 신과 관련된 현상으로 발생하였다. 이것은 어떤 면에서 인간이 얼마나 신의 지배를 받는지 드러난 것이다. 자연재해를 대신해서 한류 현상이 알려지는 것이나 코로나19가 지위고하(地位高下)를 떠나 모든 사람이 신의 지배를 받아서 지구온난화와 관련된 사실이 알려지는 것과 관련 있다고 할 수 있다.

빌보드에서 방탄소년단의 4번째 음반이 빌보드 앨범 차트 '빌보드 200'에서 1위를 하였다. 그리고 2020년 9월 1일 한국 최초로 싱글 차트 '핫100'에서 〈다이너마이트〉가 1위를 하는 결과가 만들어졌다. K-POP은 2020년 현재 완성도가 매우 높고 최고의 전성기에 있다. 앞으로 이 책의 한류 현상으로 신의 존재를 증명하는 현상이 알려진 후 빌보드 싱글 차트 '핫100'에서 다수의 팀이 1위를 할 수 있을 것이다. 1위를 하지 않아도 K-POP은 빌보드에서 또는 빌보드와 상관없더라도 세계적으로 영향력을 가질 것이다. 이것은 과거에는 상상하기 어려운 현상으로, 1994년 7월 이후 내가 교회에 처음 간 시기에 한류 현상이 신과 관련된 현상으로 시작된 후 25년 만에 방탄소년단이 이루어 낸 것이라고 할 수 있다. 이것은 과거에 비하면 기적에 가까운 현상이라고 할 수 있으며 인간이 신의 지배를 받는 것이 나타난 것이라고 볼 수 있다. 나는 '베토벤의 운명 교향곡' 작곡, '뉴턴의 만유인력의 법칙' 발견, '에디슨의 축음기' 발명이 신으로부터 영감을 받아서 이루어진 것이라고 본다. 영감을 받았다는 것은 신의 작용에 의해 이루어진 것이며 인간이 신의 지배를 받는 것을 나타낸다. 방탄소년단이 빌보드 싱글 차트 '핫100'에서 10주 동안 1위를 한 것 역시 신의 작용으로 인간이 신의 지배를 받는 것을 나타낸다. 이런 현상을 보면 역대 대통령의 임기 말에 공통으로 발생한 친인척, 측근 비리는 인간의 능력으로 좌우되지 않는 불가항력의 신과 관련된 특별한 현상으로 발생하였다고 할 수 있다.

 이처럼 인간은 신의 작용으로 영감을 받는 것이니 신의 작용으로 한류 현상이 만들어진 것은 인간이 신의 지배를 받는 현상을 나타낸다고 할 수 있다. 인간은 자연재해로 신의 지배를 받는다. 여기에서 공통으로 나타나는 것은 한류 현상이 신과 관련된 현상이며 인간이 자연재해로 신의 지배를 받는다는 것이다. 그렇기 때문에 한류 현상은 자연재해를 대신하며, 코로나19와 같은 바이러스 현상이 재발하지 않기 위해선 한류 현상이 세계 곳곳에 알려져서 지금까지와 다른 세계가 만들어져야 한다. 지구온난화와 관련된 사실이 세계 곳곳에 알려지면 코로나19와 같은 현상이 다시 만들어지지 않게 될 것이다. 그런 의미에서 한류 현상이 종교를 떠나서 신의 존재를 증명하는 현상과 관련 있다고 할 수 있다.

역대 대통령 친인척·측근 비리

중앙일보, 천권필, 2014. 12. 13.
https://www.joongang.co.kr/article/16687171

비선(祕線). 공식체계에서 벗어난, '보이지 않는 선'을 말한다. 계선(系線)의 반대말이다. 청와대 비서실장과 수석비서관, 장관으로부터 대통령에게 올라오는 공식 보고라인이 계선이다. 계선에 있지 않은 대통령의 친인척이나 측근이 막후에서 권력을 휘두른다면, 세상은 그들을 '비선 실세'라고 부른다.

박근혜 대통령을 둘러싼 비선 실세 논란이 정치권의 모든 이슈를 블랙홀처럼 빨아들이고 있다. 박 대통령이 국회의원이던 시절 비서실장을 지낸 정윤회씨가 비선 실세로 지목되고 있다. 정씨가 오래전부터 박 대통령을 보좌한 이른바 '문고리 3인방'(이재만·정호성·안봉근 청와대 비서관)과 함께 국정에 영향력을 행사해왔다는 게 논란의 핵심이다. 아직 진실은 밝혀지지 않았다. 요즘엔 박 대통령의 동생인 박지만 EG 회장과 정씨의 갈등설까지 불거지고 있다. 대통령 친인척과 측근이 뒤엉켜 있다. 이와 관련, 박 대통령은 지난 7일 새누리당 의원들을 초청한 청와대 오찬에서 "박지만 부부를 청와대에 얼씬도 못하게 했다. 가족들이 서운해할 수도 있지만 역대 정권의 친인척 비리를 많이 봐온 나로선 그렇게 할 수밖에 없었다"고 말했다

박 대통령의 말대로 과거 정권에서도 대통령의 친인척이나 측근이

'정권의 그림자'로 막후 영향력을 행사했다. 대부분 끝이 좋지 않았다.

1990년대 이후부터 살펴보면 김영삼 정부에선 차남 현철씨가 떠오른다. 정가에선 그를 '소(小)통령'이라고 불렀다. 야당 시절부터 집안 식구들을 정치판에 끌어들이지 않으려 했던 김영삼 전 대통령이지만 현철씨만은 예외였다. 그는 87년 쌍용투자증권에 입사했지만 곧 그만두고, 정치활동을 하면서 아버지로부터 신임을 얻었다. 92년 대통령 당선과 함께 현철씨의 위상은 다른 사람이 넘볼 수 없을 정도가 됐다.

수시로 청와대를 드나들며 대통령을 단독 면담할 수 있었던 현철씨에게 정·관계 유력 인사들은 어떻게든 줄을 대보려고 했다. 그러나 현철씨는 97년 기업인들로부터 활동비 명목으로 거액의 돈을 받고도 세금을 내지 않았다는 혐의로 구속돼 실형을 선고받으면서 추락의 길을 걸었다. 김 전 대통령은 "아들의 허물은 곧 아비의 허물"이라며 대국민 사과를 해야만 했다. 현철씨는 최근 자신의 소셜네트워크서비스(SNS)에 "당시 반(半)공식적으로 일했던 나는 결코 숨어 다니지 않았다. (현 정권의 비선 실세들과) 비교하는 것 자체가 불쾌하다"는 글을 올렸다. 문고리 권력을 행사한 장학로 부속실장도 1996년 부정축재로 단죄를 받았다.

한국 정치 사상 처음으로 정권교체를 이룬 고(故) 김대중 전 대통령 역시 비선 실세 논란을 피해가지 못했다. 김 전 대통령은 정권 말기에

'홍삼 트리오'로 불린 세 아들(홍일·홍업·홍걸)이 모두 각종 권력형 게이트에 휘말리면서 곤욕을 치렀다. 둘째 아들인 홍업씨는 청와대 비서관들을 연결고리로 인사에 개입하는 등 국정 전반에 영향력을 행사하려고 했다는 의혹을 받았다. 결국 이용호 게이트를 수사하던 검찰이 그의 이권개입 의혹으로 수사를 확대하면서 알선수재 혐의 등으로 구속기소돼 징역형을 선고받았다. 이후 2005년 사면조치를 받은 홍업씨는 2007년 전남 무안-신안 국회의원 재·보궐 선거에 출마해 당선됐다.

3남 홍걸씨도 2002년 '최규선 게이트' 수사 당시 체육복표 사업자 선정과 관련해 36억여원을 받은 혐의로 구속 기소됐다. 장남 홍일씨마저 2003년 나라종금 로비 의혹에 연루돼 불구속 기소되면서 대통령의 세 아들이 모두 비리에 휘말리는 불명예를 안았다. 김 전 대통령도 아들들의 비리 연루 의혹과 관련해 대변인을 통해 "아들들의 문제로 물의를 빚고 있는 데 대해 국민에게 죄송스럽게 생각한다"고 사과 성명을 발표했다.

역대 어느 정권보다 도덕성을 강조했던 노무현 정부도 예외는 아니었다. 고(故) 노무현 전 대통령의 형 건평씨는 거주지인 김해 봉하마을을 빗댄 '봉하대군'으로 불렸다. 정권 초부터 각종 이권에 개입했다는 의혹이 끊임없이 불거져 나왔다. 결국 2006년 세종증권 인수 청탁의 대가로 세종캐피탈 사장에게 금품을 받은 혐의로 기소돼 징역형을 선고받았다. 건평씨의 재판 당시 노무현 전 대통령이 서거했다. 건평씨는 법정에서 "깊이 반성하고 많이 뉘우치던 중동생의 사고로 상당히 괴로움을 느끼고 있다"고 심경을 밝혔다.

노무현 정부에서 왼팔·오른팔로 불린 인사가 안희정 충남지사와 이광재 전 강원지사다. 하지만 노 전 대통령은 두 사람을 '비선'이라기보단 '동업자'로 대우했다. 두 사람의 행보는 엇갈렸다. 이 전 지사는 정권 출범 후 청와대 국정상황실장을 맡았다. 국정 운영의 방향을 좌우하는 최대 실세로 평가받았다. 여당인 열린우리당에선 그를 "모든 정보를 독점하고 대통령의 눈과 귀를 가리는 실세"(천정배 당시 의원)로 지목하고 퇴진을 요구했다. 결국 그는 국정상황실장에서 물러나야 했다. 2004년 총선에서 이기고 2010년 강원지사에 당선되면서 승승장구하는 듯했지만 강원지사 당선 직후 '박연차 게이트'로 유죄를 선고받아 아직까지 정치활동을 하지 못하고 있다.

반면 안 지사는 노무현 정부 출범 직후인 2003년 대선자금을 받은 혐의로 징역형을 선고받고 복역하면서 상대적으로 국정에 영향을 미칠 기회가 적었다. 이후 충남지사 재선에 성공하면서 야권 차기 주자로 떠오른 상태다.

이명박(MB) 정부는 실세그룹이 초토화되다시피 했다. MB정부가 레임덕에 빠지기 전에는 '영포회(영일·포항 출신 고위공직자 모임)'라는 비선 조직이 위세를 떨쳤다. 이명박 전 대통령의 형인 이상득 전 국회부의장과 그의 보좌관 출신인 박영준 전 지식경제부 차관은 정권 최고 실세로 꼽혔다. 이 전 국회부의장은 '영일대군'이라는 별칭을 갖고 있었다. '만사형통(萬事兄通·모든 일은 형을 통한다)'

이란 말까지 나올 정도였다. 하지만 저축은행으로부터 로비 자금을 받은 혐의로 동생의 임기 중에 구속되는 비운의 주인공이 됐다.

박 전 차관은 2007년 대선 다음날 이 전 대통령의 특명을 받으면서 실세로 급부상했다. "당선자 비서실을 총괄하고 정권인수위 인선 작업을 마무리하라"는 대통령의 말 한마디가 그에게 권력을 쥐어줬다. 당시 권력의 핵심으로 불렸던 정두언 의원이 인선 내용을 알려달라고 하자 "못 보여준다"고 맞설 정도였다.

그는 정부 출범 이후에도 청와대 기획조정비서관으로 근무하며 '왕비서관'으로 통했다. 그러다 2008년 6월 정두언 의원이 "대통령 주변 일부 인사가 권력을 사유화하고 있다. 박영준 비서관이 제일 문제다. 보좌관 한 명이 나라를 망치고 있다"고 치고 나오면서, 결국 청와대를 떠나야만 했다. 2009년 국무총리실 국무차장으로 발탁되면서 다시 힘을 과시했지만 권력은 오래가지 않았다.

박 전 차관은 파이시티 인허가 비리 등으로 2년6개월간 수감됐다가 지난달 성경책을 낀 채 만기 출소했다.

이 전 대통령의 '50년 지기'이자 정치적 후견인이었던 천신일 세중나모여행 회장은 2011년 기업체로부터 청탁과 함께 금품을 받은 혐의로 징역형을 선고받았다.

정권이 바뀔 때마다 비선 실세 논란이 끊이질 않는 이유는 뭘까.

"제왕적 대통령제가 낳은 어두운 그림자"라는 전문가들이 많다.

윤희웅 민 정치컨설팅 여론분석센터장은 "대통령에게 과도하게 권한이 집중되다 보니 대통령과 신뢰 관계를 맺고 있는 측근 그룹이 각종 이권이나 인사개입을 위한 로비 통로로 활용되고 있다"고 말했다. 정하용 경희대 국제학과 교수는 "대통령과 가까운 비선 실세들이 인사 전횡 등을 하지 못하도록 의회의 견제 기능을 강화하고, 청와대의 인사시스템도 더욱 체계적이고 전문성을 갖추도록 개편돼야 한다"고 강조했다.

"허물은 곧 아비의 허물"이라며 대국민 사과를 해야만 했다. 현철씨는 최근 자신의 소셜네트워크서비스(SNS)에 "당시 반(半)공식적으로 일했던 나는 결코 숨어 다니지 않았다. (현 정권의 비선 실세들과) 비교하는 것 자체가 불쾌하다"는 글을 올렸다. 문고리 권력을 행사한 장학로 부속실장도 1996년 부정축재로 단죄를 받았다.

측근 비리 현상이 정권마다 공통으로 발생했는데 이것은 본인의 의지와 상관없이 불가항력의 신과 관련된 특별한 현상으로 발생한 것을 나타낸다.

15. 한류 현상과 북핵 위기

한류 현상은 K-POP, 한류 드라마뿐만 아니라 우리나라에서 일어나는 일이 세계적으로 알려지는 현상이다. 오래전 신의 뜻으로 전구, 전화기 등의 발명이 이루어졌듯이 지구온난화를 심각하게 인식하여 신의 뜻으로 지구온난화 해결 방법이 만들어질 것으로 생각하였다. 내가 교회에 간 94년에 방영된 드라마 〈서울의 달〉에 나의 주변 사람과 닮은 사람이 나오고, 짧은 부분이지만 나에게 일어난 일이 정교하게 표현되었다. 드라마 〈서울의 달〉과 같이 부분적이지만 정교하게 나타나는 부분과 한류 음악이 신과 관련된 현상으로 나에게 알려져서 예언서를 해석하는 방법으로 작용하였다. 이처럼 〈서울의 달〉은 내가 신과 관련된 현상을 드라마로 처음 경험하며 예언서를 해석하는 방법으로 작용한 한류 현상의 시작이었다. 이런 형태로 한류 현상은 종교를 제대로 모르는 나에게 예언서를 해석하게 작용하거나 신과 관련된 현상을 알도록 하여 신의 존재를 증명하게 하였다. 이처럼 한류 현상으로 신의 존재를 증명하고 우리나라에서 신과 관련된 현상으로 발생한 일을 통해 인간이 신의 지배를 받는 현상으로 지구온난화를 해결하게 하고 있다. 우리나라의 계룡산에서 본 일출 모습의 사진과 소녀시대의 〈Lion Heart〉 뮤직비디오 사진, 성경 다니엘의 한때, 두때, 반때가 이집트의 기자 피라미드의 사진과 관련된 형태로 나타나는 네 장의 사진이 모두 서로 관련된 상태로 신의 존재를 증명한 것은, 한류 현상이 인간의 노력으로 해결할 수 없는 지구온난화를 해결하는 방법이라는 것을 나타내고 있다. 그런 의미에서 신과 관련된 특별한 현상인 자연재해의 코로나19는 지구온난화에 관한 사실을 모든 사람에게 알려지도록 하였다. 그리고 코로나19는 지구온난화와 관련된 현상으로 한류 현상이 세계 곳곳에 알려지는 현상을 받아들이도록 하고 있다. 이런 의미에서 코로나19는 신과 관련된 현상을 체험하는 현상으로 작용하여 세계 곳곳에서 지구온난화를 체험하도록 하고 있다. 이러한 이유로 인간의 노력으로 해결할 수 없는 지구온난화를 해결하는 첫째 방법은 북핵 위기와 관련된 한류 현상이라고 할 수 있다. 두 번째는 모든 사람이 코로나19를 직간접적으로 신과 관련된 현상을 체험하여 한류 현상을 직접 체험하도록 하고 있으며 지구온난화를 해결하도록 하고 있다. 이것은 북핵 위기와 코로나19 현상을 통해 한류 현상을 체험하여 지구온난화를 직접 체험하도록 하고 있다. 이러한 뜻에서 코로나19를 통해서 지구온난화의 심각함을 깨닫고 지구온난화에 관한 사실이 모든 사람에게 알려질 때까지 한류 현상이 계속되어야 한다고 할 수 있다.

한류 현상과 관련하여 2016년에 발생한 두 가지 사건, 즉 북한의 4차 핵실험은 한류 현상을 기록하는 이 책이 세계적으로 알려지도록 발생하였으며, 국정 농단은 '종교와 관련된 한류 현상이 만들어진 원인'이 종교를 떠나서 우리나라 사람에게 먼저 알려지고 세계적으로 알려지는 매우 특이한 형태의 신과 관련된 현상으로 발생하였다. 그렇지 않고서는 종교 예언서에 나타나는 '자연이 살아 있다'라는 신의 존재가 종교를 믿지 않는 사람과 다른 종교를 믿는 사람에게 알려지기 어렵다. 그리고 종교와 관련된 사실로 지구온난화를 해결하려는 이 책이 많은 사람에게 알려지기 어렵다고 할 수 있다. 국정 농단은 단순한 현상으로 발생한 것이 아니며 신과 관련된 특별한 현상이 종교를 떠나서 많은 사람에게 알려지려고 발생하였다.

　한류 현상은 우리나라에서 발생하는 일이 세계적으로 알려지는 것이라고 할 수 있다. 국정 농단은 일시적인 대혼란으로 발생하여 많은 사람에게 알려졌으며 이것은 한류 현상이 인간이 신의 지배를 받는 것을 나타내는 신과 관련된 특별한 현상으로 작용하였다. 인간이 신의 지배를 받는 것은 이 책을 읽으면서 더 자세하게 알 수 있다. 현재 뉴스에서 이해하기 어려운 중요한 현상이나 오랜 시간 중요한 일로 발생한 것은 신과 관련 있는 특별한 현상으로 발생한 것이다. 2016년 북핵 위기는 핵실험과 이해하기 어려운 연이은 미사일 발사 형태로 발생하였다. 또한, 국정 농단도 이해하기 어려운 특수한 형태로 발생하였다. '북핵 위기와 국정 농단' 같은 중요한 현상은 함부로 언급할 수 없는데 지구온난화가 그만큼 중요하며 대재앙에 가까운 자연재해를 대신해서 지구온난화 해결에 가장 중요한 현상으로 작용하고 있음을 알 수 있다. 나는 예언서의 단어 하나를 해석하기 위해 몇 달을 보냈으며 여러 가지 예언서를 동시에 해석해야 하였다. 이런 상태에서 예언서에 관한 내용이 머리에 가득 차서 TV에서 방영하는 영화가 머릿속에 들어오지 않는 경험을 하였다. 그래서 영화는 한류 드라마와 한류 가요에 비해 많이 알려지지 않은 편이라고 할 수 있다. 또 2009년 이후에는 이 책에 대한 부담감과 이 책이 알려질 방법을 찾는 것에 집중하느라 점차 TV를 볼 수 없는 상태가 되었다. 이 책이 알려질 방법은 북한의 핵 문제에 따른 비핵화로 대규모 전쟁의 원인이 될 수 있는 비핵화에 관한 사실과 방탄소년단의 빌보드 싱글 차트 '핫100'에서 1위를 한 현상의 한류 현상, 그리고 2015년부터 내가 시작한 페이스북이 이 책이 알려지는 방법으로 작용하였다. 그리고 이 책이 알려질 가장 중요한 방법은 2018년 내가 깨닫게 된 한류 현상과 관련된 사진 4장으로 신의 존재를 증명하는 것이다. 이전에는 내가 아무리 생각해도 이 책이 알려지는 방법을 알 수 없었다. 신과 관련된 현상이 만들어지지 않은 상태에서는 이 책이 알려지는 방법을 나의 노력으로는 찾을 수 없었던 것이다. 이 책 대부분은 이 책과 관련 있는 신과 관련된 현상을 경험한 상태에서 예언서의 해석이 가능했으며 나의 노력만으로는 이 책이 만들어지는 것이 가능하지 않았다고 할 수 있다. 이와 같은 이유로 나는 앨 고어 전 미국 부통령의《불편한 진실》이외에 환경에 관한 책을 볼 수 없었고 정치에 관하여 알 수 없었다.

　북핵 문제는 북한의 핵 보유 확대가 신과 관련된 현상으로 작용하여 북한에 도움이 되지 않고 북한을 위한다는 생각으로 기록하였다. 신의 존재가 알려지지 않고 신과 관련된 현상을 경험하지 못한 상태에서 잘 이해하기 어려운데, 인도네시아·일본의 지진해일은 지구온난화를 해결하려는 신의 의도적인 현상에 의하여 만들어진 대재앙에 가까운 자연재해이다. 이처럼 인도네시아 지진해일로 23만 명, 일본 지진해일로 2만 명의 희생자가 발생하였는데 많은 희생자가 발생한 지진해일의 자연재해를 통해 지구온난화에 관한 사실이 알려지는 데는 한계가 있다고 할 수 있다. 그래서 대규모의 희생자가 발생할 수 있는 핵전쟁의 원인이 될 수 있는 북핵 위기가, 대재앙에 가까운 자연재해를 대신해서 가장 중요한 신의 존재가 알려지는 현상으로 지구온난화를 해결하도록 하고 있다.

　2015년 8월 북한과의 마라톤협상 이후 가능한 한 이전에 기록한 북한과 관련된 기록은 삭제하려고 하였다. 그런데 2016년 1월 발생한 북핵 위기는 이 책이 세계적으로 알려지는 가장 중요한 방법이 되고 있다.

내가 교회에 처음 간 것은 94년 7월 17일인데 7월 9일 김일성 주석(이하 직위 생략)이 사망하고 사망과 관련된 정확한 예언이 우리나라의 민간신앙인 '풍수지리와 무속'으로 알려졌다. 우리나라의 민간신앙인 이 시기의 '풍수지리와 무속'은 신의 존재가 알려지는 신과 관련된 민간신앙으로 가장 중요하게 작용하고 있다. 우리나라의 주요 현대사가 손석우 옹의 풍수지리서 《터》와 관련되었다고 할 수 있으며 《터》는 지구온난화를 해결하기 위해 신의 존재가 알려지는 현상으로 신의 뜻이 작용하였다.

16. 김일성의 사망 예언

  2016년 1월 발생한 북한의 핵실험과 미사일 발사의 북핵 위기는 풍수지리서 《터》와 관련된 신과 관련된 특별한 현상이라고 할 수 있다. 그런데 북한에 관하여 함부로 기록할 수 없지만, 신과 관련된 특별한 형태로 발생하여 북한과 우리나라를 비롯한 주변국의 피해를 줄이기 위해 이 책에 기록하게 되었다. 2016년 1월 6일 북한 핵실험이 신과 관련된 특수한 현상으로 발생한 것을 더 자세히 살펴보자. 1994년 7월 김일성의 사망과 정확한 예언이 신과 관련된 특별한 현상으로 이루어졌는데 풍수지리의 육관도사 손석우 옹은 1993년 발행한 저서 《터》에서 다음과 같이 기록하고 있다.

전주 김씨 문장공 김태서 묘의 발복과 김일성의 운명

  김일성의 본관은 전주이고 그 시조의 묘는 전주의 모악산에 있다. 이것은 육관이 족보학과 풍수지리의 권위자로서 자신 있게 하는 말이다. 김일성은 전주 김 씨다. 전주 김 씨는 본래 경주 김 씨였다. 신라의 마지막 임금인 경순왕과 김알지 등이 그 선조다. 여러 대代를 내려오다 고려 때의 문장공文莊公 김태서金台瑞가 경주 김 씨에서 분관하여 전주 김 씨가 되었다. 그는 경순왕의 넷째 아들인 대안군大安君의 7세손이다.

1928년에 간행된 전주 김 씨 대종보(무진보라고도 함)에 의하면 첫 장에 시조묘에 전주 모악산 일대가 그려져 있고, 시조가 김태서임을 분명히 밝혔다. 그리고 그 32대 손에 김일성의 본명인 김성주金成柱와 동생 영주英柱의 이름을 어렵지 않게 찾을 수 있다. 육관은 1978년에 무진보 8권 중 5권을 입수해 직접 확인한 바 있다. 1979년 평소에 가깝게 지내던 일본 역사가 단니친에게 전주 김 씨 대종보를 잠시 빌려주었는데 유감스럽게도 대종보는 그 뒤 조총련계의 모 교수에게 들어가 김일성에게 전달된 것으로 확인되었다. 그러므로 현재로서는 이를 증명할 문서가 없다. 다만 방증 자료는 만만치 않다.

<중략>

문명자 씨는 보학회 회장인 육관을 만나 김일성과의 대담내용을 소상하게 들려주었다. 그녀는 평양 주석궁에서 김 주석과 장장 2시간 30분에 걸쳐 면담했는데, 김 주석은 그 자리에서 시종일관 족보에 관한 이야기를 했다고 한다. 자신은 전주 김 씨이며 시조묘가 전라도 전주에 있다고 말했다. 그리고 주석궁 안에 커다란 태서공 묘소의 사진이 마치 실물인 것처럼 있고 그 앞에는 제사상이, 그 옆에는 족보가 여러 권 쌓여 있는 것이 인상적이었다는 말을 그녀는 잊지 않고 덧붙였다.

<중략>

김일성이 전주 김 씨라는 것은 그 시조 묘를 가보면 더욱 분명해진다. 문장공 김태서의 묘는 전라북도 완주군 모악산 도립공원 내에 있다. 청룡, 백호, 주작, 현무가 잘 갖추어진 천하 대명당이다. 이

터를 보면 49년 동안 요지부동의 절대 권력자가 나올 지기地氣가 있다. 즉 김태서 묘의 발복으로 그 후손이 49년간 재위하는 것이니, 여기에는 김일성 말고는 인물이 없는 것이다.

<중략>

육관은 예언한다. 김일성의 운명은 이미 그 시조 묘에 의해서 정해져 있다. 김일성과 같은 큰 인물은 산천의 정기 없이는 생겨나지 못한다. 김일성은 이 묘역의 정기를 한 몸에 받고 태어났는데 그 묫자리가 미좌축향未坐丑向으로 만 49년 동안은 절대 권력을 행사하게 되어 있다. 특히 49년의 근거는 77수로 천도天道에 의해 지축을 여는데 77수로 계산해 절대 제왕, 권력을 향유하는 요지부동의 지배자라는 의미다. 따라서 1945년부터 갑술년 초겨울 무렵이면 끝난다. 정확히 말하면 음력 9월 14일 인시(寅 : 새벽 3시 ~ 5시)에 그 묘의 정기가 사라진다. 따라서 그의 운은 앞으로 1년이면 다하는 것이다. 너무나 오래된 발복(고려 고종 44년, 1257년~현대)이기 때문에 약간의 시차가 있을 수 있으나 크게 틀리지 않을 것이다. 박정희 전 대통령의 경우는 육관이 예언한바 겨우 이틀밖에 틀리지 않았다.

― 《터》, 손석우, 상권, p.111

김일성 사망(1994년 7월 9일)과 정확한 예언이 내가 교회에 간 시기(1994년 7월 17일)에 특별한 현상으로 이루어져 예언서 계시록의 신의 사자로 기록하게 된 것은 신과 인간의 유일한 연결 수단인 꿈으로 나타난 현상 때문이다. 또한, 육관도사의 풍수지리서 《터》에 꿈과 관련된 김일성의 조상 김태서와 김일성의 일화를 소개하고 있다. 북한에서는 김일성을 우상화하고 있는데,《터》에서 못자리 발복이 이루어진 김일성의 조상 김태서와 관련된 꿈을 소개하고 있어 당시에 신의 사자로 쉽게 받아들여지지 않았지만, 김일성을 예언서의 신의 사자로 기록할 수 있었다. 김일성의 사망은 세계적인 사건이었으며 정확하게 예언한 분들이 특이한 형태를 이루고 있었다. 그런 면에서 김일성을 종교와 관련된 특별한 인물로 받아들여 이 책에 기록하게 되었다.

　손석우 옹은 후에 일왕 히로히토, 장개석, 등소평의 못자리를 정한 것으로 알려졌다. 또 풍수지리서《터》에서 역대 대통령들 조상의 못자리 발복을 정확하게 밝히기도 하고 못자리를 정해 주었다. 역대 조상 묘의 발복을 기록한 것은 대한민국의 역대 대통령의 시작과 끝의 명암이 크게 바뀌는 현상과 관련 있으며 이것은 현대사에 중요한 역할을 한 것이라고 할 수 있다. 또 이런 현상은 2020년 현재 진행형이며 신과 관련된 특별한 현상으로 앞으로 일어나는 일을 알 수 없는 형태라고 할 수 있다. 내가 이런 사실을 언급하는 것은 가능한 한 앞으로는 역대 대통령처럼 집권 말기에 명암이 크게 바뀌는 현상이 발생하지 않기를 바라기 때문이다. 앞으로 발생하더라도 사면과 화합을 통해 더 이상 소모적인 정치가 과열하는 현상이 발생하지 않기를 바라고 있다. '예언은 앞으로 일어나는 불행한 일을 예방한다'는 의미가 있기 때문에 앞으로는 이런 일이 다시 발생하지 않기를 바라며 이 글을 기록한다.

　심진송 씨는 1994년 4월《월간조선》기자가 보여 준 성함을 밝히지 않은 사람의 사주를 보았는데, 그해 음력 5~6월에 사망할 것을 정확하게 예언하였다. 이 사람은 김일성이며 월간 조선 5월 호에 김일성의 사망에 관한 사실이 기록되었다. 심진송 씨는 1995년 8월《신이 선택한 여자》

를 출간, 150여만 부를 판매하여 베스트셀러가 되고 유명해졌는데 뉴욕타임스지와 인터뷰, 중동 방문 등으로 유명 인사가 되었다. 심진송 씨는 그의 저서 《신이 선택한 여자》에 다른 사람이 경험하지 않은 특이한 경험을 기록하였는데 2번 사망했다가 모두 살아난 사건이다. 5세 겨울에 낭떠러지에서 떨어져 사망 상태가 되었으며 부모님은 묻지 않고 이불 홑청에 말아 윗목에 두었다. 심진송 씨는 모태신앙으로 독실한 기독교 집안이었고 위의 형제들이 모두 불의의 사고로 사망하여 사망 상태의 심진송에게 기도하였으며 이틀 후 깨어났다. 또 중학교 2학년 때 폐결핵 3기로 사망한 상태에서 이틀 후 저절로 깨어났다. 또 심진송 씨가 무속인이 되지 않으려고 4번이나 자살 시도를 했는데 두 번은 자른 손목의 혈관이 저절로 아물며 피가 멈췄다. 수면제 여러 알을 먹었는데 약이 배 속에서 녹지 않고 그대로 있거나 목을 매면 그대로 대롱대롱 매달리기도 했다. 이런 현상과 임사 체험을 하면서 꿈속에서 이루어지는 경험을 한 것을 보아 심진송 씨가 보통의 무속인이 아니라 특별한 경험을 하신 분으로 알 수 있다.

손석우 옹에게 무덤 속이 투명한 유리관을 눈으로 보는 것처럼 보이는 현상이나 묏자리의 발복이 정확하게 이루어진 것은, 김일성의 사망 예언과 함께 성경의 예언서 계시록의 신의 사자로 알리기 위해 신과 관련된 특수한 형태로 이루어진 것이다. 이처럼 손석우 옹의 무덤 속이 보이는 현상이나 김일성의 사망 예언이 정확하게 맞아떨어진 것은 신과 관련된 특수한 형태로 이루어진 경우이다.

우리나라의 민간신앙인 '풍수지리와 무속'의 손석우 옹과 심진송 씨는 특수한 현상의 신과 관련된 현상을 경험하였다고 할 수 있다. 그래서 성경의 예언서에서 중요한 계시록의 일곱 사자의 한 분으로 각각 정하게 되었다. 그리고 김일성 역시 역사적으로 중요한 인물이며 민간신앙인 풍수지리와 무속의 특수한 현상과 관련된 사실로 역시 계시록의 일곱 사자 중에 한 분으로 정하였다. 김일성이 사망할 당시 풍수지리의 손석우 옹과 무속인 심진송 씨가 사망을 정확하게 예언한 것과 관련 있으며 사망할 시기가 내가 교회에 처음 간 시기와 관련하여 예언서의 신의 사자로 정하게 되었다. 나 역시 김일성을 신의 사자로 정하게 된 것에 의문을 품게 되었지만, 2016년 1월 북한의 핵실험과 미사일 발사를 통해 김일성이 왜 신의 사자가 되었는지 깨달았다.

  여기에서 북한의 비핵화와 관련된 중요한 사실이 있는데, 북한의 비핵화 자체가 대규모 전쟁의 발생 원인으로 작용할 수 있기 때문에 최근에 발생하고 있는 신과 관련된 현상에서 가장 중요한 현상이 되고 있다. 중요한 사실은 김일성이 성경에서 가장 중요한 요한계시록의 신의 사자로 나타나는데 미국의 대통령이 취임식에서 성경에 선서하는 현상이 있다. 북한이 비핵화를 이루고 경제개발을 이루기를 원한다면 미국을 비롯한 주변국 우리나라, 일본, 중국, 러시아 등과 그 외에 유럽이나 어느 곳에서든지 북한에 경제 원조를 하고 경제 투자를 하여 이익이 발생할 수 있는 여건이 만들어질 것이다.

  우선 북한은 인간의 노력으로 해결할 수 없는 지구온난화를 해결하는 데 가장 중요한 역할을 하였다. 첫 번째는 북한 주민이 어려움을 경험하면서 북한의 비핵화에 따른 대규모 전쟁이 발생할 수 있는 원인으로 지구온난화에 관한 사실이 세계적으로 알려지도록 작용하였다. 두 번째는 비핵화와 관련된 사실로 지구온난화를 해결하는 한류 현상이 세계적으로 알려지는 데 가장 중요한 역할을 하였다. 그런데 한류 현상이 세계적으로 확대되어 알려지면 북한에 불리한 현상이 될 수 있으며 이런 현상은 북한이 비핵화를 이루고 경제가 발전하는 것이 훨씬 유리해질 수 있다. 세 번째로 전쟁은 신과 관련된 현상에 의해 발생하지 않게 되지만, 북한이 붕괴할 수 있는 현상을 예측하면 우리나라뿐만 아니라 주변 국가에 심각한 영향을 줄 수 있다. 2009년 IMF 현상과 글로벌 경제 위기로 우리나라에 심각한 피해가 발생하였는데 북한이 붕괴하는 가능성을 예측하면 그 피해는 IMF를 넘을 수 있다. 이러한 이유로 미국 대통령의 취임식에서 성서에 선서하는 것처럼 북한의 안전을 보장하고 경제발전이 이루어질 수 있도록 많은 나라가 참여할 수 있다. 다만, 북한이 비핵화를 이루고 앞으로 교류를 통한 경제발전을 이루도록 노력해야 하며 새로운 야욕으로 핵 개발 같은 현상이 발생하지 않도록 북한은 상당히 노력해야 한다. 그리고 손석우 옹의 풍수지리서《터》에 의해 우리나라의 역대 대통령의 시작과 끝의 명암이 크게 바뀌는 현상이 발생한 것처럼 북한도 이런 현상이 신과 관련된 현상으로 발생하지 않도록 노력해야 한다. 이 책에서 나타내고 있는 것처럼 인간의 생로병사가 신의 영향을 받는 것이 모든 사람에게 나타난다는 사실에 주의해야 한다.

17. 국정 농단

 박근혜 전 대통령의 경우 육관 도사 손석우의 풍수지리서《터》와 관련된 형태로 나타나는데 이 경우 국정 농단 현상이 불가항력의 신과 관련된 현상으로 발생한 것이라고 할 수 있다. 친인척·측근 비리를 예방하려고 가족을 만나지 않고 유일하게 만났던 벗에 의한 측근 비리로 국정 농단 현상이 발생하였는데 이것만 봐도 국정 농단 현상이 불가항력적인 신과 관련된 현상이라고 할 수 있다.

동작동 국립묘지의 냉혈에 묻혀 고생하는 국모 육영수

 동작동에 도착한 육관은 공작새 형상의 거대한 산 구릉을 다시 한 번 바라보면서 착잡한 심정에 빠져들었다. 육관은 청와대의 비서관과 함께 산을 올랐다. 앞에 온 일행들이 여럿 보였다. 김점룡 선생은 이미 와 있었다. 그는 무언가를 열심히 설명하고 있었는데 지금 육영수의 묘가 있는 그 자리를 가리키면서 대명당이라고 연신 설명하는 중이었다. 일행들은 모두 고개를 끄덕이고 있었다. 개중에는 가족들도 있었고 정부 요직의 중요한 인물들이 함께하고 있었다. 그중의 한 사람이 육관의 의견을 물었다.
 "그대의 견해는 어떠하십니까?"

육관은 김점룡 선생이 선택한 자리를 보고 그 자리가 냉혈이라는 것을 직감적으로 느꼈다.

'이거 안 되겠다. 여기는 악혈이다. 내 평생 백골에 적악積惡하는 것을 피하는 신조요 서원誓願인데, 이럴 수는 없다. 이 자리에 들면 국모의 시신은 썩지도 않을 것이다.'

생각이 여기에 이르자, 육관은 조금도 망설이지 않았다.

"본인의 견해로는 이 자리는 좋지 않습니다. 저기 계시는 김 선생께서는 저보다 훨씬 풍수에 조예가 깊고 높은 견식을 가진 훌륭한 지사地師지만, 본인이 보기에는 이 자리가 김 선생의 말씀과는 달리 좋지 않은 터라고 생각합니다. 영부인께서 쓸 자리이니만큼 제가 왔는데 추호라도 거짓을 말할 수는 없는 것 아닙니까? 이 터는 단연코 아니 됩니다."

사람들은 모두 놀랐다. 당대 최고수들의 의견이 정반대이니 그들로서는 난감할 밖에 없는 것이다. 그들은 육관이 반대하는 이유가 몹시 궁금했다. P씨가 먼저 물었다.

"여기는 김점룡 선생이 대명당이라 하는데 당신은 어째서 나쁜 자리라 하는가? 이곳에 영부인을 묻으면 박 대통령께서는 남북통일을 이루고, 그 아드님은 만주까지 지배하는 위대한 지도자가 된다고 하는데 당신은 어째서 반대하는지 그 이유를 말해 보라."

"여기 이 자리는 음양의 교구交媾가 안 되는 자리이고 냉혈입니다. 냉혈이니 시신이 썩지 않고, 음양교구가 안 되니 자손이 끊어집니다. 딸이라도 시집을 가서는 살 수가 없게 됩니다. 이 동작동이라는 터의 지세는 공작이 날개를 펴서 날아가는 모양인데, 이런 공작새의 형국에는 명당이 밑에 있지 위에 있지 않습니다. 여기는 포란抱卵의 자리도 아니고 그 훨씬 위쪽이니 위쪽은 나쁜 곳입니다."
육관은 거침없이 말했다. 더욱이 딸이 시집가서 살아갈 수 없다고 하자 영애인 근혜의 눈은 동그랗게 떠질 수밖에 없었다. 일행들은 점점 난처했다. 한 사람은 남북통일과 만주지배를 운운하며 대명당이라 하고, 다른 사람은 멸손 자리라면서 대악혈이라 하니, 어찌하여 최고수들의 의견이 이처럼 크게 다를 수 있단 말인가.
-《터》(1993년), 손석우, 답게, 상권, p.141

육관도사 손석우 옹의 육영수 여사 묫자리에 관한 예언은 국정 농단이 신과 관련된 특별한 현상으로 발생한 것을 나타내고 있다. 묫자리에 관한 설명을 너무 비약하지 않았는가 할 수 있는데 육관도사 손석우옹과 무속인 심진송 씨가 94년 김일성의 사망을 정확하게 예언하지 않았다면 지금(2016년 이후)과 같은 북핵 위기도 발생하지 않았을 것이다. 육관도사가 '땅 밑을 유리관 보듯이 들여다보는 신안(神眼)의 지사(地師)!'라는 의미에서 신의 작용으로 인간 뇌의 시신경 세포에 직접 떠오른 영상이기 때문에 눈으로 본 듯한 현상이며 유령이 영매자의 눈에만 보이는 것도 신과 관련된 특별한 현상으로 같은 경우이다. 또는, 특별한 경우로 소녀시대의 노래 가사로 알 수 있었던 '베토벤의 운명 교향곡' 작곡, '뉴턴의 만유인력 법칙' 발견, '에디슨의 전구' 발명 등이 신의 영감이 작용하여 신과 관련된 현상으로 만들어진 것처럼 국정 농단도 신과 관련된 현상으로 발생하였다고 할 수 있다. 또는 조기에 종영하는 한류 드라마는 신의 뜻이 작용하지 않았다고 할 수 있으며, 한류 드라마〈겨울연가〉, K-POP〈강남스타일〉, 소녀시대의 노래 가사가 신의 뜻으로 만들어지고 많은 사람이 관심을 두는 현상이 만들어졌는데 국정 농단도 신과 관련된 현상으로 같은 경우라고 할 수 있다. 발전된 형태로 석가모니의 가장 중요한 깨달음인 '불생불멸(不生不滅)'도 신으로부터 받은 영감이라고 할 수 있다.

또한, 인간의 뇌가 신의 영향을 받는 특별한 현상이 있다. 《창세기의 참모습》(유종택, 활도미디어, 1998)은 모세가 '창세기'를 쓴 것과 똑같은 현상을 보거나 체험하며 고대 이브리어를 신으로부터 배워서 기록한 책이다. 고대 이브리어를 신으로부터 배워서 알았다고 하더라도 모세가 '창세기'를 기록하던 상황을 전부 알 수 없는데 신이 배경 설명까지 해 주어 '창세기'를 쓴 모세와 똑같은 형태로 기록하였다. 이 책이 많은 사람에게 알려지기는 했으나 창세기를 지나치게 비판하였기 때문에 더 많이 알려지지 못했다. 여기에서 《창세기 참모습》을 기록하던 방식은 이분의 가족이나 제자분들을 통해서 정확하게 알 수 있으며 보통 사람의 상상력으로는 이 책이 쓰인 방식을 이해하기 어려울 것이다. 이처럼 신이 인간의 뇌에 작용하는 것을 인간은 전부 이해하기 어렵다고 할 수 있다. 비록 나는 꿈을 통해 이러한 신이 인간의 뇌에 작용하는 것(초자연적인 현상)을 다른 사람보다 더 많이 체험했다고 할 수 있으나 그것은 일부에 지나지 않는다.

> 믿거나 말거나 먼저 확실히 밝혀 두어야 할 것은, 내가 쓰고자 해서 이 글을 쓴 것이 절대 아닌 사실이다. 잠시도 한 곳에 가만히 있을 수 없는 동적성격動的性格을 지닌 내가, 차분히 앉아서 글을 쓴다는 것은 아예 엄두도 못 낼 일이었거니와, 또 신학神學에 완전히 문외한門外漢이었던 내가, 더욱이, 기독교에 조그마한 흠이 되는 말이라도 하면, 어김없이 신神에게서 큰 저주와 벌을 받을 것으로

굳게 믿었던 내가, 이런 엄청난 글을 쓰게 되리라고는 꿈에서조차 생각해 본 적이 없었다.

한데도 그런 내가, 세상일 한꺼번에 모두 버리고 두문불출杜門不出하고, 오로지 이 글을 써내기에만 전념專念하는 세월을 무려 10여 년이나 보냈으니, 그것은, 죽을힘을 다해 저항해 보았지만, 도저히 벗어날 수가 없는 엄청난 힘에게 꽉 붙들려서, 옴짝달싹도 할 수가 없었기 때문이다. 그와 같이 이 책은, 인위적人爲的으로 만들어진 것이 아니고, 순전히 신神에 의하여 강제로 기록되어, 어렵게 만들어진 특이特異한 책이다. 믿거나 말거나 이게 사실이다.

―《창세기의 참모습》, 유종택, 활도미디어, 머리말, 1998

    이런 현상은 소녀시대 〈라이언 하트〉 뮤직비디오가, 성경 다니엘의 '한때, 두때, 반때'(단 12:7)와 이슬람교를 상징하는 피라미드 그리고 계룡산에서 바라본 '갑하산 일출' 모습과 일치하는 것으로 신의 존재를 증명하여 한류 현상이 신의 작용으로 만들어졌으며, 국정 농단 같은 중요한 현상이 우리나라에서 신과 관련된 특별한 현상으로 발생한 것을 증명하고 있다. 국정 농단에서 중간에, 대통령직에서 물러나지 못하고 계속 안 좋은 현상으로 이어져 1심 재판에서 중형이 만들어진 것도 신과 관련된 특별한 현상이라고 할 수 있다. 이것은 신과 관련된 현상으로 국정 농단이 지구온난화 해결에 계속 중요하게 작용하여 우리나라뿐만 아니라 외국의 많은 사람에게 알려지기 위한 현상으로 작용한 것이다. 이런 현상은 옳고 그름을 떠나서 누구의 잘못이나 탓이 아닌 신과 관련된 특별한 현상으로 작용하는 것이다. 그리고 인간의 노력으로 해결할 수 없는 지구온난화를 많은 사람이 인간이 신의 지배를 받는 현상으로 해결하도록 작용하였다. 이처럼 북핵 위기와 국정 농단의 두 가지 신과 관련된 특별한 현상은 지구온난화 해결에서 인도네시아·일본지진 해일과 같은 심각한 자연재해의 대재앙보다 더 중요하게 지구온난화가 세계적으로 알려지도록 하였다. 이런 현상을 현명하게 판단하는 것이 미세먼지를 덜 먹거나 현재 나의 생명과도 연결될 수 있는 자연의 재앙을 줄이는 것이다. 지구온난화에 관한 사실을 많은 사람이 제대로 받아들이지 못하는데, 많은 사람이 지구온난화를 인간이 신의 지배를 받는 현상으로 정확하게 알고서 해결하는 현상이 되고 있다. 지구온난화에 관한 환경전문가들의 주장을 많은 사람이 제대로 받아들이지 못하기 때문에 온실가스 위기의 지구온난화가 인간의 노력으로 해결할 수 없는 상태에 있다. 그래서 '인간이 신의 지배를 받는 현상'으로 우리나라에 일어나는 한류 현상과 정치적인 과열 현상이 신과 관련된 특별한 현상으로 나타나고 세계적으로 알려져 지구온난화에 관한 사실을 많은 사람이 받아들이도록 하고 있다. 이처럼 지구온난화에 관한 신과 관련된 현상을 현명하게 판단하는 것이 앞으로 세계적으로 모든 나라에서 발생하는 멸망 현상에 가까운 자연재해의 대재앙을 줄이는 것이며, 수많은 인명 피해와 피해 복구 비용을 줄이는 현상이 될 수 있다. 또한, 신과 관련된 현상을 올바르게 알면 지금 이 시기에 지나친 과열 현상으로 작용하고 있는 우리나라의 정치를 더 발전시킬 수 있을 것이다. 어떤 면에서 이것은 우리나라가 통일하고 발전하는 데 상당히 중요한 현상이라고 할 수 있다. 이 책의 한류 현상이 많은 사람에게 알려지는 것은 멸망 현상에 가까운 대재앙의 자연재해로 '자연'으로 존재하는 '신의 존재'로부터 인간이 신의 지배를 받는 것이 알려져 지구온난화를 해결하도록 하고 있다. 이것을 제대로 올바르게 받아들이지 못하면 신과 관련된 현상으로 직접 신의 존재감을 체험하는 현상이 발생할 수 있다.

 이런 사실은 성경의 예언서 다니엘과 관련된 사실로 나타나며 자연재해를 대신해서 인간이 신의 지배를 받는 것을 나타내는 현상으로 작용하고 있다. 이것은 인간의 노력으로 해결하기 어려운 지구온난화를 해결하기 위해 인간이 자연재해로 신의 지배를 받는 것을 나타내며 자연재해를 대신해서 '한류 현상과 육관도사의 풍수지리서《터》와 관련된 우리나라의 과열된 정치 현상'과 같은 현상으로 인간이 신의 지배를 받는 현상을 나타내서 자연재해를 대신하고 있다. 자연재해를 대신해서 '한류 현상과 우리나라의 과열된 정치 현상'으로 인간이 신의 지배를 받는 것은 많은 대재앙의 자연재해로 발생하는 재산 피해와 인명 손실을 대신하는 것으로 돈으로 환산할 수 없는 가치를 나타내는 것이다.

 과열된 정치 현상이 신과 관련된 현상이라는 것을 이해하기 쉽게 나타난 현상이 2020년 중국과 일본의 하루에 500mm 이상 발생한 심각한 폭우 현상이다. 중국은 2018년 초강력 태풍이 발생하고 2020년 장시성에서 하루에 547mm의 폭우가 발생하였으며 싼샤 댐 범람 위기의 심각한 침수 현상이 발생하였다. 일본도 하루에 유노마에마치는 489.5mm, 아사기리초(町)는 463.5mm, 히토요시(人吉)시는 410.5mm의 폭우가 내렸다. 일본은 2018년 2개의 초강력 태풍이 발생하였으며 정체된 장마전선에 의해 3일간 고치현 우마지촌에 1203.5mm, 기우현 구조시에 1,058mm의 폭우가 내렸다. 2019년 10월 초강력 태풍 하기비스에 의해 48시간에 가나가와현의 하코네마치 1,001mm, 시즈오카현 이즈시 이치야마에 760mm의 비가 내렸으며 미야기현 마루모리마치 힛포에 하루 동안 587.5mm의 비가 내렸다. 하루에 500mm 이상의 집중호우가 태풍이나 허리케인과 함께 발생하는 지역이 미국을 비롯하여 점차 늘어나고 있으며 집중호우가 하루에 500mm 이상이 연속해서 발생하면 서울과 같은 대도시도 범람할 수 있다. 2020년 중국과 일본에서 심각한 폭우가 발생할 때 한국은 상대적으로 비 피해가 적었다. 그렇지만 2020년 8월 긴 장마와 장마의 후반기에 한국도 심각한 폭우가 발생하였고 심각한 폭우가 집중호우로 발생한 것은 우면산 산사태(2011년 7월 26일 서울에 301.5mm의 폭우와 함께 발생) 이후 처음이며 전국적으로 심각한 폭우의 피해를 처음 경험하였다. 이처럼 중국과 일본에서 지진, 초강력 태풍, 폭우의 피해 심각한 자연재해가 발생하였다면 한국은 상대적으로 심각한 자연재해가 발생하지 않는 대신 정치가 과열하는 현상이 신과 관련된 현상으로 발생하였다.

"결국 최근 빈번해지고 강력해지는 기상이변의 원인을 지구온난화라고 분명하고 단정적으로 말할 수는 없지만(뉴스워커)"이라고, 신문에서 기상이변의 원인을 지구온난화라고 단정적으로 말할 수 없다고 하였다. 하지만 성경의 예언서가 해석되어 신의 존재가 "자연" 또는 "자연이 살아 있다"라고 나타나고 신과 관련된 현상으로 한류 현상이 만들어져 알려지기 어려운 종교적인 사실이 종교를 떠나서 세계적으로 알려지고 최근 코로나19가 지구온난화 때문에 발생하였다면 현재 발생하고 있는 기상이변은 지구온난화 때문이라고 분명히 말할 수 있다. 이렇게 해도 지구온난화를 제대 깨닫지 못하는 경우 코로나19를 다시 경험해야 한다고 할 수 있다.

[뉴스워커_기획] '환경의 역습인가' 중국 기록적인 집중호우 발생
- 뉴스워커, 염정민, 2020. 07. 28.
http://www.newsworker.co.kr/news/articleView.html?idxno=79618

지난 7월 27일 중국의 '신화통신'등 현지매체에 따르면 7월 26일 기준으로 '장강(長江, 양쯔강)' 상류지역에 3호 홍수가 발생했다고 보도했다. 홍수로 인해 불어난 물은 26일 밤부터 '산샤(三峽)댐'에 도달하기 시작했으며, 26일 기준 유입되는 물은 초당 5만㎥로 추산되지만 27일 밤에는 초당 6만㎥까지 증가할 수 있을 것이라는 전망이 나와 긴장도를 높이기도 했다.

산샤댐은 높이 185m, 길이 2309m, 너비 135m의 규모이며 최대 저수량은 393억ton, 최고수위는 175m로 세계 최대 규모의 댐 중 하나이다. 현지매체 보도에 의하면 26일 오후 2시 기준 산샤댐의 수위는 159.46m로 알려졌는데 이는 최고 수위 175m에 15m 남짓 남은 수준에 불과하므로 중국 당국이 산샤댐 관리에 긴장도를 유지해야한다는 평가가 나오고 있다.

이와 관련하여 산샤댐이 붕괴되는 것이 아닌가 하는 주장이 온라인을 중심으로 제기되기도 했지만 가능성은 높지 않다는 분석이 나온다. 7월 19일 오후 2시 기준 산샤댐의 수위는 163.85m까지 상승하여 최고수위까지 11m 남짓 남는 매우 위험한 상황도 발생했지만, 7월 26일 기준으로는 최고 수위가 159.46m까지 하강하여 중국 당국이 어느 정도 상황을 제어하고 있는 것으로 보는 견해가 제시되고 있다.

다만 산샤댐 붕괴를 막기 위해 상류에서 유입되는 물을 방류하고 있어 장강 중하류에 있는 지역의 홍수 피해 발생은 불가피할 것으로 전망된다.

특히 '우한(武漢)', '난징(南京)', '상하이(上海)' 등 장강 하류에는 대도시들이 위치하고 있으므로 상류에서 유입되는 막대한 양의 물을 관리하지 못할 경우 대규모 피해가 발생할 수 있기 때문에 중국 당국은 각별히 주의하고 있는 것으로 알려졌다.

시간당 200mm 물폭탄에 '폭포'가 된 댐…中 이재민 72만 명
mbc뉴스, 신정연, 2021. 07. 13.
https://imnews.imbc.com/replay/2021/nwdesk/article/6285734_34936.html

이 두 기사를 놓고 보면 싼샤 댐에 영향을 줄 수 있는 지역에 시간당 200mm의 폭우가 발생했음을 알 수 있으며 또는 자연이 이산화탄소의 조절 능력을 상실하기 직전에는 시간당 250mm가 발생할지 알 수 없다.

하기비스, 日열도 강타해 21명 사망·행불…제방붕괴 마을 잠겨
연합뉴스, 김병규, 2019. 10. 13.
https://www.yna.co.kr/view/AKR20191013005400073?input=1195m

간토·도호쿠 지방 중심 '물폭탄'…연간 강수량 30~40%가 1~2일새 쏟아져

부상자 99명...나가노현 시나노가와 붕괴하며 마을 침수
태풍 세력 약화해 오후 6시께 온대성저기압으로 소멸 예상

13일 NHK에 따르면 하기비스가 전날 저녁 일본 열도를 상륙해 폭우를 쏟아내며 이날 5시30분 현재 사망자 4명, 행방불명자 17명이 발생했다. NHK는 이와 함께 부상자가 99명인 것으로 집계됐다고 밝혔다. 하기비스는 전날 저녁 시즈오카(靜岡)현 이즈(伊豆)반도에 상륙한 뒤 밤새 수도권 간토(關東) 지방에 많은 비를 내린 뒤 이날 오전 6시50분 현재 세력이 많이 약화된 채로 미야코(宮古)시 동쪽 130km까지 진행했다. 중심 기압 975hPa, 중심 부근 풍속 초속 30m, 최대 순간풍속 초속 45m의 세력을 갖췄다. 기상청은 이날 오후 6시께 태풍이 소멸해 온대성저기압으로 변할 것으로 예상했다.
이번 태풍은 큰 비를 동반한 것이 특징으로, 수도권과 도호쿠(東北) 지방이 큰 피해를 입었다. NHK에 따르면 각지에서 연간 강수량의 30~40%에 해당하는 비가 하루, 이틀 사이에 쏟아졌다. 가나가와(神奈川)현의 인기 온천 관광지인 하코네마치(箱根町)에는 이날 새벽까지 48시간 동안 1천1mm의 물폭탄이 쏟아졌다. 같은 시간 강수량은 시즈오카(靜岡)현 이즈(伊豆)시 이치야마(市山) 760mm, 사이타마(埼玉)현 지치부(秩父)시 우라야마(浦山) 687mm, 도쿄 히노하라무라(檜原村) 649mm에 달했다. 또 미야기(宮城)현 마루모리마치(丸森町) 힛포(筆甫)에 24시간 동안 587.5mm, 폐로 중인 후쿠시마(福島) 제1원전에 가까운 후쿠시마현 가와우치무라(川內村) 441mm, 이와테(岩手)현 후다이무라(普代村) 413mm의

집중호우가 내렸다.

이들 지역은 모두 기상청의 관측 사상 최대 강수량을 기록했다. 폭우로 인해 곳곳에서 하천 범람이 발생했다. 특히 이날 오전 6시께 나가노(長野)시 호야쓰(穗保) 지구의 하천 시나노가와(千曲川)의 제방 일부가 붕괴해 주변 마을이 물에 잠겼다. NHK가 헬기로 촬영한 화면에 따르면 이 부근에서는 하천 주변을 연결하던 다리의 일부가 붕괴해 있었고 제방의 붕괴된 부분에서 물이 주택가를 향해 쏟아져 하천 주변 넓은 지역의 주택가와 논밭이 물에 잠겼다. 일본 기상청은 전날 오후 수도권과 도호쿠 지방 등의 13개 광역지자체를 대상으로 경보 중 가장 높은 '폭우 특별 경보'를 발표했지만, 태풍의 세력이 약화되면서 현재는 이와테 현 등 일부를 제외하고는 해제했다.

18. 긍정적인 사고

───────────

　북한의 '비핵화 현상'과 함께 우리나라에서 알려지는 인간이 신의 지배를 받는 '과열된 정치 현상'도 우리나라에서 일어나는 일이 세계적으로 알려지는 한류 현상의 하나라고 할 수 있다. 또한, 여기에서 중요한 현상은 북한의 '비핵화 현상과 국정 농단 현상'이며 이것은 인간이 신의 지배를 받는 현상을 나타내며 한류 현상을 크게 확대하여 인간이 해결할 수 없는 지구온난화를 해결하도록 하고 있다.

　북한의 비핵화 현상은 대규모 전쟁이 발생할 수 있는 현상을 나타내어 지금 이 시기에 발생하는 가장 중요한 신과 관련된 현상이며 북한의 비핵화 현상은 한류 현상을 더욱 세계적으로 알리게 하여 한류 현상이 인간의 노력으로 해결할 수 없는 지구온난화를 해결하는 중요한 현상으로 작용하도록 하고 있다. 물론 신이 존재하고 있기 때문에 대규모 전쟁은 일어나지 않는다고 할 수 있다. 또한, 북한의 붕괴 현상은 신이 그렇게 의도한다면 일어날 수 있지만, 이미 심진송 씨는 《신이 선택한 여자》에서 "통일된 한국"이라고 나타내고 있으며 붕괴 현상은 일어나지 않는다고 할 수 있다. 지금은 불가능한 지구온난화를 해결하는 출발점에 서 있는 것이 중요하며 전쟁이나 붕괴 같은 현상이 신과 관련된 현상으로 발생하지 않는다고 할 수 있다. 모든 일에는 가능성이 존재하기 때문에 앞으로 일어나는 일은 예측할 수 없다고 할 수 있으나 신이 의도하지 않고는 전쟁이나 붕괴는 일어나지 않는다고 할 수 있다. 지금으로선 지구온난화를 해결하려는 현상이 만들어지는 것이 우리나라를 통해 알려지는 것이라고 할 수 있다. 또는 지구온난화를 해결하려는 생각이 정립되는 것이 훨씬 더 중요하다고 할수 있다. 코로나19와 같은 전염병이 세계적으로 발생하는 것도 인간의 노력으로 해결할 수 없는 지구온난화를 해결해야 한다는 것이 알려지는 것이다. 여기에 대한 방안이 만들어지는 것이 중요하지, 북한의 붕괴에 대한 대책 등은 지구온난화 해결보다 더 후순위라고 볼 수 있다. 코로나19와 같은 전염병이 세계적으로 유행하게 된 것에는 지구온난화를 해결하려는 현상의 신의 의도가 담겨 있다고 할 수 있다. 이것은 태풍이나 허리케인 같은 심각한 자연재해가 발생한 것과 다른 의미라고 할 수 있으며 인간이 신의 지배를 받는 현상이 더 밀접하게 나타난 현상이라고 할 수 있다. 이것을 조금 더 설명하면 한류 현상과 심각한 태풍이나 허리케인 같은 자연재해로 인간이 신의 지배를 받는 것을 나타냈지만, 코로나19는 이것보다 더 즉각적인 현상으로 인간이 신의 지배를 받는 현상이 나타난 것이다. 최근 미국에서 심각한 허리케인이 발생하고 일본에서 2018, 2019년 심각한 태풍 피해를 본 이후 바로 코로나19와 같은 천재지변에 의한 자연재해가 일어났다. 지위고하(地位高下)를 막론하고 누구나 피해자가 될 수 있는 현상으로 중요한 의미가 있다고 할 수 있다. 이것은 지구온난화에 관한 사실이 이 책을 통해 알려지는 것에 집중하거나 중요하게 받아들이라는 의미가 있다고 할 수 있다. 또한, 이 책을 통해 종교적으로 새로운 사실로 나타나는 현상에 관하여 유의하거나 제대로 받아들이라는 의미가 있다고 할 수 있다. 코로나19와 같은 전염병이 세계적으로 발생한 것은 신과 관련된 현상으로 지구온난화에 관한 사실이 알려지는 것을 주의해서 받아들이라는 것이다. 이것은 또한, 다니엘 12장 10절의 "많은 사람이 연단을 받아 스스로 정결케 하며 희게 할 것이나 악한 사람은 악을 행하리니 악한 자는 아무도 깨닫지 못하되 오직 지혜 있는 자는 깨달으리라"에서 "악한 사람은 악을 행하리니 악한 자는 아무도 깨닫지 못하되 오직 지혜 있는 자는 깨달으리라"와 코로나19가 세계적으로 유행한 것과 관련 있다고 할 수 있다.

지구온난화 해결에서 코로나19와 같은 전염병이 세계적으로 유행한 것은 인간이 신의 지배를 받는 것의 지위고하를 떠나서 누구에게나 해당하며 이런 사실을 제대로 받아들이라는 의미가 있다고 할 수 있다. 스스로 올바르고 현명한 판단을 하라는 것이다. 그러지 못할 경우 이유나 원인을 모른 채 피해자가 될 수 있다는 사실을 현명하게 판단하라는 것이다.

정리하자면, 코로나19와 같은 전염병이 세계적으로 유행하는 것에는 두 가지 중요한 의미가 있다고 할 수 있다. 첫 번째는 이 책을 통해서 지구온난화를 해결하려고, 성경이 기록된 이후 지금까지 알려지지 않은 신의 존재가 증명되고 알려지는 것을 제대로 받아들이라는 의미가 있다. 두 번째는 이 책을 통해 종교를 떠나서 '인간이 신의 지배를 받는 현상'이 모든 사람에게 알려지는 것을 제대로 받아들이라는 것이라고 할 수 있다.

한류 현상의 K-POP 걸 그룹 아이즈원이 활동을 중단하고 다시 활동하게 된 과정에서 부정적인 시각의 신문 기사와 활동을 반대하는 댓글이 기록되었지만, 아이즈원이 다시 활동하게 되기를 바라는 다수의 긍정적인 댓글에 의해 복귀하게 되었다. 이것은 아이즈원의 진정한 가치가 무엇인지 아는 사람들에 의해 다시 활동하게 되었다고 할 수 있다. 이것처럼 지구온난화와 관련된 신과 관련된 현상에서 올바르고 현명한 선택을 하라는 것이다.

걸 그룹 아이즈원은 국민이 투표하는 서바이벌 프로그램 〈프로듀스 48〉에 합격하여 그룹이 결성되고 중간에 활동을 중단하게 되었다. 그리고 3개월 동안 활동을 중단하면서 다시 활동할 수 없을 수도 있는 시간을 보냈고 두 번째 서바이벌을 한 것과 같은 경험을 하며 결국 다시 활동하게 되었다. 부정적인 기사와 댓글이 기록되면서 다시 활동하게 될 것인지 많은 관심 속에서 다수의 긍정적인 사고를 하는 댓글에 의해 다시 그룹 활동을 하게 되었다. 이처럼 아이즈원은 트와이스와 비교될 수 있는 일본에서 음반 순위를 기록하며 한류의 주류 가수 반열에 들었다고 할 수 있다. 이 책이 알려지기 전에는 정확하게 알 수 없었지만, 아이즈원도 한류 현상이 신의 존재를 증명하는 사실이 미국에서 알려지면 빌보드 싱글 차트 '핫100'에서 '1위'를 할 수 있는 좋은 성적을 얻을 수 있을 것이다. 나는 이전에 페이스북에서 한류 현상이 몇 배로 확대될 것이라고 기록하였다. 그 이유는 성경이 기록된 이후 지금까지 알려지지 않은 신의 존재를 한류 현상이 증명하며 요즘 많은 사람이 시청하는 유튜브가 한류 현상과 K-POP을 위해 만들어졌기 때문이다. 지금까지 알려지지 않은 신의 존재를, 성경과 이슬람교를 상징하는 피라미드와 관련된 사실로 증명하는 것은 인간의 노력으로 해결할 수 없는 지구온난화를 해결하기 위한 것이며 이런 사실이 알려지면 한류 현상과 K-POP은 빌보드 싱글 차트 "핫100"에서 다수의 팀이 충분히 1위 할 수 있다고 믿는다. 만약에 K-POP이 빌보드 싱글 차트 "핫100"에 들고 10~15팀이 우승하는 현상이 만들어진다면 세상이 달라질 것이다. 트럼프 대통령이 대북 제재만으로 북한의 비핵화가 어렵다고 했는데, 비핵화가 가능해지며 통일 현상으로 이어지게 될 것이다. 또한, 많은 희생자가 발생하는 코로나19가 지구온난화 때문에 신과 관련된 현상으로 신에 의해 만들어졌으며 코로나19의 소멸이 백신 개발만으로 이루어지기 어려운데 세계적으로 많은 사람이 한류 현상과 K-POP에 관심을 가진다면 코로나19가 소멸하는 데 영향을 줄 수 있다. 이것은 한류 현상이 자연재해로 인간이 신의 지배를 받는 것을 대신하기 때문에 한류 현상이 세계적으로 많은 사람에게 알려지는 것은 코로나19를 대신하는 것이라고 할 수 있다. 코로나19도 신과 관련된 자연재해 중의 하나이기 때문이다. 한류 현상은 신의 존재를 증명하며 지구온난화와 관련된 이 책이 종교를 떠나서 많은 사람에게 알려지기 위해 신에 의해 만들어졌으며, 코로나19도 지구온난화와 관련된 사실을 많은 사람이 제대로 받아들이고 지구온난화를 반대하는 현상에 대해서 단죄의 성격으로 알려졌다고 할 수 있다. 위와 같은 사실에 한류 현상이 세계적으로 알려지는 것은 코로나19가 소멸하는 현상과 관련이 있다고 할 수 있다. 그리고 코로나19를 단순히 극복했다는 문제가 중요한 것이 아니라 지구온난화와 관련된 대재앙의 자연재해를 코로나19가 대신하며 앞으로 발생하는 지금까지 경험하지 않은 대재앙을 경고한다는 것이 중요한 것이다. 이와 같이, 인간의 노력으로 해결할 수 없는 지구온난화를 '자연' 또는 '자연이 살아 있다'라는 신의 존재를 한류 현상이 증명하여, K-POP이 지금보다 몇 배로 확대되는 것이 가능하다고 할 수 있다. K-POP이 몇 배로 확대되는 현상과 함께 드라마, 영화, 문학 등 기타 한류 현상이 세계적으로 알려지는 것이다. 이런 의미에서 한류 현상이 세계적으로 알려지는 것은 제2, 제3의 코로나19 발생을 예방하는 것이다. 또한, 이런 현상에 의해 미국에서도 통제하기 어려워진 북한의 핵을 신과 관련된 현상으로 억제하는 수단이 작용할 수 있다고 할 수 있다.

결국 긍정적인 사고를 하는 다수의 의견에 의해 아이즈원이 다시 활동하게 된 것처럼 긍정적인 생각을 하는 사람은 올바른 선택, 현명한 선택을 하게 되고 긍정적인 생각을 하는 사람은 신과 관련된 현상도 긍정적으로 작용하게 될 가능성이 생긴다. 그러지 않을 경우 신의 지배를 받는 인간에게 신과 관련된 현상이 어떻게 작용할지 스스로 생각해 봐야 할 것이다.

지구온난화를 많은 사람이 관심을 가지지 못하고 있거나 또는 지구온난화 예방에 관하여 반대 의견을 가지고 있는 사람들이 존재한다. 이 책을 통해서 지구온난화에 관한 사실이 알려지겠지만, 아이즈원과 같은 현상은 신과 관련된 현상에서 인간이 신의 지배를 받는 사실을 정확하게 판단하고 현명한 선택을 해야 하는 의미를 가지고 있다. 이처럼 긍정적이고 현명한 선택은 "오직 지혜 있는 자는 깨달으리라"와 같이 인간이 신의 지배를 받는 신과 관련된 현상에서 자신을 올바른 길로 이끌 수 있으며 그렇지 못할 경우 신과 관련된 현상이 불리하게 작용할 가능성도 있다. 이와 같은 신의 존재가 증명되고 인간이 신의 지배를 받는다는 것이 알려지는 것에서 올바르고 현명한 선택을 하면 자신을 올바른 길로 이끌 수 있다는 사실을 제대로 깨달아야 할 것이다. 신의 존재가 지극히 선하다는 의미는 인간이 잘못했을 때 바로 보응하는 것이 아니라는 의미다. 그리고 인간은 미래를 알 수 없지만, 가능한 한 올바른 판단과 현명한 선택을 하는 것이 인간이 신의 지배를 받는 현상에서 자신에게 이로운 결정이 될 수 있다고 할 수 있다.

그리고 인터넷에서 유명인(정치인, 연예인)에게 악성댓글이 달리는 경우가 많은데 악성댓글로 인하여 극단적인 선택을 하는 경우도 많았다. 내가 악성댓글을 단다고 해서 이것만으로 위해를 가했다고 할 수는 없다.

그러나 내가 악성댓글을 달고 유명인에게 피해가 발생하는 현상이 발생할 수 있는데, 이런 경우 어떤 복권을 사고 악성댓글을 달았을 경우 신과 관련된 현상으로 복권에 당첨되는 결과가 만들어지지 않는다고 할 수 있다. 이것은 인간이 신의 지배를 받는 현상이 작용하기 때문이며 악성댓글을 달았을 경우 상대방이 고소하지 않을 때 내가 악성댓글을 단 사실을 아무도 알 수 없다고 생각할 수 있다. 그러나 이것은 잘못된 생각이며 내가 악성댓글을 달았을 경우 신이라는 의미의 '하늘'도 알고 있다는 사실에 유의해야 한다. 신의 존재가 증명되고 알려진 상태에서는 인간이 신의 지배를 받는 것이 알려진 것이며 신이라는 의미의 '하늘'이 내가 한 행동을 아는 것이라는 것을 제대로 깨닫는 것이 현명한 선택이라고 할 수 있다. '베토벤의 운명 교향곡' 작곡, '뉴턴의 만유인력 법칙' 발견, '에디슨의 전구' 발명이 신으로부터 영감을 받아서 이루어진 일에서 인간이 신의 지배를 받는 현상을 알 수 있다. 한류 현상에서 〈겨울연가〉, 〈별에서 온 그대〉, 〈태양의 후예〉와 같은 대박 드라마는 신의 영감이 작용했다고 할 수 있으며 조기 종영하는 드라마는 신의 영감이 작용하지 않았다고 할 수 있다. 이와 같은 신의 영감이 작용하는 인간이 신의 지배를 받는 현상이 발생하는데 지나치게 심각한 악성댓글을 다는 경우는 신의 영감이 제대로 작용하지 않는다고 할 수 있다. 앞에서 말한 신의 영감이 작용하는 현상 이외에 신의 영감이 작용하는 구체적인 다른 예를 설명하지 않더라도 알 수 있는 경우가 많다.

　이 책을 통해서 '자연'이 신이라는 의미가 인간의 노력으로 해결할 수 없는 지구온난화를 해결하려는 의미로 작용했다고 할 수 있다. 그런데 '자연'이 신이라는 의미는 인간이 신의 지배를 받는다는 의미를 명쾌하게 나타내지 못한다고 할 수 있다. 그래서 '신(神)'이라는 의미를 가장 잘 표현하는 단어는 '하늘'이다. 종교에서, 불교는 신이라는 의미가 존재하지 않으며 교회는 신의 존재가 정확하게 증명되지 않았다. 길희성 교수님이 '신은 어디에 숨어 있나'라고 말씀하였는데 이것은 신의 의도에 의해 일부러 정확하게 알려지지 않았으며 미래의 어느 시기에 종교를 떠나서 모든 사람에게 신의 존재가 알려지도록 한 것이다. 종교를 떠나서 또는 종교를 가지고 있지 않은 상태에서 우리나라의 '하늘'이라는 의미가 신의 존재를 나타내는 가장 가까운 의미이다. 그런 뜻에서 신의 존재가 '자연'이라는 것은 종교에서 신의 존재가 정확하게 증명되지 않은 상태에서 지구온난화를 해결하려는 의미라고 할 수 있다. 그리고 종교를 떠나서 '신'의 의미는 '하늘'이라고 할 수 있다(우주=자연=하늘=신).

우주=자연=하늘=신(神).

예언서 계시록을 해석해서 나타나는 두 가지 중요한 사실 중의 하나인 "우주 전체가 하나의 살아 있는 생명체로서 자연이 신(神)"이라고 하는 것은 "우주"가 신이며 "우주"라는 단어가 "神"을 가리키는 것이다. 이것은 "우주"라는 단어가 과학적 의미에서 神이라고 할 수 있다. 나는 과학자들의 '우주에 관한 연구(빅뱅 우주론과 정상 우주론과 같음)'에 의해 신의 존재가 증명되었다고 하였는데 "우주"라는 단어는 종교를 떠나서 궁극적인 의미에서 과학적으로 신의 존재(신이 존재한다는 생각)를 "우주"라고 할 수 있다. '우주 전체가 하나의 살아 있는 생명체로서 자연이 신이다'라는 것은 외계 생명체가 존재하지 않는다는 의미를 나타내며 우주의 유일한 생명체는 '지구'라는 것을 나타낸다. 이것에 대한 설명은 이 책에 나와 있으며 "우주는 과거와 현재, 미래에 시간의 흐름에 지배받지 않으며 시간과 공간을 초월해 과거와 현재, 미래가 동시에 존재하며 4차원으로 존재한다"라는 것의 설명과 함께 신의 존재의 과학적 의미는 "우주"라고 할 수 있다. "우주는 과거와 현재, 미래에 시간의 흐름에 지배받지 않으며 시간과 공간을~"의 설명은 이 책에 자세하게 설명되어 있다.

 신의 존재가 자연(自然)이라는 것은 출애굽기에 "나는 스스로 있는 자니라"(출 3:14)라고 기록된 것처럼 출애굽기에 쓰여 있는 그대로 자연(自然)이 神이라고 할 수 있다. 이것은 미래의 어느 시기에 신의 존재가 알려져 인간의 노력으로 해결할 수 없는 지구온난화를 해결하기 위해 성경이 만들어진 이유를 나타내는 것이다.

 신의 존재가 "자연"이라는 의미는 자연재해로 신의 지배를 받으며 인간이 신의 지배를 받는다는 것을 구체적으로 의미한다. 인간이 신의 지배를 받는다는 의미의 신의 존재는 '하늘'이라고 할 수 있다. '하늘은 스스로 돕는 자를 돕는다' 또는 '하늘이 도와서 교통사고가 났지만, 크게 다치지 않았다', '민심(民心)이 천심(天心)이다'와 같이 인간이 신의 지배를 받는다는 것의 정확한 의미의 신의 존재는 "하늘"이라고 할 수 있다.

 이러한 뜻에서 우주=자연=하늘=신(神)이라고 할 수 있다.

19. 다니엘의 해석

다니엘을 전부 정확하게 해석하는 것은 다른 오해를 나타낼 수 있으니 다니엘 12장에서 중요한 세 가지만 해석하겠다.

성경의 다니엘 12장은 그동안 2,000년 동안 제대로 알려지지 않은 성경의 신의 존재 '자연' 또는 '자연이 살아 있다'를 한류 현상과 관련하여 증명하고 나타내어 모든 종교의 신의 존재가 궁극적인 의미에서 '자연'으로 같은 사실을 나타내고 있다. 성경의 신의 존재는 미래의 어느 시기에 정확하게 알려져 인간의 노력으로 해결할 수 없는 지구온난화를 해결하도록 하고 있다. '종교'의 가장 중요한 역할은 미래의 어느 시기에 '자연'으로 존재하는 신의 존재를 한류 현상으로 증명하고 나타내서 인간의 노력으로 해결할 수 없는 지구온난화를 해결하는 것이라고 할 수 있다. 신의 존재는 미래의 어느 시기에 자연재해로 신의 존재를 나타내서 인간이 자연재해로 신의 지배를 받는 사실을 나타내어 지구온난화의 심각함을 알리고 지구온난화를 해결하도록 하고 있다. 신의 존재는 미래의 어느 시기에 한류 현상으로 신의 존재를 증명하고 나타내서 자연재해를 대신해서 한류 현상으로 인간이 신의 지배를 받는 것을 알려 인간의 노력으로 해결하기 어려운 지구온난화를 해결하도록 하고 있다. 인간의 노력으로 해결하기 어려운 지구온난화를 해결하기 위해선 한류 현상으로 증명되고 알려지는 '자연'으로 존재하는 신의 존재(신이 존재한다는 사실)를 한류 현상으로 체험하고 느끼어 지구온난화를 해결하도록 하는 것이다. 자연으로 존재하는 신의 존재는, 자연재해의 대재앙으로 나타나는 재산 손실과 인명 피해의 자연재해를 대신해서, 한류 현상을 체험하여 인간의 노력으로 해결하기 어려운 지구온난화를 해결하도록 하고 있다. 이처럼 자연재해를 대신해서 한류 현상으로 신의 존재를 증명하여 지구온난화를 해결하는 것은 대재앙으로 발생하는 인명 손실과 재산 피해를 줄여 지구온난화를 해결하는 것으로 돈으로 환산할 수 없는 가치가 발생한다. 여기에 소녀시대의 〈라이언 하트〉 M/V 는 상당히 중요한 역할을 하는 것이다.

한류 현상으로 신의 존재를 증명하는 것은 이후에 이 책에서 나타나고 있으며 다니엘 12장에서 중요한 세 부분을 살펴보고 한류 현상으로 신의 존재를 증명하는 것을 살펴보자. 다니엘 12장은 인간의 노력으로 해결하기 어려운 지구온난화를 해결하고 있으며 성경에서 신의 존재를 증명하는 현상으로 가장 중요하다고 할 수 있다.

첫 번째, "많은 사람이 빨리 왕래하며 지식이 더하리라"(단 12:4) 한류 현상으로 신의 존재를 증명하며 이 사실이 알려지도록 인터넷과 유튜브 그리고 페이스북·트위터·인스타그램 등의 SNS가 신의 뜻에 의해 만들어진 것을 나타내고 있다. 또한, 이러한 현상이 알려지도록 삼성·LG 의 스마트폰과 디스플레이기(TV)가 만들어진 것을 나타내고 있다. 1973 년 삼성에서 반도체 사업을 시작해서 지금 이 시기에 100개의 반도체로 만들어진 삼성 스마트폰이 만들어져 세계적으로 알려진 것은 이러한 사실을 증명하는 것이다. 앞에서 설명한 것처럼 이산화탄소 발생량이 이전보다 크게 증가한 것은 산업혁명이 발생한 시기이며 또한, 이 시기에 다윈에 의해 진화론이 만들어져 창조론·진화론, 유신론·무신론의 대립이 만들어졌다. 그리고 종교를 통해 종교를 믿지 않는 사람과 다른 종교를 믿는 사람에게 그동안 정확하게 알려지지 않은 신의 존재가 한류 현상으로써 신의 존재를 증명하고 알리게 되었다. 그리고 제2의 정보화 혁명이 만들어진 시기(컴퓨터가 만들어진 시기)에 PC가 만들어지고 개인이 PC를 사용하며 인터넷과 유튜브가 만들어지고 페이스북·트위터·인스타그램 등의 SNS와 스마트폰이 신과 관련된 현상으로 만들어졌다. 이것은 '자연'으로 존재하는 신의 존재를 한류 현상과 관련된 사실로 증명하여 한류 현상이 종교와 언어를 떠나서 세계 곳곳에 알려지도록 하기 위해 신의 뜻으로 만들어진 것이다. 이처럼 유튜브, SNS가 만들어진 이유와 삼성·LG 스마트폰과 디스플레이(TV)를 이용하여 한류 현상을 촬영하고 감상하는 현상이 신과 관련된 현상으로 만들어졌다. 이러한 면에서 삼성이 1973년 반도체를 만들고 시간이 지나서 최근에 스마트폰이 100개의 반도체를 이용하여 스마트폰이 만들어져 이용하게 되었다. 그리고 삼성·LG의 스마트폰으로 SNS가 이루어져 알려지고 한류 현상을 감상하고 또 삼성·LG의 디스플레이(TV)로 한류 현상을 감상하는 현상이 만들어진 것을 나타낸다고 할 수 있다. 이러한 현상은 신과 관련된 특수한 현상에 의해 이루어진 것이다.

두 번째, "한때 두때 반때를 지나서 성도의 권세가 다 깨어지기까지니 그렇게 되면 이 모든 일이 다 끝나리라 하더라"(단 12:7) '한때, 두때, 반때'는 이슬람교를 상징하는 이집트의 피라미드를 가리키며 이것은 성경으로 신의 존재를 증명하는 '한때, 두때, 반때'의 성경(다니엘)과 이슬람교가 일치하는 사실로 이전에 지금까지 알려졌던 사실과 다른 사실로 나타나고 있다. 또한, '한때, 두때, 반때'는 우리나라의 계룡산에서 바라본 갑하산(469m), 신선봉(570m), 우산봉(573m)의 세 봉우리가 기자 피라미드 — 멘카우레왕(62m), 카프레왕(136.5m), 쿠푸왕(137.2m)과 같은 모습으로 나타나고 있어 우리나라의 한류 현상으로 신의 존재를 증명하는 것과 관련 있다. 그리고 성경의 예언서 계시록에 기록된 신의 존재 "나는 알파와 오메가요 처음과 나중이요 시작과 끝이라"를 해석하면 '우주의 시작과 끝이 동시에 존재한다'라고 나타난다. 성철 스님은 팔만대장경을 네 글자로 줄이면 '불생불멸(不生不滅)'이며 이것은 우주의 근본 원리를 나타내며 석가모니의 가장 중요한 깨달음이라고 나타내고 있다. 不生不滅은 '(우주는) 태어나지도 않으며 (우주는) 없어지지도 않는다'를 나타내어 '우주의 탄생과 소멸이 동시에 존재하는 것'을 나타낸다. 이것은 신의 존재를 나타내는 성경과 불교의 신의 존재가 일치하는 것으로, 이전의 불교와 교회가 화합하지 못한 것과 다른 사실을 나타내며 앞으로는 궁극적인 의미에서 '자연(自然)'으로 신의 존재가 모든 종교에서 궁극적인 의미로 같은 것을 나타낸다. 여기에서 신의 존재(신이 존재한다는 사실)가 '자연'이라는 것은 "나는 스스로 있는 자니라"(출 3:14)라고 기록되어 있듯이 신의 존재는 '자연(自然)'이라고 할 수 있다. 또, 신의 존재가 교회, 이슬람교, 불교에서 같은 사실로 나타나며 궁극적인 의미에서 '자연'으로 같은 사실로 나타나는 것은 인간의 노력으로 해결할 수 없는 지구온난화를 모든 사람이 종교를 떠나서 해결하라는 것이다. 모든 종교에서 신의 존재가 정확하게 알려지지 않은 채 지금 이 시기에 알려지는 것은 지구온난화가 그만큼 심각하고 중요하기 때문이며 모든 종교의 역할은 미래의 어느 시기에 '자연(自

然)'으로 존재하는 신의 존재가 증명되고 알려져서 지구온난화가 완전히 불가능한 상태에 이르기 전에 해결하도록 하고 있다.

이처럼 미래의 어느 시기에 종교의 예언서가 해석되어 신의 존재가 나타나도록 하고 있다. 종교에서 신의 존재는 미래의 어느 시기에 인간이 지구온난화로 지구에서 멸망할 위기에서 벗어나도록 하기 위해 신의 존재의 정확한 의미가 알려지지 않도록 하였으며, 지금과 같은 시기에 지구온난화를 해결하기 위해 '자연'이라는 신의 존재를 자연재해를 통해 알려지도록 하였다. 그리고 국가와 민족, 언어, 동서양 문화 차이를 떠나서 다른 종교의 신의 존재가 알려지도록 우리나라에서 한류 현상으로 신의 존재를 증명하도록 하였다. 지구온난화에 의한 대재앙, 자연재해를 경험하지 않기 위해선 한류 현상에 관심을 두고 널리 알려지도록 하는 것이 나에게 발생하는 자연재해에 의한 재산 피해와 인명 피해를 줄일 수 있을 것이다. 코로나19는 유신론·무신론의 종교를 떠나서 모든 사람에게 지구온난화와 관련하여 인간이 신의 지배를 받는 신의 존재를 직접 체험하도록 발생하였으며 신의 존재를 증명하는 한류 현상을 중요하게 받아들이도록 하고 있다. 코로나19가 종료된 후에는 코로나19를 극복했다는 생각과 함께 일회성으로 잊히기 때문에 계속 지구온난화를 잊지 않고 지구온난화를 중요하게 받아들이는 역할을 한류 현상이 하게 되는 것이다. 이런 사실의 '코로나19는 지구온난화를 인간의 노력으로 해결할 수 없다는 사실을 나타내는 것'이며 모든 사람이 코로나19를 체험하며 이 사실을 받아들이도록 한 것이다. 그렇기 때문에 지구온난화를 해결할 수 없는 불가능 상태에 이르기 전에 미리 지구온난화를 해결하도록 신이 코로나19로 신의 뜻을 전달하고 있다고 할 수 있다. 그리고 한류 현상은 신의 존재를 증명하여 이런 사실이 잊히지 않도록 계속 전달하는 역할을 한다. 그런 면에서 제2, 제3의 코로나19가 발생하지 않거나 지금 발생하고 있는 코로나19가 조기에 사라질 수 있는 역할을 한류 현상이 한다고 할 수 있다. 그렇기 때문에 한류 현상이 세계적으로 알려지는 것이 필요하다고 할 수 있다. 모든 사람이 K-POP과 K-드라마·영화·유튜브·먹방 등 기타 한류 현상을 체험하는 것은 지구온난화를 해결하기 위한 '자연'으로 존재하는 신의 존재를 증명하고 아는 것이라고 할 수 있다.

"한때 두때 반때를 지나서 성도의 권세가 다 깨어지기까지니 그렇게 되면 이 모든 일이 다 끝나리라 하더라"(단 12:7)

교회, 이슬람교, 불교 등과 우리나라의 무속, 풍수지리 등 민간신앙의 모든 종교의 신의 존재는 궁극적인 의미에서 '자연'으로 같은 사실로 나타난다고 할 수 있다. 그리고 지구온난화의 자연재해에 의해 모든 사람이 인간의 노력으로 해결할 수 없는 지구온난화를 해결하기 위해 종교를 떠나서 인간이 신의 지배를 받는 것이 알려지는 것을 나타낸다. 이처럼 이전에 알려진 사실과 다른 의미에서 "성도의 권세가 다 깨어지기까지니 그렇게 되면 이 모든 일이 다 끝나리라 하더라"와 같은 사실이 알려지는 것이라고 할 수 있다.

세 번째, "많은 사람이 연단을 받아 스스로 정결케 하며 희게할 것이나 악한 사람은 악을 행하리니 악한 자는 아무도 깨닫지 못하되 오직 지혜 있는 자는 깨달으리라"(단 12:10)의 해석은 '스스로 올바른 사실을 깨달아라'라는 것이다.

지구온난화에 관한 사실을 올바르게 판단하려면 자연(自然)으로 존재하는 신의 존재가 알려지기 위한 '신과 관련된 현상으로 나타난 현상'에 관하여 올바르고 현명한 판단을 하라는 것이다. 그렇지 못할 경우 올바른 사실을 깨달을 때까지 인간이 신의 지배를 받는 현상으로 어려움이 계속되거나 어려운 현상이 만들어진다는 것이다. 지구온난화에 관한 사실이 알려지기 위한 신과 관련된 현상에 관하여 현명한 판단을 하라는 것이며 그렇지 못할 경우 그 이유를 알게 될 때까지 신과 관련된 현상으로 어려움을 겪게 된다고 할 수 있다.

20. 신과 관련된 현상에서 현명한 선택

다니엘 12장 10절과 관련된 사실은 다음과 같다. 이것은 최근에 일어나는 모든 중요한 일이 인간이 신의 지배를 받는 신과 관련된 현상으로 발생하고 있음을 나타낸다. 이러한 현상에서, "많은 사람이 연단을 받아 스스로 정결케 하며 희게 할 것이나"는 '최근에 발생하는 중요한 일과 이전의 일'이 인간이 신의 지배를 받는 현상의 신의 존재가 알려지기 위한 신과 관련된 현상으로 발생하고 있는 것을 나타내고 있다.

이 사실을 조금 더 정확하게 해석하면, "많은 사람이 연단을 받아"는 최근에 발생하는 중요한 일이 신과 관련된 현상으로 나타나고 있는 것을 나타낸다. "스스로 정결케 하며 희게 할 것이나"는 잘못된 형태로 나타나는 것이 신의 작용으로 이루어졌으며 이런 사실을 알고 올바른 판단과 현명한 선택을 하여 최근에 발생하는 신과 관련된 현상에 관하여 올바르게 깨달으라는 것이다. 여기에서 "많은 사람이 연단을 받아서 스스로 정결케 하며 희게 할 것이나"는 올바르게 깨닫지 못하면 스스로 올바른 판단을 할 때까지 신과 관련된 현상으로 어려움을 계속 경험한 후 올바르게 깨닫게 된다는 것이다. 이러한 어려움을 경험하기 전에 올바른 선택과 현명한 판단을 하라는 것이다.

이와 같은 현상이 발생한 것은 인간의 노력으로 해결할 수 없는 지구온난화를 해결하기 위해 자연재해를 대신해서 인간이 신의 지배를 받는 현상으로 신의 존재에 관한 현상이 알려지기 때문이다. "많은 사람이 연단을 받아서 스스로 정결케 하며 희게 할 것이나"라는 사실과 같이, "스스로 올바른 사실을 깨달을 때까지 신과 관련된 현상으로 어려움을 겪게 된다"라는 것은 이런 사실을 제대로 깨닫지 못한다면 원인이나 이유도 모른 채 계속 신으로부터 불이익이 발생한다는 것이다. 이런 사실이 신과 관련된 특별한 형태로 발생할 수 있으며 이런 사실을 알고 신으로부터 불이익이 발생할 수 있다는 가능성을 깨닫고 가능한 한 현명한 판단을 하라는 것이다.

이런 사실은 현재 발생하고 있는 중요한 현상이 신과 관련된 현상으로 발생하였으며 대재앙의 자연재해를 대신해서 인간이 신의 지배를 받는 사실이 알려지기 때문이다. 그렇기 때문에 인간은 생로병사(生老病死), 희노애락(喜怒哀樂)의 신의 지배를 받는 사실을 나타내고, 인간의 노력으로 해결하기 어려운 지구온난화를 해결하도록, 모든 사람이 최선의 노력으로 해결하라는 것이다. 그 예로 지구온난화를 받아들이지 못하고 또는 최근에 발생하는 중요한 일이 신과 관련된 현상으로 나타나는 것에서 올바른 판단을 하지 못하면, 신과 관련된 현상으로 피해자가 될 수 있는 가능성이 있다고 할 수 있다. 이것은 인간의 생로병사, 길흉화복이 신의 작용으로 영향을 받을 수 있는 것이기 때문이라고 할 수 있다.

우리나라는 다른 나라에서 발생한 대재앙에 가까운 자연재해가 발생하지 않았으며 한류 현상과 정치의 과열 현상이 신과 관련된 특수한 현상으로 발생하였다. 앞으로는 우리나라도 대재앙에 가까운 자연재해가 발생할 수 있다고 할 수 있다. 이처럼 인간이 신의 지배를 받는 현상이 알려지는 것은 대재앙에 가까운 자연재해가 어느 지역에서 발생하든지 또는, 자연재해를 대신해서 인간이 신의 지배를 받는 현상이 얼마든지 발생할 수 있다는 것을 나타내고 있다. 지구온난화와 관련하여 인간이 자연재해로 신의 지배를 받는 것을 대신해서 한류 현상과 정치의 과열 현상은 인간이 신의 지배를 받는 현상으로 나타났으며 이러한 현상은 돈으로 환산할 수 없는 가치가 있다고 할 수 있다. 그러한 의미에서 반드시 지구온난화를 해결하도록 하고 있다. 어느 지역에서 갑자기 발생한 홍수로 집에서 우산 하나만 들고나왔는데 집이 물로 가득 찬 현상이 있었다. 이런 현상은 모든 나라의 어느 지역에서든지 발생할 수 있으며 이런 현상을 경험하지 않기 위해선 K-POP과 한류 드라마 같은 한류 현상을 많이 체험하고 또 많이 알려야 할 것이다. K-POP과 한류 드라마의 한류 현상이 세계적으로 많은 사람에게 알려지는 것은 자연재해를 대신하는 것이다. K-POP과 한류 드라마가 온 세상에 알려져 지금까지와 완전히 다른 세상이 되는 것은 자연재해를 대신하는 것이며 지구온난화가 심각하다는 것을 많은 사람이 알고 받아들이는 것이라고 할 수 있다. 이것은 한류 현상으로 신의 존재 증명을 설명하는 것이며 한류 현상이 전 세계 곳곳에 알려지는 것은 자연재해를 대신해서 지구온난화가 심각하다는 것이 알려지는 것이며 직접 체험하는 것이라고 할 수 있다.

　지구온난화를 받아들이지 못하는 사람을 포함해서 관심을 두지 못하는 모든 사람이 제대로 받아들이도록 하려면 K-POP과 한류 드라마, 영화, 문학 등 한류 현상을 모든 사람이 관심을 두고 알게 해야 한다. 그렇다면 지구온난화를 해결하려는 세상으로 세상이 바뀔 것이다. 이처럼 세상이 지구온난화를 해결하려는 세상으로 바뀐 상태라면 모든 사람 하나하나가 지구온난화를 해결하려는 한마음의 시작 상태로 출발할 것이다. 갑자기 발생하는 홍수 피해로 집이 물로 가득 차거나 집이 떠내려가는 현상이 반복되는 것을 방지하려면, 우선 한류 현상으로 나타난 현상에 관하여 지구상의 모든 사람이 관심을 두고 알아야 할 것이다. 그러면 이런 홍수 피해가 발생하는 이유의 지구온난화를 해결하려는 준비가 된 것이라고 할 수 있다. 이러한 뜻에서 한류 현상으로 신의 존재를 증명하는 현상이 만들어졌다고 볼 수 있다. 이처럼 지구상의 모든 사람이 한류 현상에 관심을 두고 알게 된 상태라면 지구온난화를 해결하려는 준비 단계가 만들어진 것이다.

 이처럼 인간의 노력으로 해결할 수 없는 지구온난화는, 어떤 사람은 자연재해를 받았지만 살아남고 어떤 사람은 자연재해의 피해를 보고 사망하는 것이 아니며 신의 지배를 받는 모든 인간이 이 땅에 존재할 수 없는 것을 나타낸다. 또한, 인간이 신의 지배를 받는 신과 관련된 현상을 제대로 깨닫고 받아들이지 못하면 신과 관련된 현상에서 '한번 해 볼 만하다'와 같은 신과 관련된 현상에 반하는 현상이 만들어지며, 이렇게 되면 원인이나 이유도 모른 채 신으로부터 불이익이나 피해를 볼 수 있다. '인간은 태풍 앞에 나뭇잎만도 못한 존재'라는 것을 깨닫는 것이 신과 관련된 현상에서 현명한 판단인 것이다.

 그런데 앞에서 육관도사 손석우 옹의 풍수지리서 《터》에 기록된 전직 대통령의 시작과 끝의 명암이 크게 바뀐 현상은, 일종의 자연재해를 대신해서 인간이 신의 지배를 받는 것을 나타내는 신과 관련된 현상으로, 우리나라에서 일어나는 일이 세계적으로 알려지는 한류 현상 중의 하나라고 할 수 있다. 그래서 현재 우리나라와 외국에서 발생하고 있는 크고 중요한 현상은 자연재해를 대신해서 인간이 신의 지배를 받는 것을 나타내는 신과 관련된 현상이다. 전직 대통령과 관련 있는 친인척의 비리가 발생하여 대통령이 사과하는 공통적인 현상이 반복되어 왔다. 이와 같은 현상이 쉽게 믿어지지 않겠지만, 지구온난화가 인간의 노력으로 해결할 수 없기 때문에 발생한 현상이며, 대재앙의 자연재해로 인한 인명 손실이나 재산 피해를 대신해서 인간이 신의 지배를 받는 사실을 나타내며, 이러한 사실을 모든 사람이 제대로 깨닫고 지구온난화를 해결하도록 하고 있다. 이런 현상은 풍수지리서《터》의 육영수 여사 묫자리와 관련된 현상으로 나타난 '국정 농단' 현상과 김일성 조상 묫자리와 관련된 현상이라고 할 수 있는 '북핵 위기의 비핵화'도 각각 마찬가지로 불가항력의 신과 관련된 특별한 형태로 나타난 것이라고 할 수 있다.

정치의 과열된 현상의 부작용을 줄이는 방법 중에서 하나가 다음과 같은 형태로 해결할 수 있으며 또한, 정치를 떠나서 우리나라 사람 모두가 바라는 통일 현상으로 이어질 수 있는 북한의 비핵화 현상을 해결하는 방법이 될 수 있다. 비핵화와 관련된 현상을 사면한다는 것이 말로서는 어폐가 있지만 우리나라뿐만 아니라 주변국 그리고 세계적으로 영향이 크게 작용할 수 있는 대규모 전쟁을 억제하고 예방한다는 의미로 작용한다고 할 수 있다. 이것은 또한, 풍수지리서《터》와 관련되어 불가항력의 신과 관련된 현상으로 북핵 위기가 발생하였다면 북한의 김일성이 성경의 예언서 계시록에서 7명의 신의 사자와 관련된 사실로 신과 관련된 현상을 존중하는 의미로 북한의 안전을 보장하여 비핵화 현상을 해결하는 방법으로 작용할 수 있다고 볼 수 있다. 통일은 시간적 여유를 두고 서서히 이루어지도록 해야 한다. 북한이 충분히 발달한 상태에서 통일이 이루어져야 하며 통일이 이루어지기까지 교류가 충분히 이루어져야 하는 것이다. 이렇게 충분히 교류한 후에 통일이 이루어져야 제대로 된 통일이 된다고 할 수 있다. 육관도사 손석우 옹의 풍수지리서

《터》에서 김일성 조상 김태서의 묫자리 발복으로 김일성의 사망을 정확하게 예측한 현상이 1994년 7월 9일에 있었다. 나는 1994년 7월 17일에 처음 교회에 가게 되었으며 김일성의 사망은 세계적인 큰 사건이었다. 당시에 손석우 옹의 풍수지리서 《터》보다 더 정확하게 김일성의 사망을 무속인 심진송 씨가 예언하게 되었다. 우리나라의 민속신앙인 '풍수지리'와 '무속'으로 세계적인 사건인 김일성의 사망을 정확하게 예언하는 신과 관련된 특별한 현상이 발생하였다. 또한, 이 당시 MBC 드라마 〈서울의 달〉이 1994년 1월 24일부터 10월 24까지 방영했는데 이 드라마에 나의 주변 사람과 닮은 사람이 나오고 이전에 나에게 일어났던 일을 부분적으로 정교하게 묘사하는 경우가 있었다. 또한, 이러한 특별한 현상으로《성경속의 꿈 해석》이라는 책에는 나에게 일어나는 일이 기록되었고 신의 존재를 증명할 수 있는 원인이 될 수 있는 미국의 예언가 진·딕슨 여사의 꿈이 기록되어 있었다. 그리고 이런 현상에 의해 노스트라다무스의 예언시에 나에게 일어났던 일이 기록된 것을 알 수 있었으며 '창세기'를 모세가 기록했던 것과 같은 방식으로 신과 관련된 특별한 현상으로 기록한 《창세기의 참모습》(유종택, 한솔미디어, 1994), 《성경속의 꿈 해석》(한건덕, 명문당, 1986) 등 종교와 관련된 이러한 책 7~8권을 내가 교회를 처음 간 1994년 7월 이후 2~3개월 동안 알게 되었다. 이 책 중에서《성경속의 꿈 해석》,《창세기의 참모습》,《노스트라다무스의 예언시》는 성경의 예언서를 해석하는 세 가지 방법으로 작용하였다. (이것은 신의 존재를 사진 4장으로 증명하는 방법을 알게 된 것이라고 할 수 있다.) 이러한 현상으로 나는 김일성, 손석우, 심진송, 한건덕, 유종택, 성철 스님, 이춘형 일곱 사람을 성경 예언서의 계시록에 나오는 일곱 교회의 비밀, 하느님의 일곱 교회의 신의 사자라고 하게 되었다. 이런 현상에 의해 김일성이 일곱 교회의 신의 사자라고 기록하게 되었다. 그리고 미국의 대통령 취임식 선서에서 성경에 맹세하는 현상이 있기 때문에 김일성이 성경 예언서 계시록의 신의 사자로 기록된 것과 관련 있다고 볼 수 있다. 그렇기 때문에 성경에 맹세하는 현상으로 인간의 노력으로 해결할 수 없는 지구온난화를 해결하기 위해 성경의 예언서 계시록의 신의 사자로 나타나는 김일성이 신과 관련된 특별한 현상을 존중하여 미국은 북한의 안전을 보장하며 북한의 비핵화를 이루어 경제가 발전하는 것에 도울 수 있다고 할 수 있다. 김일성이 성경의 예언서 계시록의 신의 사자로 나타나서 북핵 위기를 해결하는 것은 대규모 전쟁이 발생하는 현상을 예방하는 현상으로 작용하고, 한류 현상이 전 세계 모든 사람에게 지금보다 몇 배로 알려지게 된다고 할 수 있다. 또한, 이러한 형태로 한류 현상이 몇 배로 알려지면 이것만으로 북한에 불리한 현상이 될 수 있으며 북한은 비핵화를 이루고 많은 나라가 북한의 경제발전에 참여하여 미국이 북한의 발전을 보장하는 형태로 경제가 발전할 수 있다. 이런 현상은 통일 현상으로 이어질 수 있으며 북한은 경제발전을 통해 많은 변화도 이루어야 할 것이다. 이런 현상이 신과 관련된 특별한 현상으로 이루어지고 있는 사실에 유의해야 한다고 할 수 있다.

외국의 자본이 북한에 들어와 경제가 발전하는 현상이 만들어지려면 개방에 따르는 변화가 이루어지고 북한의 핵무기가 존재하지 말아야 한다. 이러한 변화가 이루어지지 않으면 2020년 1월의 코로나19와 같은 천재지변의 영향을 받거나 우리나라의 역대 대통령의 시작과 끝의 명암이 크게 바뀐 현상과 같은 신과 관련된 불가항력의 특수한 현상이 북한에 발생할 수 있다고 할 수 있다. 또 북한은 2019년 10월 일본에서 발생한 태풍 하기비스 같은 대재앙에 가까운 자연재해가 발생할 수 있으며 과거 고난의 행군 같은 현상이 다시 발생할 수 있다. 또는 김일성이 성경의 예언서 계시록의 신의 사자라는 사실이 북한의 전역에 알려지고 한류 현상이 만들어진 이유가 알려질 수 있으며 이런 현상에 의해 한류 현상이 몇 배 확대되는 현상으로 북한에 한류 현상과 관련된 사실이 북한 주민에게 직접 알려질 수밖에 없다. 이런 현상을 제대로 받아들이는 형태가 되지 않는다면 북한 지도부에 불리한 현상이 될 수밖에 없을 것이다. 이러한 현상이 신과 관련된 특수한 현상으로 발생하였다는 사실이 북한 전역에 알려질 수밖에 없다. 이러한 변화가 신과 관련된 현상으로 발생할 가능성이 존재할 수밖에 없다. 어떤 면에서 예언이란 앞으로 일어나는 불행을 예방하는 현상이라고 할 수 있는데 북한이 핵무기를 포기하는 것은 신과 관련된 현상으로 불행한 현상이 만들어지는 것을 예방하는 현상이라고 할 수 있다. 한류 현상은 자연재해를 대신하기 때문에 한류 현상으로 인간이 신의 지배를 받는 현상으로 지구온난화의 심각함을 깨닫도록 북한도 지구온난화를 해결하는 현상에 반드시 참여해야 한다. 그런데 한류 현상을 받아들이지 않으면 심각한 자연재해를 직접 체험하는 형태로 지구온난화의 심각함을 깨닫게 된다고 할 수 있다. 신과 관련된 현상으로 나타난 지구온난화를 해결하는 현상에서 북한이 제외될 수 없으며 북한 역시 지구상의 모든 나라가 지구온난화를 해결하는 현상에 반드시 참여해야 한다고 할 수 있다.

21. 내 가족은

내 가족은 식당 운영이 잘되었지만, 2015년 2월에 벽의 누수로 바닥에 물이 차는 현상으로 이사하게 되었다. 가족들은 이러한 방식으로 항상 어려운 처지에서 계속 경제적인 어려움을 겪어 왔다. 어머니와 방을 따로 쓰기 위해 큰 아파트로 이사하였다. 2015년 이사한 후 페이스북을 한 지 얼마 되지 않았을 때 치매인 어머니가 집을 홀로 나가서 8시간 동안 가족들이 헤매다가 찾은 적이 있다. 다행히 자정이 다 되어서 어머니를 찾을 수 있었다. 이런 일이 있고 난 뒤 어머니를 집에 혼자 두고 외출하기가 더 염려스러웠으며 어머니가 밖으로 나가려고 하실 때는 내 방에서 하루 종일 이 책에 관하여 생각하며 어머니를 지켜보느라 TV를 볼 수 없었다. 그리고 페이스북을 시작할 무렵, 중동 바이러스가 발생하여 실시간으로 뉴스를 확인하려고 바이러스에 관한 뉴스만 보게 되었다. 이후에는 아예 뉴스를 보지 않고 북핵 위기에 관한 사실만 확인하고 TV를 껐다.

종교적으로 새로운 사실을 나타내어 알려지기 어려운 이 책을 기록하게 된 이후, 항상 이 책이 알려지는 방법을 알기 위해 고심해 왔다. 2013년경에는 새벽 3시~4시 사이에 깨어 두세 시간 깊게 생각하는 것으로 부족하여 낮에 점심을 먹고 이 책이 알려질 방법이 머릿속으로 떠오르도록 2시간가량 깊이 생각하였다. 그런데 아무 생각이 떠오르지 않고 시간만 그냥 흘러갔다. 두 달 정도 시도하였지만, 아무 생각이 떠오르지 않았다. 이 시간 이후에 이것이 습관처럼 되어 낮에도 시간만 되면 수시로 깊이 생각하게 되었다. 여러 가지 예언서를 동시에 해석해야 하는 현상이 작용하여 항상 생각하는 버릇이 들었으며, 나에게 일어나는 일이 정확하게 무엇인지 알지 못했다. 그러나 2009년 나에게 일어나는 일이 생각보다 중요하다고 느껴져 TV 볼륨을 줄이고 TV를 보다가 나중에는 점차 TV를 볼 수 없게 되었다. (밤 10시 전후에 잠이 들어 새벽 3시~4시 사이에 항상 일어나려고 했으며 또 이때는 십이지장궤양으로 속이 쓰린 상태에서 깨어났으며 십이지장궤양이 낫지 않고 계속 재발하였다.)

    항상 예언서의 해석을 머릿속으로 생각해 왔는데 이사를 하게 되면서 주변 환경이 바뀌어 이것 자체가 스트레스로 작용했다. 스트레스 해소로 TV를 보았는데 밤 12시 넘어서 하는 예능 프로를 기다리는 것을 자각하고 TV 전기선 코드를 가위로 잘랐다. 하지만 며칠 후 갑자기 뉴스를 보아야 하는 경우가 생길 수 있기 때문에 TV 선을 연결하였다. TV를 거의 보진 않았지만 2016년 북한에서 장거리 미사일 발사와 핵실험을 한다는 소식에 대한 뉴스와 전문가 해설을 듣고 TV를 바로 껐다. 스마트폰으로 인터넷 네이버에 노출되는 뉴스를 오전 7시 30분 잠에서 깬 후부터 저녁 10시 30분까지 집에서 한두 시간 간격으로 계속 확인하였다. 중복된 기사를 보면서 앞으로 일어날 일을 떠올리거나 이 책이 알려질 방법의 영감이 떠오르도록 매일 반복하였다. 무속인의 경우 신으로부터 영감을 받게 되지만, 나의 경우 신과 관련된 현상으로 나타나는 것을 깊이 생각하여 앞으로 일어나는 일을 깨달아야 했다. 앞으로 일어날 일을 생각으로 안다는 것은 불가능한 일이며 중요한 일이 신과 관련된 현상으로 나타나기 때문에 신문 기사를 반복해서 보면서 깊이 생각해야 했다. 머리를 싸매고 누워서 이 책이 알려질 방법을 생각하고 나에게 일어나는 일 등을 생각하며 누워 있었다. 그럴 때마다 갑자기 스르륵 잠이 들었다가 꿈을 꾸고 깨게 되었다. 이전부터 발바닥이 저린 증상이 있었는데 이것이 통증으로 느껴지기까지 했다. 이런 경우가 매번 나의 행동을 방해하는 듯하면서 계속 이런 일을 하도록 하는 기묘한 방법으로 나를 돕는 현상이라고 할 수도 있었지만, 이런 통증으로 느껴지는 현상의 강도가 점차 커지기도 하였다. 이런 상태에서는 매일 먹는 약을 바로 먹고 나서 금방 잊었으며 날짜나 시간의 흐름을 제대로 느끼지 못하는 현상이 발생하였다. 이 때문에 이 책을 기록하면서 반복되거나 중복된 현상이 발생하였으며, 이것은 불가피한 현상이었다.

　최초로 이 책이 알려질 방법을 떠올린 것은 2018년 봄 4월경에 신의 존재를 증명하는 것을 발견했을 때였다. 이것도 계속 생각하면서 신의 존재를 증명하는 현상이 될 수 있다는 것을 깨닫게 된 것이었다. 그런데 이것은 처음부터 누구나 바로 인정할 수 있을 정도로 명확하게 나타나는 방법은 아니었다. 2019년 4월, 방탄소년단의 〈작은 것들을 위한 시〉의 엠카운트다운 첫 방송 컴백 무대를 보면서 이제 방탄소년단의 무대는 빌보드다'라고 느끼게 되었다. 그리고 이것이 최초로 이 책을 알릴 방법으로 작용할 수 있을 것처럼 느껴졌다. 이전에 빌보드 앨범 차트 '빌보드 200'에서 두 번 우승하였기 때문에 방탄소년단의 무대는 이제 빌보드라고 느끼게 되었다. 방탄소년단이 빌보드 앨범 차트에서 연속 3번 우승한 것은 지구온난화를 위해 신과 관련된 현상으로 한류 현상이 만들어졌기 때문이며, 이 책을 통해 한류 현상이 만들어진 이유가 알려지고 한류 현상이 확대되면 다른 팀도 빌보드에서 우승할 수 있다는 것을 의미한다. 그렇게 되면 다수의 K-POP 팀이 빌보드에서 우승할 것이며 이런 현상은 K-드라마, K-영화, K-문학 K-먹방 등 다른 한류 현상이 세계적으로 알려지는 데 영향을 줄 것이다. 다수의 K-POP 팀이 빌보드에서 우승하면 세상이 뒤바뀔 것이다. 그래서 방탄소년단의 세 번째 앨범이 빌보드에서 우승한 것은 다른 K-POP 다수의 팀이 우승할 수 있는 것을 나타내어 한류 현상이 많은 사람에게 알려지고 이 책이 알려지는 방법이 될 것으로 처음 느껴졌다.

2015년 페이스북을 하며 매일 네이버의 뉴스를 확인하였다, 2016년 갑자기 국정 농단이 발생하였을 때는 이것이 무슨 현상이며 왜 갑자기 일어났는지 TV의 뉴스를 보려고 하여도 TV가 머릿속으로 들어오지 않았다. 뉴스보다 페이스북의 정보가 양이 더 방대했으며, 페이스북에 더 집중하고 있었기에 뉴스를 보아도 이해가 안 되던 것이다. 또한, 신과 관련된 예언서의 중요한 현상을 계속 머릿속에서 생각해야 했기 때문이었다.

예를 들자면, 우리나라의 대표적인 종교학자 길희성 교수님이 "신은 어디에 숨어 있나"라는 명제와 같은 좋은 말씀을 하였기 때문에 이 책을 매번 정리하면서 여기에 대한 해답을 계속 생각하고 있었다. 교회의 신의 존재는 미래의 어느 시기, 인간의 노력으로 지구온난화를 해결할 수 없을 때 성경에 기록된 '자연'으로 존재하는 신의 존재가 알려져 지구온난화를 해결하도록 하였기 때문에 미래의 어느 시기까지 신의 존재가 일부러 정확하게 알려지지 않도록 하였다. 출애굽기에 "나는 스스로 존재하는 자니라"라고 쓰여 있는 그대로 신의 존재는 '자연'이다. 이것은 미래의 어느 시기에 인간의 노력으로 지구온난화를 해결할 수 없을 때 '자연'으로 존재하는 신의 존재를 자연재해로 나타내어 지구온난화의 심각함을 깨닫도록 하였기 때문이다. 이러한 신의 존재가 정확하게 알려지는 현상에서, 십계명 첫 번째에서 "나 외에 다른 신을 섬기지 말라"라고 일부러 신의 존재가 정확하게 알려지지 않도록 하였다. 여기에서 교회의 신 '여호와'는 유일신인데 '나 이외의 신'은 다른 신이 존재한다는 것을 나타내어 모순된 표현을 나타내고 있다. 이것으로 여호와는 유일신으로 알려져 '단군상의 목을 베거나', '어디에 있는 절아 무너져라'라고 기도하는 배척 현상이 만들어지는 현상이 발생하였다. 그런데 "다른 신을 섬기지 말라"라고 한 것은 '여호와'가 유일신이라는 것에 대한 모순이며 다른 종교의 신도 존재하는 것이 된다. 이 책의 상권은 신의 존재를 증명하고 있으며 성경에서 가장 중요한 신의 존재를 증명하는 '요한계시록'을 해석하여 신의 존재를 증명하고 있다. 그런데 요한계시록을 수많은 사람이 해석하고 있는데 이것이 옳은 것인지 증명하지 못하고 있다. 새로운 사실로 요한계시록에 기록된 신의 존재를 증명하면 많은 사람이 쉽게 받아들이지 못한다. 이를 '이단'이라는 표현으로 나타낸다. 이처럼 '다른 신을 섬기지 말라'와 같이 기록되어 교회는 신의 존재를 교회에서만 찾도록 하여 이단 논쟁이 나타나게 된 것이다. 그런데 교회처럼 오랫동안 많은 사람에게 알려져 온 불교에서 석가모니의 가장 중요한 깨달음인 '불생불멸'이 요한계시록에 나타나 있는 신의 존재와 일치하는 부분이 있기 때문에 신의 존재를 증명하는 것이 옳은 것임을 나타내고 있다. 이처럼 교회에서 신의 존재는 가장 중요한 십계명의 제1 계명에서 '나 이외 다른 신을 섬기지 말라'라고 나타내어 오히려 교회에 관하여 더 잘 아는 사람이 신의 존재를 증명할 수 없는 구조를 하고 있다. 이처럼 신의 존재를 교회 안에서만 증명하려고 하여 성경에서 가장 중요한 요한계시록을 제대로 해석하지 못한 것이다. 교회 안에서만 신의 존재를 찾도록 하여 교회의 이단 논쟁만 이루어지고 있다고 할 수 있다. 앞으로 신의 존재가 이 책을 통해 정확하게 알려지면 더 많은 사람이 교회를 찾게 될 것이다. 살인과 같은 중대한 범죄에 의해 무기수로 투옥되는 경우가 있는데, 교회를 다니면서 충동적으로 발생하는 중대한 범죄를 저지르는 현상을 막기 위해 교회를 다녀야 할 사람들이 있을 것이다. 충동적인 범죄에 의해 무기수로 복역하는 사람 중에는 후회하는 사람이 많다. 이런 현상에 있어서는 교회가 옳으냐 그르냐를 떠나 무의식적으로 잘못된 행동을 하는 사람이 충동적인 잘못을 하지 않도록 예방하는 효과가 교회나 절에서 이루어지고 있으며, 이것은 종교의 큰 장점 중에 하나다.

나는 신과 관련된 현상으로 나타난 뉴스를 매일 반복해서 확인하면서 2016년 발생한 북핵 위기의 해결 방법이나 앞으로 일어나는 일을 생각으로 알려고 했다. 그 당시 네이버의 인터넷 뉴스의 내용을 보고 어떤 의미가 있는지 깊게 몰두하면서 생각하느라 국정 농단에 관한 정확한 TV 뉴스가 눈에 들어오지 않았다. 또는 예언서에서 정확하게 해석되지 않은 뜻을 깊이 생각하여 그 해답이 떠오르도록 하였다. 이런 사실은 이 책을 계속 반복해서 검토하는 과정에서 깨닫게 된다고 할 수 있으며 이처럼 오랜 기간 여러 가지 생각(여러 가지 예언서의 단어) 또는 내가 교회에 처음 갈 무렵 알게 된 7~8권의 책을 수십 번 또는 수백 번 보고 또 수백 번 생각하여서 깨닫게 된 것이라고 할 수 있다. 이처럼 나는 TV를 보지 않거나 친구를 만나지 못하고 이 책과 관련된 사실에 매달려 생각하여 예언서의 해석과 앞으로 일어나는 일을 알려고 노력하였다. 그렇기 때문에 TV를 보아도 뉴스가 눈에 들어오지 않았으며 영화의 대사가 눈에 들어오거나 귀에 들리지 않았다. 이처럼 이 책에 관한 사실을 수없이 반복해서 조금씩 깨닫게 되었으며 이러한 현상에 이 책은 중복되거나 반복된 형태로 기록될 수밖에 없었다.

　이전에 가장 재미있게 보았던 예능 프로 〈정글의 법칙〉을 다시 보기를 하고 나자 TV의 뉴스가 조금 머릿속으로 들어오는 것을 느꼈다. 그렇지만, 국정 농단이 정확하게 이해되지 않았으며 그 당시 연락이 된 친구에게 물어보니까 "버스를 갈아탈 때가 됐다"라는 답변을 주었다. 대통령직에서 물러나야 할 때가 되었다는 뜻이다. 또 국정 농단 후반기에는 아파트에서 오전 10시부터 저녁 10시까지 어떤 때는 3시간 이상 연속해서 피아노 소리가 층간 소음으로 들려 3개월간 이 책을 쓰는 작업을 중단해야 했다. 이런 현상이 발생하는 데는 이유가 있는데 나의 행동을 통제하기 위한 현상으로 알 수밖에 없었다. 나의 처지에서 여러 가지 예언서의 해석이 머릿속에서 혼란으로 작용하며 인도네시아·일본의 지진해일 같은 자연재해가 신과 관련된 현상으로 발생한 사실을 알고서 부담감이 너무 크게 작용하여 정치에 관심을 두지 못하고 알 수 없었던 것이다. 이런 상태에서 일부 신과 관련된 현상으로 나타난 것을 알게 된 것이다. 심지어 TV를 보지 않게 된 이후로는 케이블 TV의 뉴스 자막만으로 오전에 2번, 오후에 2번 뉴스를 확인한 적도 있었다. 여러 가지 예언서를 동시에 해석해야 했으며 다른 일을 할 수 없도록 하여 혼란스러운 상태에서도 이 책과 관련된 일에 계속 매여 있게 작용하였다. 몇 년 전에 꾸었던 꿈이 계속 머릿속에 남아 떠오르거나 나에게 일어났던 일에 관하여 매일 꾸는 꿈을 내가 고통으로 느끼도록 비유적으로 나타나는 경우가 있었다.

　2007년 17대 대선 한나라당 대통령 후보 경선에서 이명박 후보와 박근혜 후보의 북한에 관한 공약을 살펴보면 누가 대통령 후보가 될지 알 수 있는 것처럼 느껴졌다. 이명박 후보는 "북한의 국민소득이 3,000불이 되도록 지원하겠다"였으며 박근혜 후보는 "줄 것은 주고, 받을 것은 받겠다"라는 원론적인 공약을 발표하였다. 이 경우 북한과 관계 개선을 이루려는 쪽이 유리하다고 예측되었는데 이명박 후보가 근소한 차이로 한나라당 대통령 후보가 된 것을 확인할 수 있었다. 이처럼 북한과는 관계 개선을 통해 통일을 이루려고 노력을 하는 쪽이 유리하다고 할 수밖에 없다. 남북한이 분리된 현상은 신과 관련된 특수한 현상에 의해 이루어졌기 때문이며 통일이 이루어지는 것이 정상적인 상태라고 할 수 있다. 이런 형태로 북한과 관련된 현상이 신과 관련된 현상으로 작용한다고 할 수 있다. 또한, 남한과 북한으로 나누어진 현상이 한국 정치의 진영 논리로 작용하게 되었다. 이런 현상으로 진영 논리가 지나치게 나타날수록 정치가 과열되고 정치가 과열될수록 여야를 떠나 집권당에 불리한 현상이 만들어지고 나의 잘못으로 상대편에게 정권을 넘겨주는 현상이 만들어진 것이다. 이러한 정치적 과열 현상은 국정농단의 부작용으로 더 심해졌다. 이처럼 정치의 지나친 과열 현상의 부작용으로 역대 대통령의 집권 후반기에 지지율이 급락하는 현상이 나타났으며 과열 현상을 줄이는 것이 정치의 부작용이 나타나는 것을 줄이거나 해결하는 방법이라고 할 수 있다.

"한국 사회가 이렇게 좌와 우, 보수와 진보로 양극화된 시스템이라는 걸 처음 알았다. 보수와 진보의 대결은 이념, 정책적 대결보다 감정적 대립이 더 강한 것 같다. [태영호 인터뷰③] "정부·여당, 자유민주 시스템에 더 당당했으면..." —시사저널, 김지영·송창섭, 2018. 8. 24.

이처럼 좌와 우로 나뉘어 있는 현상이 너무 지나친 상태에서 나의 잘못으로 상대방에게 정권을 넘겨주는 경우가 있었다. 이런 과열된 현상을 줄여야만 현재의 정부에서 대통령의 시작과 끝의 명암이 바뀌는 현상을 줄일 수 있다. 가능한 한 이런 부작용을 줄이는 것이 신과 관련된 불가항력으로 작용하는 현상을 줄이는 것이라고 할 수 있다. 정치가 지나치게 과열된 현상의 폐단을 알 수 있는 것 중의 하나로 고 노회찬 의원이 충동적으로 극단적인 선택을 한 것을 들 수 있다. 많은 분이 고통스러워하는 모습을 볼 수 있었는데 이것은 정치가 지나치게 과열된 상태에서 고 노회찬 의원이 일시적으로 심신미약 상태에서 충동적으로 극단적인 선택을 한 것이다. 이전에 고 노무현 대통령도 같은 경우다. 파업 근로자 중에서도 이런 현상이 발생한 경우가 있었다. 그 이전에는 연예인 중에서도 악성댓글로 고통받거나 어려운 처지에서 고통받으며 "자기 뜻과 상관없이 심신이 약화된 상태에서 충동적으로 극단적인 선택"을 한 경우가 있었다. 또한, 얼마 전 조현병 환자가 연속해서 '묻지마 폭행'을 하는 경우 특별한 현상으로 작용한 경우가 있었다. 이런 현상에서 댓글을 통해 정치가 너무 과열 현상으로 나타나는 것과 악성댓글이 유명인(정치인, 연예인)에게 심각하게 작용하는 부분을 해소할 필요가 있다. 또한, 유명인 (정치인, 연예인)에게 너무 지나치게 도덕적으로 적용하는 경우가 있다. 잘못된 부분에서는 해당 부분에 관하여 시정해야 하지만, 이제는 한류 현상이 극대화되고 불가피하게 잘잘못이 나타나는 등 과거에 비해 규모가 커져 잘못을 묻는 경우가 많아진 것이다. 한류 현상의 확대로 대재앙에 가까운 재앙이 나타나지 않은 면과 한류의 확대로 경제가 발전하고 확대된 면이 있는데 특히 유명인이 잘못하면 지나치게 비난하는 경향이 있다. 그래서 너무 지나친 도덕적 적용은 부적절하다고 할 수 있다. 많은 연예인의 노력에 의해서 한류 현상이 발전해 온 부분도 있다는 것을 알아야 한다. 한류 현상은 모든 연예인에게 해당하며 자연재해를 대신하는 부분이 있는데 지나치게 도덕적으로 적용하여 그룹이 해체되거나 악성댓글로 고통받는 경우가 있었다.

22. 한때 두때 반때를 지나서

한때 두때 반때를 지나서(단 12:7)
a time, times and half a time

성경의 다니엘 '한때 두때 반때'와 이슬람교를 상징하는 '기자 피라미드'가 같은 모습으로 나타난다. 그리고 기자 피라미드[멘카우레왕 피라미드(62m), 카프레왕(136.5m), 쿠푸왕(137.2m)]와 계룡산(관음봉, 삼불봉)에서 본 '갑하산(469), 신선봉(570), 우산봉(573)'이 같은 모습으로 나타난다. 그리고 또다시 2세대 걸 그룹이며 한류 현상을 상징하는 K-POP 소녀시대의 〈라이언 하트〉의 M/V(2015년)에서 마술 상자가 위의 모습들과 유사한 모습으로 나타나고 있다. 이러한 이유로 한류 현상과 관련된 사진인 소녀시대의 M/V 사진과 나머지 위의 사진 3장을 합해서 사진 4장이 지금까지 교회에서 알려지지 않았던 신의 존재를 증명하고 있다. 계룡산은 우리나라에서 '정 도령'이라는 의미로 '새로운 마음의 도읍지'를 건설한다는 의미가 있으며 계룡산 정상 부근에 '정 도령 바위'가 있다. 이처럼 계룡산 정상 부근(관음봉: 계룡산에서 가장 높은 천황봉을 중심으로 정 도령 바위가 있는 머리 봉의 반대편에 있다)에서 바라본 갑하산 세 봉우리가 이집트 기자 피라미드와 유사한 모습으로 나타나서 그동안 모든 종교에서 정확하게 알려지지 않은 궁극적인 의미에서 '자연'으로 존재하는 신이 존재한다는 증명이 되고 있다. 책

한 권으로 증명하고 있는 신의 존재가 사실이라는 것을 사진 4장으로 남녀노소 누구나 종교를 떠나서 알 수 있게 하고 있다. 종교 전문가만이 알 수 있는 책 한 권으로 증명하는 것을 사진 4장이 알 수 있게 한다. '자연'으로 존재하는 신은 인간이 자연재해로 신의 지배를 받는 것을 나타내어 지구온난화의 심각함을 알리고 있다. 또 신의 존재를 증명한다는 의미는 인간이 지구온난화를 해결하지 못한다는 사실과 지구온난화를 해결하지 못하여 지구에 생명체가 존재하지 않는 상태로 바뀐다는 미래를 알 수 없는 인간에게 미래에 일어나는 일을 알려 주는 것이다. 신의 존재를 증명한다는 의미는 지구에 생명체가 존재하지 않는 상태로 바뀌고 다시 최초의 생명체가 나타나서 오랜 기간 진화를 통해 현재의 인간이 된다는 사실을 나타낸다. 이러한 사실을 통해서 우리가 알 수 있는 것은 미래의 어느 시기에 '자연'으로 존재하는 신의 존재(신이 존재한다는 생각)는 자연재해로 인간이 신의 지배를 받는 것을 나타내어 인간의 노력으로 해결할 수 없는 지구온난화를 해결하도록 하고 있다.

　성경의 예언서에서 중요한 부분 대부분이 꿈과 관련된 비유적인 표현으로 기록되었기 때문에 소녀시대 M/V의 한 장면이 다니엘의 '한때 두때 반때'와 기자 피라미드와 계룡산에서 바라본 '갑하산 세 봉우리의 모습'과 관련하여 비록 유사한 모습으로 이루어졌더라도, 같은 표현으로 나타나는 사실을 받아들이는 데에는 문제가 없다고 할 수 있다. 이처럼 성경의 예언서 다니엘의 '한때 두때 반때'와 이슬람교를 상징하는 '기자 피라미드', 계룡산에서 바라본 '갑하산 세 봉우리'가 소녀시대의 M/V와 유사한 모습으로 일치하여, 지금까지 성경의 예언서가 해석되지 않아 알 수 없었던 신의 존재가 '자연'으로 존재한다는 것을 증명하며 종교를 떠나서 사진 4장을 통해 모든 사람이 쉽게 알 수 있도록 하고 있다. 이것은 종교를 떠나서 모든 사람이 '한류 현상과 종교가 관련된 사진 4장'으로 신의 존재를 증명하고 이것이 사실이라는 것을 받아들이도록 하고 있다. 종교를 떠나서 세계적으로 모든 사람이 한류 현상을 받아들이고 있는 상태에서 '신의 존재를 증명하는 것'을 받아들이도록 하고 있다. 이것은 세계적으로 지역의 차이나 종교가 다른 상태에서 지구온난화로 지구가 멸망할 위기에 놓이자 종교를 떠나서 모든 사람이 받아들이고 있는 한류 현상을 통해 신의 존재를 증명하고 이런 사실이 알려지도록 하는 것이다. 유튜브의 발달로 세계적으로 모든 사람이 K-POP과 같은 한류 현상을 쉽게 받아들이고 있는 상태에서, 서로 다른 종교에서 다르게 나타난 신의 존재를 한류 현상으로 증명하여 종교를 떠나서 신의 존재를 증명하는 것을 받아들이도록 하고 있다. 인간의 노력으로는 지구온난화를 해결하지 못하여 지금과 같이 지구온난화로 지구가 멸망의 위기에 처한 순간에 '자연'으로 존재하는 신의 존재가 증명되고 알려져 지구온난화를 해결하도록 하는 것이다. 그렇기 때문에 한류 현상은 신의 뜻에 의해 만들어진 것이며 유튜브 역시 한류 현상이 알려지도록 신의 뜻으로 만들어졌다. 인간이 자연재해로 신의 지배를 받는 것이 알려지도록 하고 있으며 자연재해로 지구온난화의 심각함을 알리는 데에는 한계가 있기 때문에 한류 현상으로 인간이 신의 지배를 받는 것을 나타내어 한류 현상은 자연재해를 대신하고 있다.

이것은 유튜브와 SNS 그리고 K-POP이 신의 뜻으로 만들어짐을 나타내며 한류 현상이 신의 뜻으로 만들어진 것을 나타내어 자연재해로 지구온난화의 심각함을 나타내는 것을 대신하고 있다. 자연재해로 지구온난화의 심각함을 나타내는 데에는 자연재해의 피해 복구액이나 인명 손실의 한계가 있기 때문에 한류 현상이 자연재해를 대신하도록 하는 것이다. 이처럼 지금까지 종교에서 알려지지 않은 신의 존재가 증명되고 알려지는 것은 지구온난화가 너무 심각하며 인간의 노력으로 해결할 수 없기 때문이다. 현재는 2021년이며 앞으로 15년에서 20년 사이까지 인간이 지구온난화를 해결할 수 있느냐 또는 그렇지 못하느냐가 결정되며 이 기간은 인간이 지구에서 멸종할지를 결정하는 중요한 시기라고 할 수 있다. 앞으로 20년 동안은 '기후멸망'을 지구온난화와 관련하여 '멸망'이라는 단어를 사용하여 '지구멸망'이라고 가장 먼저 생각해야 한다. 이것은 종교의 예언서를 해석하여 알려지는 신의 존재가 시간의 흐름에 지배받지 않고 동시에 존재하기 때문에 알려지는 것이라고 할 수 있다. 이처럼 신의 존재가 '우주'라면 우주는 4차원으로 존재하며 3차원으로 존재하는 지구의 생명체가 멸종하면 지구는 다시 최초의 생명체가 존재하지 않던 시기로 돌아간다고 할 수 있다. 이런 사실은 이 책에서 나타나는 신의 존재가 알려지는 종교의 예언서를 해석하여 나타나는 것이라고 할 수 있다. 여기에서 신의 존재는 과학에서는 '우주'라고 할 수 있으며 종교에서는 어떻게 존재한다는 의미의 '자연'이며 종교를 떠나서 알려지는 것은 우리나라의 '하늘'이라고 할 수 있다. 과학의 천문학은 지금까지 알려지지 않았던 신의 존재를 증명하는 역할을 하고 있으며 이것은 과학의 객관적인 사실로 '암흑에너지'인 신의 존재와 관련된 과학적인 사실을 설명하는 것이라고 할 수 있다. 모든 종교에서 신의 존재가 '자연'으로 똑같이 알려지는 것은 지구상의 모든 나라에서 지구온난화는 똑같이 적용되며 모든 인간은 지구에서 생존과 관련됐기 때문이다. 그런 의미에서 코로나19는 지구상의 모든 나라에 해당하며 신분의 차이, 부귀 빈천의 차이 없이 모든 나라에서 똑같이 적용되고 있다. 자연재해를 대신해서 종교와 관련된 한류 현상으로 알려지는 신의 존재가 '자연'으로 증명되고 알려지는 것은 지구상의 모든 나라에 똑같이 해당하는 것이다. 자연재해를 대신해서 알려지는 한류 현상을 지구상의 모든 나라에서 받아들이고 많은 사람에게 알려지면 코로나19를 대신한다고 할 수 있다. 이것은 한류 현상으로 증명되고 알려지는 신의 존재를 모든 나라에서 많은 사람이 받아들이면 지구온난화의 심각함을 모두가 받아들이는 역할을 하는 것이며 제2의 코로나19가 다시 발생하는 것을 방지할 수 있다. 그리고 지구온난화를 해결하려는 적극적인 행동이 이루어지지 않으면 2020년에 중국에서 발생했던 싼샤 댐 붕괴 사건이나 중국, 미국, 유럽 등 모든 국가에서 지진해일이 발생할 수 있다. 이런 현상이 발생하지 않도록 이산화탄소가 발생하는 것을 15~20년 이내에 적극적으로 억제해야 한다고 할 수 있다. 이런 현상이 실제로 일어날 수 있다는 것을 코로나19가 계속된 위기로 나타냈으며 싼샤 댐의 붕괴나 많은 나라에서 지진해일이 발생하는 일로 지구온난화의 심각함을 깨닫기 전에 이산화탄소의 발생을 적극적으로 억제하여 지구온난화를 해결해야 할 것이다. 앞으로는 이산화탄소의 농도에 의해서 태풍이나 허리케인 강도가 올라가며 하루에 500mm 이상의 폭우가 발생하는 빈도가 증가한다. 이런 현상에 의해서 지구의 인구수는 급감할 수 있다. 선진국의 인구는 감소하지만, 빈민국, 개발도상국의 인구수는 증가하고 있으며 이산화탄소의 증가로 인구의 증가는 일정한 수의 인구가 되는 것을 넘어서 지구에서 인구가 급감하는 현상이 만들어지고 있다. 지구에서 인간이 멸종하는 현상이 될 수 있는 것을 코로나19가 나타내는 것이다. 그런 의미에서 코로나19는 지구온난화와 같은 단어라고 할 수 있다.

2020년 413ppm인 이산화탄소의 농도가 연평균 2.3ppm씩 증가해서

20년 후 2040년에 46ppm이 증가하면 459ppm이 된다. 이산화탄소의 농도가 459ppm이 되면 지구의 평균온도가 산업혁명 시기와 대비하여 1.5도 상승한다. 다시 2064년에는 56ppm이 증가하여 이산화탄소의 농도가 515ppm이 되고 평균온도 2도가 상승하게 되며 이런 상태에서는 인간의 노력으로 지구온난화를 제어하기 어렵게 된다. 이러한 숫자는 정확하게 예측할 수 없으며 이런 현상으로 알 수 있는 것은 '자연이 이산화탄소 조절 능력을 상실하게 된다'라고 할 수 있다. 이런 상태로 이산화탄소는 증가하여 600ppm 또는 700ppm까지 계속 증가하고 한번 발생한 이산화탄소가 없어지는 데에는 5~200년 걸리며 최소한 100년 동안 600~700ppm의 이산화탄소가 지속된다. 이 상태에서 인간은 지구온난화를 해결하지 못하고 지구에서 생명체가 멸종하며 다시 430ppm까지 내려가고 지구에 30%의 인간이 살아남는다고 가정할 수 있다. 그런데 한번 발생한 그린란드와 남극의 얼음은 오랜 기간 만년설이 얼어서 이루어진 얼음산이며 이 빙산이 바다에 녹아 해수면이 상승하면 바닷물의 염도에 의해 다시 얼지 못한다고 한다. 이 경우 30%의 인간이 지구에 생존하더라도 인간은 지구에서 생존할 수 없으며 처음 지구에서 생명체가 존재하지 않던 시기로 돌아간다고 할 수 있다.

2035년 북극의 얼음이 여름에 모두 녹는 현상과 북극의 영구 동토층이 해빙하여 메탄가스가 발생하면 지구온난화는 가속이 붙는다고 예측한다. 이런 현상에 의해 이산화탄소의 농도가 계속 올라가면 해수 온도가 올라가며 또 이런 현상으로 태풍의 세기가 올라가고 하루에 500mm 이상의 폭우가 발생하여 서울과 같은 대도시의 한강이 심각하게 범람하는 빈도수가 증가하게 된다고 할 수 있다. 이런 현상으로 피해 복구액의 증가와 인명 손실 현상이 급속하게 증가하고 경제 시스템이 붕괴하는 현상이 발생한다. 이런 사실은 종교의 예언서를 해석해서 나타나는 우주(신의 존재)가 과거와 현재, 미래의 시간의 흐름에 지배받지 않는 4차원으로 존재한다는 것으로 알 수 있다.

이처럼 신의 존재를 증명하여 우주가 4차원으로 존재한다는 사실이 알려지는 것은 지구온난화로 인간이 멸망하면 지구에서 모든 생명체가 사라지고 최초에 생명체가 살지 않던 시기로 돌아간다는 것을 나타낸다. 불교의 불생불멸(不生不滅)과 성경의 예언서 계시록의 "나는 알파와 오메가요 처음과 나중이요 시작과 끝이다"는 신의 존재가 같은 사실로 나타나며 시간과 공간을 초월하여 4차원으로 존재하는 것을 나타내고 있다. 이것은 신의 존재(우주)가 4차원으로 존재하며 인간이 멸망하면 지구의 생명체는 최초에 생명체가 나타나기 이전의 시기로 돌아가는 것을 나타내는 것이다. 그래서 우주는 시간과 공간을 초월하여 4차원으로 존재하며 3차원으로 존재하는 지구의 생명체는 처음 지구에서 생명체가 존재하지 않던 상태로 돌아가는 것을 나타낸다고 할 수 있다. 이처럼 우주가 4차원으로 존재하고 인간은 시간과 공간의 제약을 받는 3차원으로 존재하는 것을 쉽게 이해할 수 있는 현상이 영화 〈터미네이터〉와 〈백 투더 퓨처〉이다. 영화처럼 인간이 시간과 공간을 초월해 시간 여행을 하는 것이 아니라 우주가 시간과 공간을 초월해 4차원으로 존재하는 것을 나타낸다고 할 수 있다.

이런 사실을 알게 된 것은 하루 이틀 사이에 이루어진 것이 아니며 오랜 기간 성경의 예언서와 이 예언서를 해석하는 요령으로 나타나는 책 7~8권을 수십 번, 수백 번 보고 또 수십 번 수백 번 생각하여 깨닫게 된 것이다. 이것은 내가 교회에 처음 간 1994년부터 2018년까지 24년의 세월이 필요했으며 인간의 노력으로 해석이 불가능한 예언서의 해석과 신과 관련된 현상을 직접 체험하며 깨닫게 된 것이라고 할 수 있다. 이런 사실은 교회와 이슬람교의 신의 존재가 궁극적인 의미에서 '자연'으로 일치하며 지구온난화로 인간이 지구에서 멸종하는 것을 방지하기 위해 지금까지 모든 종교 신의 존재가 일부러 감춰져 온 것을 나타낸다. '종교' 는 미래의 어느 시기에 인간의 노력으로 지구온난화를 해결할 수 없을 때 그동안 일부러 알려지지 않고 증명되지 않은 '자연'으로 존재하는 신의 존재를 증명하고 나타내어 지구온난화를 해결하는 역할을 하고 있다. 한류 현상은 인간이 자연재해를 대신해서 신의 지배를 받는 것을 나타내며 이런 사실이 알려지도록 한류 현상으로 신의 존재를 증명하고 모든 사람이 받아들이도록 코로나19가 발생한 것이다. 지구온난화와 관련된 사실은 지위고하, 빈부의 차이를 떠나서 모든 사람에게 해당하는 사실이며 이런 사실을 모든 사람이 체험하고 받아들이도록 코로나19가 지위고하, 빈부의 차이를 떠나서 발생했다. 이처럼 오랜 기간 신의 존재가 증명되지 않고 정확하게 알려지지 않았던 것은 그만큼 지구온난화가 중요하기 때문이라고 할 수 있다. 여기에서 신의 존재를 증명한다는 것은 인간이 지구온난화를 해결하지 못해서 지구에서 모든 생명체가 사라지고 다시 최초의 생명체가 나타나서 진화하는 것이 알려지는 것이라고 할 수 있다. 인간의 노력으로 지구온난화를 해결하지 못한다는 것은 지구에서 모든 생명체가 사라지는 것이며 인간이 멸종하는 것을 분명하게 하는 것이 신과 관련된 현상으로 만들어진 코로나19라고 할 수 있다. 코로나19는 인간의 노력으로 지구온난화를 해결하지 못하면 지구상의 모든 생명체가 사라지며 한류 현상으로 신의 존재가 증명되고 알려지는 현상을 받아들여 지구온난화를 해결하라는 것이다. 인간이 지구에서 멸종하면 지구는 최초에 생명체가 살지 않던 시기로 돌아간다. 교회의 예언서 '요한계시록'과 불교에서 석가모니의 가장 중요한 깨달음인 '불생불멸(不生不滅)'의 해석은 신의 존재를 증명하는 것이며, 신의 존재를 증명하는 것은 인간이 지구온난화를 해결하지 못해 지구에서 생명체가 존재하지 않는 상태로 바뀐다는 것이다.

23. 신의 존재 증명

한때 두때 반때(단 7:25)

* 첫 번째 사진

기자 피라미드 - 멘카우레왕(62m), 카프레왕(136.5m), 쿠푸왕(137.2m)

* 두 번째 사진

두 번째 사진은 계룡산 "삼불봉"에서 촬영한 '국립공원공모전' 일출 작품 사진이다. 이 사진은 2015년 이 책의 사용 목적으로 인터넷 사이트에서 구입하였으나 내가 구입한 곳이 중간에 문을 닫았다. 그리고

2020년 5년 기한이 만료되어 사용하지 못하게 되었다. 개인적으로는 이 사진의 저자에게 사용 허락 받기가 어려워 이 사진과 비슷한 사진인 계룡산 "관음봉"에서 촬영한 '갑하산 세 봉우리의 사진'을 사용하게 되었다. 계룡산 "삼불봉"에서 촬영한 '새벽의 갑하산 세 봉우리 일출 사진'은 진·딕슨 여사의 꿈에서 '새벽의 기자 피라미드 일출 사진'과 같은 모습이라는 것을 깨닫게 작용한 사진이라는 데 의미가 있다. 그리고 "삼불봉"에서 찍은 사진은 "관음봉"에서 찍은 '갑하산 세 봉우리'와 같은 모습의 사진이라고 할 수 있다. 어떤 위치에서 찍었느냐와 '새벽'과 '낮'의 차이만 다를 뿐 같은 장소를 찍은 같은 사진이라고 할 수 있다. 그런 면에서 "삼불봉"에서 '새벽에 본 일출 모습의 갑하산 세 봉우리 사진'이나 "관음봉"에서 낮에 촬영된 '갑하산 세 봉우리의 사진'은 같은 사진이라고 할 수 있다. "삼불봉"에서 찍은 새벽의 작품 사진은 이 책을 만들 때 출판사 차원에서 나중에 사용 허락을 받으려고 하였다. 그러나 우선은 비슷한 사진인 "관음봉"에서 낮에 촬영한 사진으로 대체하게 되었다.

2015년에 인터넷 사이트 '국립공원'의 계룡산 부분을 살펴보던 중 계룡산 작품 사진 중에서 '계룡산 삼불봉에서 바라본 갑하산 세 봉우리의 일출 모습'이 이집트 '기자 피라미드'와 매우 유사한 모습으로 나타났다. 평소에 갑천을 자전거 타고 많이 다니던 중 갑천에서 바라본 '갑하산 세 봉우리'가 '이집트 기자 피라미드'와 유사한 모습이라고 느끼고 있었는데 인터넷 사이트 '국립공원'의 '계룡산'에서 작품 사진의 일출 모습을 본 순간 너무 닮은 모습이라서 놀랐다. 그래서 진·딕슨 여사의 꿈에서 본 '새벽의 기자 피라미드와'와 '갑하산의 세 봉우리의 일출 모습'이 같은 모습으로 나타나는 것을 확인하였다. 이 책에서 성경 해석 요령으로 알려지게 된 《성경속의 꿈 해석》의 저자 한건덕 씨는 미국의 세계적인 대예언가 진·딕슨 여사의 '새벽의 기자 피라미드'에 관한 꿈을 《성경속의 꿈 해석》에서 새로운 문명 탄생이라는 중요한 사실로 소개하고 있다. 또 진·딕슨 여사 '새벽의 기자 피라미드'에 관한 꿈을 노스트라다무스의 예언시 '1999년 지구의 멸망'에 관한 예언을 '새로운 출발'이라는 같은 표현으로 소개하고 있으며 이런 사실은 신의 존재를 증명하는 것을 가능하게 한 상당히 중요한 것이라고 할 수 있다. 이런 사실이 없었다면 신의 존재를 증명할 수 없었다.

> "그녀는 이 꿈(새벽의 기자 피라미드 일출)을 통해서「노스트라다무스」가 예언한 1999년에 대사건이 일어난다는 동일 연도에 세계를 개조할만한 위대한 인물이 그의 전능한 힘과 지식을 가지고 온 세상 인류를 구제하게 된다고 내다보았다."
> ―《성경속의 꿈 해석》, 한건덕, 明文堂, p.361

이 말처럼 딕슨 여사는 자신의 꿈속에 보였던 '새벽의 이집트 기자 피라미드 일출'을 '새로운 문명의 출발'로 매우 중요하게 여기고 있었다.
《성경속의 꿈 해석》의 저자 한건덕 씨는 본인도 노스트라다무스의 '1999년 하늘의 공포의 대왕'을 인류의 멸망이 아니라 '새로운 시작'으로 해석할 것을 중요하게 소개하고 있다. 한건덕 씨는 자신의 꿈 해석 방법으로 성경의 주요 부분을 해석하고 있는데 그 해석이 상당히 옳은 상태라고 할 수 있다. 이것은 성경의 중요 부분이 꿈이나 환상으로 기록되어 있으며 본인이 1,000페이지에 해당하는 꿈 해몽서를 기록하였으며 꿈 해석에 있어서는 뛰어난 전문가 중의 한 명이라고 할 수 있다. 자신과 가족이 꾼 꿈을 연구하여 꿈 해석의 방법을 기록했으며 이것은 보통 사람이라면 도저히 할 수 없는 일일 것이다. 그래서 한건덕 씨는 딕슨 여사의 꿈인 '새벽의 이집트 기자 피라미드 일출'을 '새로운 문명이 시작된다'는 '노스트라다무스의 1999년'과 같은 의미로 해석하고 상당히 중요하게 다루고 있다. 이러한 현상에 의해서 미국의 대예언가 진·딕슨 여사의 꿈인 '새벽의 이집트 기자 피라미드 일출 모습'과 '계룡산 삼불봉에서 본 세 봉우리의 일출 모습'이 같은 모습으로, 중요한 사실로 서로 연관되어 있으며 4장의 사진으로 신의 존재를 증명하게 된 것이다. 그리고 한참의 시간이 지난 뒤 신의 존재를 증명하는 것 자체가 인간이 지구온난화를 해결하지 못한다는 사실을 알리는 것이며, 지구온난화를 제대로 해결해야 하는 사실을 나타내어 인류의 멸망에서 구원하는 신의 존재를 증명하는 것이다. 이것은 지금까지 인간이 이룬 그 어떠한 업적보다 위대한 업적이라고 할 수 있다. 이 4장의 사진으로 남녀노소 누구나 이 사진을 눈으로 직접 보고 신의 존재를 확인할 수 있다. 이것의 가치는 너무나 소중하다. 어떤 의미에서는 이 4장의 사진으로 증명하는 것을 설명하기 위해 책 한 권이 필요하다고 할 수 있으며, 이것을 온전히 깨닫기 위해 책 한 권으로 설명하고 있다는 사실을 제대로 이해해야 한다. 이런 사실은 2,000년 동안 해석되지 않은 성경의 예언서 계시록을 정확히 해석하여 신의 존재를 증명한 것이다.

  나는 '한때 두때 반때'의 의미를 정확히 해석하기 위해 내가 처음 교회에 가게 된 시기부터 이 책과 관련된 형태로 나타나는 해석에 오랜 기간 계속 관심을 두었다. 그리고 오랜 시간이 지난 뒤 진·딕슨 여사의 '새벽의 이집트 기자 피라미드'와 2015년 우연히 인터넷 사이트 '국립공원'에서 계룡산에 대하여 찾아 보던 중 '계룡산 삼불봉에서 본 갑하산 세 봉우리의 일출 모습'의 국립공원 작품 사진을 보고 이집트 기자 피라미드와 같은 모습으로 나타나는 것을 알게 되었다. 또 얼마의 시간이 지난 뒤 2018년 네이버 블로그에서 계룡산에 관한 것을 보던 중 계룡산 정상 부근에 정 도령 바위가 있으며 정 도령 바위에서 '갑하산 일출 모습의 세 봉우리'를 찍은 사진을 보게 되었다. 정 도령 바위와 갑하산 세 봉우리의 (이집트의 새벽 기자 피라미드와 갑하산 세 봉우리의 일출 사진) 연관성에 의해서 신의 존재를 증명하는 것을 깨닫게 되었다. 그런데 머리봉의 정 도령 바위에서 찍은 것이 아니라 계룡산의 정상 천황봉의 반대편 정상 부근의 관음봉에서 촬영한 것이라는 사실을 나중에 알게 되었다. 그렇지만 정 도령이라는 연관성에 의해 신의 존재를 증명한다는 것을 깨달은 것에는 변함이 없다고 할 수 있다. 내가 계룡산을 방문하지 않은 상태에서 블로그에 나와 있는 사진만으로 착각을 일시적으로 일으켰지만, 신의 존재를 증명한 사실에는 변함이 없다고 할 수 있다.

계룡산 삼불봉에서 새벽에 갑하산 세 봉우리를 바라본 일출 사진은 두 가지가 존재한다.

첫 번째: 제10회 국립공원 사진 공모전 입상작
제목: 계룡산 선경 - 가육현

두 번째: 제13회 국립공원 사진 공모전 우수작
제목: 계룡산 전경 - 이상헌

둘 다 '계룡산 삼불봉에서 촬영한 일출 모습'인데 더 직관적으로 기자 피라미드와 닮은 사진은 "계룡산 선경 - 가육현"이다. 나는 인터넷 사진

판매 사이트를 통해 2015년에 이 사진을 구입했으며 추가로 "계룡산 전경 - 이상헌"을 구입하려고 했으나 판매 사이트가 문을 닫았다. 그래서 저자에게 직접 동의를 구하고 구입하려고 했으나 작품 사진은 판매를 할 수 없다는 원론적인 말을 듣게 됐었다. 그 후 '계룡산 선경' 또한 2020년 5년 기한으로 사용 기간이 지나 사용할 수 없었으며 판매 사이트가 없어졌고 작가에게 직접 동의를 구하려고 했으나 유명 출판사가 아닌 개인적으로 사용 허락을 받을 경우 불허하여 이용할 수 없을 것 같아 구입하지 못했다. 그래서 사용치 못하다가 다른 장소인 "관음봉"에서 낮에 촬영된 사진을 사용하게 되었다. 그런데 위의 작품 사진은 인터넷 사이트 "국립공원"에서 다운받아서 개인적인 용도로 사용하는 것은 가능하면서 무료이다. 다만 개인적인 용도 이외의 사용은 이 사진의 소유가 저작권자에게 있으며 아래의 저작권법에 따라야 한다. 아래의 '국립공원'의 '계룡산 삼불봉에서 바라본 갑하산 세 봉우리의 사진'은 직접 링크가 아니라 간접 링크이며 계룡산의 사진을 모아 놓은 곳에서 찾아야 한다.

* 아래 링크에 관한 설명

* 아래의 링크는 간접 링크이며 링크로 들어가면 "국립공원 사진전"의 계룡산 작품 사진을 모아 놓은 곳이 있다. 이 중에 "10회 입상작 계룡산 선경 - 가육헌", "13회 우수작 계룡산 전경 - 이상헌"이 있다.

* 국립공원사진전 - 회차별 정보- 10회, 13회
* 국립공원사진전 - 공원별 정보 - 계룡산

http://www.knps.or.kr/front/portal/contest/contestList.do?menuNo=7020033&searchParkId=120200

* 링크 없이 들어가는 법

* 인터넷 사이트 "국립공원"으로 들어가면 '국립공원공단'이 있으며 그 옆의 '국립공원탐방'에 마우스 커서를 올려놓으면 '국립공원'이 나오고 옆으로 '계룡산국립공원'이 있다. 여기를 클릭하면 "계룡산국립공원"으로 들어간다. "계룡산국립공원"에 들어가면 아래에 계룡산 작품 사진을 모아 놓은 '국립공원사진전'이 있다. "+"를 체크하면 위와 같은 계룡산 작품 사진을 모아 놓은 곳으로 들어갈 수 있다. 이 중에 "10회 입상작 계룡산 선경 - 가육헌", "13회 우수작 계룡산 전경 - 이상헌"이 있다.

"국립공원" - 국립공원공단 - 국립공원 탐방 - 국립공원 - 계룡산국립공원 - 국립공원사진전 "+"

국립공원공단 저작권정책
https://www.knps.or.kr/portal/main/contents.do?menuNo=8000186

* 세 번째 사진

계룡산 관음봉에서 바라본 갑하산(469m), 신선봉(570m), 우산봉(573)
기자 피라미드 – 멘카우레왕(62m), 카프레왕(136.5m), 쿠푸왕(137.2m)

블로그 출처 – https://blog.naver.com/ham8399/221385729626
계룡산 칼릉, 머리봉/숨은봉 2018. 10. 24.

위의 사진은 이 사진의 확대된 모습이며 이 사진은 계룡산 관음봉에서 찍은 모습이다. 나는 이 블로그를 통하여 갑하산 세 봉우리의 사진이 계룡산 정상의 우측 머리봉에 있는 정 도령 바위에서 촬영된 것으로 착각하여 신의 존재를 증명한 현상을 처음에 깨닫게 되었다고 할 수 있다.

> 🔘 라이트그레이
> 저는 한류현상과 관련된 지구온난화에 관한 책을 쓰고 있습니다. 계룡산에 관한 사진 한 장을 저의 책에 사용하고자 하는데 이 메일(kkw0301a@naver.com)로 연락을 주시면 충분히 사례하겠습니다. 아니면 이 책이 많이 알려지면 거기에 맞추어서 충분한 사례를 하겠습니다.
> 제가 직접 같은 조건에서 사진 촬영을 해도 되는 데 너무 중요한 사실을 깨닫게 되어 사진을 사용하고 그 이유를 설명하게 되었습니다.
> 저의 페이스북을 보시면 이해하실 것 같습니다. https://www.facebook.com/koanw

이 블로그에 위와 같이 사진 사용 허가를 댓글로 구했으며 나의 페이스북을 소개하고 다음에 사례를 밝혔다.

관음봉은 지도상에서 계룡산의 주봉인 천황봉 위쪽에 있으며 정 도령 바위가 있는 머리봉은 천황봉 아래쪽에 있다.

* 네 번째 사진

소녀시대 〈라이언 하트〉 M/V(2015년) - 마술 상자

　이 사진은 소녀시대의 〈라이언 하트〉 뮤직비디오의 스크린샷 사진이다. 이 뮤직비디오를 처음 보는 순간(뮤직비디오가 2015년 8월 발표됐으며 이 시기에 기자 피라미드와 갑하산 세 봉우리가 같은 모습이라는 것을 깨닫고 이 뮤직비디오를 바로 보았다.) '기자 피라미드'와 '계룡산에서 본 갑하산 세 봉우리'가 떠올랐으며 유사한 모습을 이루고 있다고 할 수 있다. 성경 자체가 꿈과 환상을 비유적인 표현으로 해석하고 있는 상태에서, 위 사진들이 유사한 모습으로 같은 모습을 나타낸다고 해석하는 데에는 무리가 없다고 할 수 있다.

　진·딕슨 여사의 꿈에서 나타난 '새벽의 피라미드'는 진·딕슨 여사의 예언을 집대성해서 만든 《A Gift of Prophecy The Phenom-enal Jeane Dixon》(우리말 번역 《3차대전을 예언한다》)이라는 미국의 여기자 몽고메리 여사가 기록한 책에 나온다. 《성경속의 꿈 해석》을 기록한 한건덕 씨는 '노스트라다무스의 예언시 1999 하늘에서 내려온 공포의 대왕'이 인류의 멸망을 예언한 것이 아니라 '새로운 출발'을 의미한다는 것을 나타낸다. 미국의 대 예언가 진·딕슨의 '꿈에서 본 새벽의 피라미드'를 같은 의미로 '새로운 문명의 출발'로 소개하고 있는 것이다. 그런 의미에서 진·딕슨 여사는 '이집트 기자 피라미드의 일출'을 '새로운 기독교의 기초'로 인용하고 있다. 우리나라의 '계룡산 삼불봉에서 본 갑하산, 신선봉, 우산봉 세 봉우리의 일출'이 '이집트 기자 피라미드의 일출'과 같은 모습으로 나타나고 있다. 진·딕슨 여사의 '새벽의 피라미드'를 통해 나타나는 '새로운 기독교의 기초'는 그동안 교회에서 알려지지 않은 '자연으로 존재하는 신의 존재(신이 존재한다는 생각)를 증명하여 신이 살아 있는 것을 나타내는 현상'이다. 이처럼 한건덕 씨는 꿈을 해석한 경험에 의해 성경을 해석하고 《성경속의 꿈 해석》을 기록했으며 이 책을 통해서 신의 존재를 증명하는 것이 가능하였다고 할 수 있다. 《성경속의 꿈 해석》은 신의 존재를 증명하는 현상에서 가장 중요한 책이라고 할 수 있다.

"바깥의 도시와 나무 따위는 보이지 않고 사막 위에 펼쳐지는 푸른 하늘만 보였다. 지평선 바로 위에는 지금까지 그녀가 보아 왔던 것 중 가장 빛나는 태양이 떠올랐다. 그것은 마치 황금빛 구슬같이 반짝거리고 있었고, 모든 방향에서 철벙 철벙하는 소리가 났으며 지남철같이 지구를 들어 올리는 것은 이 번쩍이는 햇빛이었다.
그 햇빛 속으로 손에 손을 맞잡고 걸어 나오는 것은 파라오 왕(고대 이집트의 왕)과 네페르티티 여왕(고대 이집트의 여왕)이었다. 여왕의 다른 한 손에 기르는 것은 한 어린애였고, 이 어린애의 눈은 모든 것을 알고 있었으며 그 눈동자는 지혜와 지식이 가득 넘치고 있었다.
(중략)

1962년 2월 5일 오전 7시 조금 지나서 중동지방에서 태어난 어린이는 세계를 개조할 것이다. 20세기가 끝나기 전에 모든 인류를 자신의 성실 속으로 이끌어 들일 것이다. 이 사람은 새로운 기독교의 기초를 세우게 될 것이며 모든 인종과 계층도 전능의 힘을 가진 지혜를 인류에게 펴는 이 자를 통하여 통일될 것이다."
-《성경속의 꿈 해석》, 한건덕, 明文堂, p.360

위와 같이 꿈 해석의 전문가 한건덕 씨의 노력으로 '진·딕슨 여사의 꿈'을 해석한 것, 꿈을 통해 '성경'을 해석하여 신의 존재를 증명하는 것이 가능할 수 있었기 때문에, 이분의 업적이 성경의 예언서 해석에 있어서 가장 뛰어나다고 하더라도 지나치지 않다고 할 수 있다. 나는 '새벽의 일출 피라미드'와 '계룡산의 삼불봉에서 바라본 일출 모습'이 '새벽'이라는 공통점 때문에 '기자 피라미드'와 계룡산에서 바라본 '갑하산의 세 봉우리'의 모습이 같은 모습이라고 느끼게 되었다.

대전 엑스포 다리와 대전 KBS 방송국. 엑스포 다리 뒤로 갑하산 세 봉우리
갑하산, 신선봉, 우산봉이 보이고 그 뒤로 계룡산 주봉인 천황봉, 관음봉, 삼불봉이 보인다.

갑천 엑스포 다리의 산책로를 오랫동안 왕래하면서 사진처럼 '기자 피라미드'와 유사한 모습을 알 수 있었으며 인터넷 사이트 '국립공원'의 국립공원 공모작 작품 사진을 보고 기자 피라미드의 일출 모습과 갑하산 세 봉우리의 일출 모습이 같은 모습이라는 것을 깨달을 수 있었다.

"많은 사람이 빨리 왕래하며 지식이 더하리라"(단 12:4)
"Many will go here and there to increase knowledge."

"많은 사람이 빨리 왕래하며 지식이 더하리라"는 한류 현상과 관련된 사실로 신의 존재가 사진 4장으로 증명되어 인터넷과 유튜브를 통해서 세계적으로 종교를 떠나서 모든 사람에게 알려지는 것을 나타낸다고 할 수 있다. 이 책의 상권은 책 한 권의 분량으로 성경 요한계시록에 기록된 신의 존재를 증명하였다. 그런데 상권은 한류 현상에 관하여 기록하고 있으며 한류 현상과 관련 있는 사진 4장이 모든 사람들로 하여금 종교를 떠나서 쉽게 알 수 있도록 신의 존재를 증명하고 있다. 그리고 인터넷과 유튜브와 페이스북, 트위터와 같은 SNS와 삼성·LG의 스마트폰, 디스플레이기(TV)가 한류 현상을 통해 신의 존재를 증명하는 사실이 알려지기 위해 신과 관련된 현상으로 만들어진 것을 나타내고 있다고 할 수 있다.

신의 존재를 증명하는 것이란?

* '지구온난화에서 '자연'으로 존재하는 신의 존재를 증명한 것의 의미.
* 신의 존재를 증명하는 것의 의미.

신의 존재를 증명하는 것이란? 또는 의미.

우주는 시간과 공간을 떠나서 탄생과 소멸이 동시에 존재한다. 탄생과 소멸이 동시에 존재한다는 것은 시간과 공간의 의미가 없다는 것이다.

우주는 시간(과거와 현재, 미래 시간의 흐름이 없음)과 공간의 의미가 없으며 탄생과 소멸이 동시에 존재하는 4차원으로 존재한다.

'우주는 시간과 공간의 의미가 없으며 탄생과 소멸이 동시에 존재한다.' 이 말은 미국 대통령 선거의 공약인 외계 생명체나 UFO가 존재하지 않는다는 것이다. 시간 여행을 해야만, 외계 생명체나 UFO가 지구에 올 수 있는데 지구의 태양계 이외에 인간의 한계 영역 밖의 우주는 시간이나 공간의 의미가 없기 때문에 외계 생명체가 존재하지 않는다. 그러면 〈터미네이터〉나 〈백 투 더 퓨처〉에서 시간 여행은 시간의 흐름과 상관없이 우주가 그렇게 존재한다는 것이며 '인간'이나 '외계 생명체'가 시간 여행을 하는 것이 아니라고 할 수 있다. 외계 생명체나 UFO는 '신의 존재(신이 존재한다는 생각)'를 나타낼 때 신의 존재를 설명하기 위한 초자연적인 현상이다.

인간은 3차원 시간의 지배를 받아서 과거와 현재, 미래라는 시간과 공간 속에 존재한다.

그래서 과거는 지났기 때문에 알 수 있지만, 미래는 아직 경험하지 못했기 때문에 미래에 일어나는 일을 인간은 정확하게 알 수 없다. 인간은 지구온난화 해결이 미래이기 때문에 해결하는지, 그러지 못하는지 정확하게 알 수가 없다.

그래서 시간의 흐름에 지배받지 않고 탄생과 소멸이 동시에 존재(탄생과 소멸이 동시에-탄생하는 순간 소멸을 아는 상태)하는 '신의 존재'를 증명하는 것은 인간의 미래에 소멸 상태를 아는 것이 된다.

우주는 탄생과 소멸이 동시에 존재하며 인간의 소멸을 아는 '신의 존재'를 증명하는 것은 미래를 알지 못하는 인간이 지구온난화를 해결하는지 못하는지 알려지는 현상이 되는 것이다. 그렇기 때문에 '신의 존재'를 증명하는 것은 인간이 미래에 지구온난화를 해결하지 못하는 것을 알게 되는 것이라고 할 수 있다.

그래서 이 책은 '신의 존재'를 증명해서 인간이 지구온난화를 해결하지 못한다는 것을 알리는 역할을 한다.

'신의 존재'를 증명하는 것은 인간이 지구온난화를 해결하지 못하고 멸망하는 것을 증명하는 것이다. 그래서 '신의 존재'를 증명하는 것은 인간이 지구온난화를 해결하지 못하고 멸망하는 것을 방지하는 것이다.

그래서 신의 존재를 사진 4장으로 증명한 것은 어떠한 법칙의 발견(예: 뉴턴의 만유인력 법칙)이나 콜럼버스의 신대륙 발견보다 위대하다고 할 수 있다.

사진 4장으로 신의 존재를 증명하는 것은 아무렇게나 만들어진 것이 아니라 25년 동안 24시간 예언서를 해석해서 알려진 것이다.

신의 존재를 사진 4장으로 증명하는 것은 지구온난화로 인간이 지구에서 멸망하는 것을 방지하는 것이다. 지구에서 인간이 멸망하는 것을 방지하는 것보다 더 중요한 업적이 없다고 할 수 있다.

신의 존재를 책 한 권의 분량으로 증명하였으며 이것은 지금까지 알려지지 않은 사실이기 때문에 뛰어난 종교 전문가만이 알 수 있는 내용이다. 종교 전문가가 이것이 옳다고 할 때 모든 사람이 책 한 권으로 신의 존재를 증명하는 것을 알게 될 것이다. 여기서 사진 4장으로 신의 존재를 증명하는 것은 국적 불문 종교를 떠나서 남녀노소 모든 사람이 눈으로 직접 보고 확인하고 알 수 있는 것이다.

신이란? 과학에서 우주, 종교에서 지구온난화를 해결한다는 의미에서 자연, 종교를 떠나서 인간의 삶에서 '하늘'이 신이며 신의 존재가 된다. 우주=자연=하늘=신.

24. K-POP 가수와 SNS 간접 소통

지구촌 한류팬 1억5천만명 넘었다...10년 새 17배 급증
연합뉴스, 이상서, 2022. 3. 3.
https://www.yna.co.kr/view/AKR20220303072000371

한국국제교류재단, '2021 지구촌 한류 현황' 보고서 발간
"미주 지역 1년 만에 배로 늘어 급성장...중동 지역도 한류팬 늘어"
"지나친 상업성 등 비호감 요인 경계해야" 지적도

(서울=연합뉴스) 이상서 기자 = 음악, 드라마, 예능 등의 전방위적 인기로 지구촌 한류 팬이 10년 새 17배나 늘어나 무려 1억5천만 명을 넘어선 것으로 조사됐다.

3일 한국국제교류재단(KF)은 이러한 내용이 담긴 '2021 지구촌 한류 현황' 보고서를 발간했다.
재단이 재외공관 150여 곳과 협력해 조사한 결과에 따르면 작년 말 기준 전 세계 한류 팬은 116개국 1억5천660만 명으로 집계됐다. 이는 조사를 시작한 2012년(926만 명)보다 무려 17배 불어난 수치다. 집계를 시작한 후 처음으로 1억 명을 돌파했던 전년(2020

년)보다 29% 급증했다.

이는 각국의 한류 관련 온라인 커뮤니티와 오프라인 동호회 회원, 소셜미디어(SNS) 가입 회원, K팝 앨범 판매 사이트 가입자 등을 바탕으로 산출했다. 음악, 드라마, 예능 프로그램, 관광, 음식, 한국어, 미용, 문학, e스포츠, 전통문화, 웹툰, 태권도 등 주요 한류 키워드를 토대로 활동 회원 수를 집계한 뒤 이를 더한 것이다.

초기 한류 열풍을 이끌었던 아시아 지역의 한류 팬은 1억1천575만 명으로 전년(9천544만 명)보다 21% 증가해 여전한 성장세를 보여줬다. 연구진은 "일본의 혐한류와 중국의 한한령(限韓令·한류금지령) 사태를 비롯해 신종 코로나바이러스 감염증(코로나19) 대유행 등 잇단 악재에도 급성장을 이뤄 한류 열풍 위축에 대한 우려를 불식시켰다"며 "중국과 태국, 싱가포르, 필리핀, 호주 등에서 활발히 활동하는 한류 팬이 증가하고 있다"고 밝혔다.

가장 높은 성장률을 보인 곳은 미국, 캐나다, 아르헨티나 등 미주 지역이다. 전년(1천459만 명)보다 무려 102% 증가해 2천888만 명으로 집계됐다. 미주 전체 동호인의 절반 이상을 차지하는 미국을 비롯해 남미 한류 열풍의 중심인 아르헨티나, 페루 등에서 K팝 등의 인기가 급상승한 덕분이다. 그룹 방탄소년단(BTS)은 빌보드 차트 정상권을 휩쓰는 등 최고의 인기를 누리고 있고, 넷플릭스 '오징어 게임'이 84개국에서 1위를 차지하는 등 K-드라마도 세계인의 사랑을 받고 있다.이집트, 사우디아라비아, 요르단 등 아프리카·중동 지역은 전년(112만 명)보다 92% 급증한 233만 명으로 집계됐다.

연구진은 "중동 지역은 인터넷 접근성이 낮고 문화·종교적으로 높은 진입 장벽 탓에 한류 동호회 활동이 활발하지는 않았다"면서도 "가나, 팔레스타인, 카메룬 등 이번 집계에 새로 포함된 국가가 다수 있는 점 등으로 미뤄 향후 성장 가능성이 높은 지역"이라고 밝혔다. 유럽은 2021년 963만 명에서 2020년 1천56만 명으로 8.8%(93만 명) 감소해 유일하게 하락세를 기록했다. 재단 관계자는 "한류 열풍이 거세지는 만큼 부정적 인식도 다소 나타날 수 있다"며 "지나친 상업성이나 문화 제국주의 등 비호감 요인에 대한 해결책이 필요한 시점"이라고 밝혔다.

다니엘의 '한때 두때 반때'와 이슬람교의 상징인 '이집트의 기자 피라미드', '계룡산에서 본 일출 세 봉우리'는 유사한 모습이다. 또, 한류를 상징하는 2015년 소녀시대의 뮤직비디오 〈라이언 하트〉의 마술 상자가 일치하는 모습으로, 한류 현상과 관련된 사진 4장으로 성경 예언서의 신의 존재를 증명하고 있다. 이 책은 하권 전체가 한 권으로 신의 존재를 증명한다면 상권은 종교를 떠나서 나타나는 한류 현상과 관련된 사진 4장으로 이미 누구나 받아들일 수 있도록 눈으로 직접 확인하여 종교를 떠나서 신의 존재를 증명하고 있다. '여기에서 종교를 떠나서'란 한류 현상의 소녀시대 뮤직비디오 사진으로 신의 존재를 증명하기 때문이다. 이 4장의 사진은 종교를 떠나서 누구나 눈으로 직접 확인할 수 있는 것이며 이것은 '신이 살아 있다'는 의미를 나타낸다고 할 수 있다. 이처럼 인간의 노력으로 해결할 수 없는 지구온난화를 해결하기 위해 만들어진 한류 현상이 신의 존재를 증명하면 한류 현상은 세계적으로 10배 이상 확대되며 연예인 몸값이 크게 높아진다고 할 수 있다. 이것은 한류 현상과 관련된 사실로 신의 존재를 증명하는 이 책이 종교를 떠나

연예인의 인스타와 같은 SNS를 통해서 모든 사람에게 알려지는 방법이 될 수 있는 것을 나타낸다고 할 수 있다.

나는 블랙핑크와 직접적인 소통을 하지는 않았지만, 빌보드의 우승 가능성을 말하고 나의 페이스북을 인스타그램의 DM으로 소개하였다. 그리고 블랙핑크와 관련된 기사를 페이스북에 계속 올렸으며 내 느낌으로는 블랙핑크가 나의 페이스북에 관심 있는 것처럼 느껴졌다. 페이스북을 소개한 것 이외에는 또다시 DM을 보내지 않았다. 이런 식으로 걸 그룹 소녀시대, 트와이스, 2NE1, 씨스타, 아이즈원, 여자친구에게도 페이스북을 소개만 하고 관련 기사를 페이스북에 올렸다. 처음 블랙핑크에게 페이스북을 소개한 지 1년이 넘었으며 점차 알리는 것을 늘려 왔다. 그 외의 연예인에게도 페이스북을 소개한 편이었다. 블랙핑크는 가수로서 최고의 꿈인 '빌보드 우승'을 노리고 있을 것이며 또 블랙핑크는 이미 발표한 곡으로 빌보드에서 우승할 수 있는 가능성을 충분히 가지고 있다. 3세대의 블랙핑크, 트와이스, 레드벨벳은 이미 빌보드에서 우승할 수 있는 곡이 2~3곡씩 있다고 할 수 있다. 2세대에서는 소녀시대, 2NE1, 씨스타, 티아라 등에게 우승 가능성이 있다. 물론 1세대의 명곡 중에서 우승 가능성이 있는 것도 사실이다. 그것은 내가 예언서에 쓰여 있는 것을 받아들이도록 하려는 현상으로 1994년 내가 처음 교회에 간 90년대 중반 이후 1세대 K-POP의 가사가 나에게 일어나는 일을 나타내는 신과 관련된 현상이 있었으며 이 경우 신의 뜻에 의해 이루어진 것이기 때문이다. 블랙핑크뿐만 아니라 한국 연예인은 천만 단위, 백만 단위로 팔로우 수를 가진다. 이들의 팬들이 종교와 나라를 떠나서 존재하는 것은 당연한 사실이다.

비록 영국의 프리미어리그나 미국의 메이저리그의 상위권처럼은 아니더라도 한류 현상 연예인의 몸값이 어느 정도의 선에서 형성될 수 있다. 또 신의 존재를 증명하는 것은 인터넷과 유튜브·트위터·페이스북 인스타그램의 SNS, 삼성·LG 스마트폰이 한류 현상과 K-POP이 세계적으로 알려지기 위해 만들어진 것을 증명하고 있다.

이전에는 미국의 빌보드를 통해 우리나라에서 팝 음악을 듣고 미국의 팝 음악이 동경의 대상이었다고 할 수 있다. 그런데 K-POP은 1994년 7월 내가 교회에 가게 된 1990년대 중반부터 미국의 팝 음악을 따로 듣지 않아도 될 정도로 발전하기 시작했다고 할 수 있다. 그리고 소녀시대와 빅뱅의 2세대를 거치며 K-POP은 점점 더 계속 발전하게 되었다. 그리고 최근 3세대와 3.5세대, 4세대가 주류 음악이 된 K-POP은 가장 최전성기의 절정을 이루고 있다고 할 수 있다. 이제는 BTS가 빌보드의 싱글 차트(핫 100)와 앨범 차트(빌보드 200)를 다수 차지하며 세계적으로 유명하게 되었다. 이것은 방탄소년단 혼자만이 일궈 낸 사실이 아니며 그만큼 K-POP의 수준이 높아진 것을 나타낸다고 할 수 있다. 이제는 K-POP이 이전과 반대로 외국의 동경 대상이 되었다고 할 수 있다. 이런 현상이 발생하게 된 것은 K-POP뿐만 아니라 K-드라마, K-영화, K-문학, K-먹방, K-스포츠와 같은 여러 가지 한류 현상이 세계적으로 동시에 알려지게 되었기 때문이라고 할 수 있다. 여기에서 방탄소년단의 역할은 K-POP이 세계적으로 알려질 수 있도록 한 것이다. 방탄소년단은 K-POP이 빌보드에서 우승할 수 있는 가능성을 보여 준 것이다. 그리고 여기에서 인간의 노력으로 해결하기 어려운 지구온난화를 해결하기 위해 한류 현상이 신과 관련된 현상으로 만들어졌음이 알려지면 한류 현상은 몇 배 이상 증가할 것이다. 인간이 '자연'으로 존재하는 신의 지배를 자연재해로 받는 것을 대신해서 한류 현상으로 인간이 신의 지배를 받는 것이 알려진다면 한류 현상은 몇 배로 확대된다. 이런 현상으로 인간의 노력으로 해결할 수 없는 지구온난화를 해결한다면 더욱 그렇다고 할 수 있다. 이처럼 한류 현상이 자연재해를 대신한다면 한류 현상이 전 세계적으로 많은 사람에게 알려져야 한다. 이것은 자연재해로 발생하는 피해복구액과 인명 손실을 줄이는 것이기 때문에 많은 사람은 이런 사실을 제대로 받아들여야 한다.

　이러한 한류 현상이 이른 시기에 전 세계적으로 알려지도록 하는 현상이 있다. 이것은 오랜 기간 제대로 된 해결 방법이 나타나지 않은 북한의 북핵 위기를 해결하는 방법이다. 트럼프 미국 전 대통령은 대북 제재만으로 북핵 위기를 해결하기 어렵다고 하였다. 그런데 한류 현상이 자연재해를 대신해서 인간의 노력으로 해결이 어려운 지구온난화를 해결한다면, 한류 현상이 세계적으로 많이 알려져야 한다. 그리고 한류 현상에 영향을 가장 많이 주는 K-POP이 세계적으로 알려지고 K-POP이 미국의 빌보드 싱글 차트 빌보드 '핫100'에서 우승해야 한다고 할 수 있다. 이미 K-POP의 수준은 세계적인 수준이며 이것의 증명으로 소녀시대가 신의 존재를 증명하는 현상과 방탄소년단이 빌보드에서 이룬 업적을 들 수 있다. 이처럼 K-POP이 세계적으로 알려지기 위해 다수의 팀이 빌보드에서 우승하는 현상이 만들어지려면 현재 활동을 중단한 아이즈원, 워너원, 다이아 같은 팀이 다시 활동하는 것과 같은 현상이 만들어져야 한다. 그리고 1세대, 2세대 K-POP 그룹 중에서 다시 만들어져야 한다. 2세대 중에 이미 유명한 2NE1, 씨스타, 티아라 등과 같은 팀은 단독으로 월드투어를 할 수 있으며 이미 발표된 곡

중에서 빌보드에서 우승하는 현상이 만들어질 수 있다. 이것은 1세대 중에서도 같은 경우라고 할 수 있다. 대중음악 중에도 시간에 구애받지 않고 들을 수 있는 명곡이 있으며 1세대 중에서도 연속 5주 우승한 후 명예의 전당에 오르고 활동하지 않은 경우가 있었다. 또한, 1994년 7월 내가 처음 교회에 갈 무렵부터 K-POP은 독특한 모습으로 이루어져 미국의 팝 음악을 따로 듣지 않아도 될 정도로 우수한 편이었다. 또한, 드라마와 CF가 나의 주변에서 일어나는 일을 나타냈다면 한류 가요 K-POP도 마찬가지였다. 내가 머릿속에 생각하고 있는 것이 내가 가는 곳에서 들리는, K-POP의 가사가 그대로 들리는 엄청난 기적이 항상 이루어졌다. 예를 들어 내가 택시를 타고 가면 택시에서 나오는 K-POP 가사가 그때 내가 생각하고 있는 것을 그대로 나타냈었다. 그때의 노래 제목도 〈이브의 경고〉, 〈날개 잃은 천사〉, 〈마법의 성〉, 〈머피의 법칙〉 등 특이한 제목으로 이루어진 것을 보면 알 수 있다. 이런 사실은 이해하기도 어렵고 설명하기도 어려웠다. 그런데 엄청난 기적이 나에게 이루어져 혼란한 상태가 되었다. 또한, 한류 현상으로서 K-POP에 관심 두도록 신과 관련된 현상이 만들어졌다고 할 수 있다. 그런 의미로서 1세대 K-POP 중에서 빌보드를 통해서 외국에 알려지는 현상이 나타날 수 있다고 본다. 또한, 최근의 최절정기의 K-POP의 원조, 역사와 같은 관점에서 1세대 K-POP은 관심의 대상이 될 수 있다.

　현재 아이즈원은 나와 관련된 가사를 다수 나타내며 활동을 중단한 현상이 만들어졌으나 이 책이 알려지면 이미 발표한 곡에서 빌보드에서 1위 하는 곡이 있다고 할 수 있다. 2022년 7월 현재 아이즈원은 최소한 나머지 인원으로 다시 활동해야 한다. 아이즈원이 빌보드에서 우승함으로써 다른 팀에서 우승하는 팀이 만들어질 수 있으며 이것은 한류 현상에서 절정기의 큰 의미를 가진다고 할 수 있다. 그리고 이런 현상으로 인간의 노력으로 해결하기 어려운 지구온난화를 한류 현상이 해결하는 현상이 만들어지는 것이다. 그리고 이러한 현상에 의해 한류 현상이 북한의 핵 위기를 해결하는 현상이 만들어져 지구온난화를 해결하게 된다. 또 이것으로 통일을 향한 길이 만들어진다고 할 수 있다.

K-POP이 크게 확대되는 것은 드라마, 영화, 문학, 음식 등 다른 한류 현상에 영향을 줄 수 있다. K-POP이 미국의 빌보드를 통해 크게 확대되면 한류 현상이 더 확대되고 이것은 북한 핵무기에도 영향을 미친다. 북한 주민의 탈북 현상은 한류 현상의 영향이 크게 작용하였으며 한류 현상이 세계적으로 몇 배 더 크게 확대되면 북한의 모든 주민에게 한류 현상이 만들어진 이유가 알려지는 것이다. 앞으로 지구온난화와 관련하여 심각한 영향을 주는, 하루에 500mm 이상의 폭우가 북한에서 발생하면 북한에 심각한 영향을 주게 된다. 이런 자연재해 현상은 이전에 고난의 행군의 원인이었으며 고난의 행군은 자연재해로 북한이 어려움을 겪게 된다는 경고 현상이라고 할 수 있다. 그리고 북한이 핵무기를 계속 주장하면 북한이 의도하지 않은 심각한 어려움에 놓이게 될 것이다. 앞으로 15~20년 이내가 지구온난화를 해결해야 할 중요한 시기이며, 이런 상태에서 대규모 전쟁의 원인이 되는 핵무기를 계속 주장하면 신과 관련된 현상으로 어려움에 놓이게 될 것이다. 이런 상태에서는 한류 현상이 북한에 알려지는 것이 북한에 도움이 된다. 예언이란 앞으로 일어나는 현상에서 어려움을 겪는 것을 예방하는 의미가 있기 때문에 북한은 어려움을 겪기 전에 예방해야 한다.

25. 성경에서 숨겨진 신의 존재

신의 존재를 한류 현상으로 증명하는 현상과 함께 교회에서 신의 존재가 정확하게 알려지지 않은 사실을 살펴보면 신의 존재를 증명하는 현상에 관하여 이해가 더 쉽거나 쉽게 받아들일 수 있다.

'신(神)은 어디에 숨어 있나?'와 "나 이외의 다른 신을 섬기지 말라"(십계명의 첫 번째 계명)는 신의 존재가 지금까지 정확하게 알려지지 않은 것을 나타내며 또 신의 존재가 증명되고 알려지는 현상에서 인간이 신의 지배를 받는 것에 주의해야 하는 것이 나타나고 있다. 신의 존재는 미래의 어느 시기에 알려지려고 지금까지 교회에서 일부러 정확하게 알려지지 않았다. 이것은 미래 어느 시기에 '자연'으로 존재하는 신의 존재가 정확하게 알려져야 할 필요가 있었기 때문이다. 왜 미래의 어느 시기에 신의 존재가 정확하게 알려져야 하는지 깨닫게 된다면, 왜 지금까지 교회에서 정확하게 알려지지 않았는지 쉽게 이해할 수 있으며 신이 의도한 것이 무엇인지 알 수 있다.

이것은 미래의 어느 시기에 인간의 노력으로 지구온난화를 해결할 수 없을 때, '자연'으로 존재하는 신의 존재가 자연재해를 통해 인간이 '자연'인 신의 지배를 받는 것을 나타내며 지구온난화의 심각함을 깨닫고 지구온난화를 해결하도록 하였다. '자연'으로 존재하는 신의 존재는 종교, 성경의 예언서에 신의 존재에 대하여 기록하고 일부러 정확하게 해석되지 않도록 하였으며 지구온난화로 인간이 지구에서 멸종하는 것을 방지하기 위해 '자연'으로 존재하는 신의 존재가 정확하게 알려지도록 하였다. 그렇기 때문에 인간의 노력으로 해결할 수 없는 지구온난화를 해결하기 위해선 교회의 예언서에 기록된 '자연'으로 존재하는 신의 존재가 종교를 떠나서 알려져야 한다고 할 수 있다. 이러한 이유로 지구상의 모든 나라에 종교를 떠나서 한류 현상이 알려지도록 하였으며 종교와 관련된 한류 현상으로 신의 존재를 증명하도록 하였다. 그렇기 때문에 종교를 떠나서 알려지는 K-POP과 K-드라마 같은 한류 현상을 지구에서 존재하는 모든 사람이 직접 체험하고 받아들이는 것은 인간이 신의 지배를 받고 사는 것에 알게 되는 것이라고 할 수 있다. 또, 이것은 지구온난화에 대해서 정확하게 알고 지구온난화를 해결하는 것을 습관화하고 생활화하는 현상이라고 할 수 있다. 자연재해를 통해 지구온난화의 심각함을 나타내는 데는 인명 피해와 재산 손실의 한계가 있기 때문에 자연재해를 대신해서 인간이 한류 현상으로 신의 지배를 받는 것이 알려지도록 한 것이다.

그리고 신과 관련된 현상 또는 인간이 신의 지배를 받는 것이 다니엘에 기록된 것과 같이 <u>지구상의 모든 사람이 스스로 올바른 사실을 직접 깨달으라고 하고 있다.</u> 신의 존재가 알려지는 현상에서 인간이 신의 지배를 받는 것에 대하여 스스로 올바른 사실을 깨닫도록 하고 있으며 올바른 사실을 깨닫지 못하면 올바른 사실을 깨달을 때까지 어려움을 겪거나 어려운 일이 만들어진다고 할 수 있다. 지구온난화와 관련된 사실이 신의 뜻으로 알려지는 것에 대하여 올바르게 깨닫는 방법으로 신과 관련된 현상으로 나타난 여러 가지 현상을 판단하도록 하고 있다. 그렇지 않을 때는 올바른 사실을 깨달을 때까지 어려움을 겪거나 어려운 상황이 만들어져서 깨닫게 된다는 것이다. 이것은 신과 관련된 현상으로 나타난 현상에 관하여 올바른 판단을 하라는 것으로, 그렇지 못할 경우에는 올바른 판단을 할 때까지 어려운 현상이 만들어질 것이다. 이런 현상으로 자연재해를 통해 '자연'으로 나타나는 신의 존재를 깨닫고 지구온난화의 심각함을 모든 사람이 직접 받아들이도록 하고 있다. 그렇기 때문에 인간의 노력으로 해결할 수 없는 지구온난화는 중요한 것으로 '자연'으로 존재하는 신의 존재가 알려져 지구온난화를 해결하는 현상을 모든 사람이 직접 깨닫도록 하여 지구온난화를 해결하고 있다. 이것은 신의 존재가 알려지는 신과 관련된 현상에서 신과 맞서는 행동을 하지 말고 올바른 사실, 현명한 판단을 스스로 하려고 노력하여 지구온난화를 제대로 깨달으라는 것이다. 신의 존재가 알려져 지구온난화를 해결하는 신과 관련된 현상을 올바르게 판단하도록 하고 있다. 그러지 못할 경우 계속 어려움을 겪거나 자연재해로 나타나는 현상이 계속된다고 할 수 있다. 이런 말을 반복해서 하는 것은 다니엘에 다음과 같이 기록되어 있기 때문이다.

"많은 사람이 연단을 받아 스스로 정결케 하며 희게 할 것이나 악한 사람은 악을 행하리니 악한 자는 아무도 깨닫지 못하되 오직 지혜 있는 자는 깨달으리라"(단 12:10)

지구온난화에 관한 사실을 올바르게 판단하도록 하려고 신과 관련된 현상으로 나타난 현상에 관하여 현명한 판단을 하라는 것이다. 그렇지 못할 경우 올바른 사실을 깨달을 때까지 어려움이 계속되거나 어려운 현상이 만들어진다는 것이다. 지구온난화에 관한 사실이 알려지기 위해 발생한 신과 관련된 현상에 관하여 현명한 판단을 하라는 것이며 그렇지 못할 경우 그 이유를 알게 될 때까지 신과 관련된 현상으로 어려움을 겪게 된다고 할 수 있다.

"반드시 한때 두때 반때를 지나서 성도의 권세가 다 깨어지기까지니"
(단 12:7)

다니엘의 '한때 두때 반때'가 이슬람교를 상징하는 피라미드와 일치하는 현상으로 궁극적인 의미에서 교회와 이슬람교의 신의 존재는 인간의 노력으로 해결할 수 없는 지구온난화를 해결하기 위해 '자연'으로 같은 뜻으로 나타나고 있다.

"십계명 '우상숭배 금지' '他종교 배척'뜻 아니다"
'하느님 새로 보기' 출간 김은규 성공회대 교수
문화일보, 김종락, 2009. 4. 27.
http://www.munhwa.com/news/view.html?no=2009042
70103243007300020

"나 이외에 다른 신을 섬기지 말라" "우상을 만들지 말고, 그것들에게 절하지 말며, 그것들을 섬기지 말라."

기독교 십계명의 제1, 2 계명이자 기독교 배타성의 상징처럼 된 구약 구절이다. 이 계명으로 인해 기독교인들에게 기독교 이외의 종교는 모두 우상이 되었고, 기독교는 다른 종교와 물과 기름, 창과 방패의 관계로 지내왔다. 특히 초기 기독교 당시 신·구약 66권을 정경(canon·가톨릭은 외경 7권까지 포함한 73권)으로 확립하면서 성서를 일점 일획도 바꾸지 못한다고 선언함으로써 기독교는 새로운 사상의 유입조차 멈추고 사막화한 채 이웃 종교와 상극으로 물고 물리는 관계로 지냈다는 지적을 받아왔다.

이처럼 배타적, 독선적인 하나님만 유일한 하느님인지에 대해 이의를 제기하며 십계명의 우상숭배 거부를 새롭게 해석한 학자가 있다. 신학자 김찬국(전 상지대 총장) 전 연세대 교수의 아들로 성공회 사제이기도 한 김은규(구약학) 성공회대 교수다.
김 교수는 최근 출간한 신간 '하느님 새로 보기'(동연)에서 구약의 배타적인 하나님으로 인해 기독교의 역사는 내외부적으로 끝없는 권력과 탐욕을 추구했을 뿐만 아니라 차별과 억압, 재산 몰수, 강제 추방, 화형, 마녀사냥, 식민지 영토확장, 전쟁 등으로 얼룩져 왔다고 말한다.

기독교인들에게 십자가는 구원의 상징이었지만 이교도들에게 십자가는 약탈과 폭력과 전쟁이라는 두려움의 상징이 되었다는 것이다. 그는 특히 한국의 기독교에서 목회자와 신자 간에 "믿습니까?" "할렐루야! 아~멘!" 하는 식의 맹목적이고ㅜ 우스꽝스러운 메아리가 울려 퍼지는 것 역시 이와 관계가 없지 않다고 주장한다. 기독교 분위기에서 자라난 김 교수가 신앙 고백하듯이 자신의 신앙과 연구 이력을 공개하며 구약의 새로운 해석에 나선 이유다.

김 교수는 구약의 배타성과 우상숭배의 족쇄를 풀기 위해 우선 성서의 해석 방법론에 주목한다. 성서를 임의로 해석하는 것은 안 되지만, 시대에 맞는 해석이 필요하다는 것이다. 이를 위해 지난 세기 동안 서구 신학의 주류를 이루었던 역사 비평 해석 방법을 넘어선 그는 영성적 해석이란 새로운 패러다임을 제시한다. 영성적 해석은 구약과 신약의 역사적 상황과 성서 본문의 내용은 다르지만 인간이 근본적으로 겪는 고통, 죄, 타락, 이기심 등에 대한 물음과 대답은 신구약뿐만 아니라 불교와 이슬람, 그리고 고대 중국의 도 사상에서도 대동소이하다는 인식을 바탕에 깔고 있다.

김 교수가 이에 따라 새롭게 읽어낸 '우상숭배 거부나 척결'은 주변 강대국에 대한 종교적 종속의 거부이자 보다 높은 단계의 윤리적 요구를 이끌어가는 구심점이지 배타적 교리의 근거는 아니다. 즉 수준 높은 이웃 종교나 사상에 대해서는 수용하며 대화하되, 자신의 복이나 비는 저급한 부분에 대해서는 엄격하게 통제했다는 것이다. 우상숭배 거부는 또한 안으로 자체의 정화노력을 통해 형식적이고 제도화한 종교를 거부하고 진정으로 정의와 인권을 바로 세우는 것을 목표로 하고 있다고 김 교수는 해석한다.

김 교수는 "한국 교회가 평신도들을 무조건 복종하는 방향으로 몰고 가면서 성직자들이 권력을 두고 싸움을 계속하는 것도 경직된 성서해석의 책임이 크다"며 "시대에 맞는 성서해석으로 이웃종교와 진정한 대화를 해야 한다"고 말했다.

"신은 어디에 숨어 있나"에서 십계명 제1계명 '나 이외의 다른 신을 섬기지 말라'라는 뜻의 잘못으로 교회 안에서만 신의 존재를 찾으려고 하여 이단 논쟁이 발생하고 교회에서 "어디에 있는 절이 무너져라"라는 기도를 하여 불교를 배척하고 단군상의 목을 베는 현상이 만들어지는 종교의 갈등이 발생하였다. 여기에 관하여 교회의 다니엘 '한때 두때 반때'와 이슬람교의 상징인 기자 피라미드가 같은 모습으로 나타나서 궁극적인 의미의 '자연'으로 신의 존재가 같은 사실로 나타나는 것에 올바른 판단을 하라고 하고 있다. 이런 뜻에서 "성도의 권세가 다 깨어지기까지니"는 교회와 이슬람교는 궁극적인 의미에서 '자연' 으로 존재하는 신의 존재가 같은 사실이 알려지는 것을 의미하고 있다. 이것은 인간의 노력으로 지구온난화를 해결하지 못하고 인간이 지구에서 멸종하기 때문에, 종교를 떠나서 모든 사람이 지구온난화를 해결하도록 하려고 신의 존재가 지금까지 알려진 사실보다 더 중요한 사실로 나타나고 있다. 지금 이 시기에 '자연'으로 존재하는 신의 존재가 자연재해를 통해 지금까지 알려진 사실보다 중요한 사실로 나타나고 있다. 여기에서 미래의 어느 시기에 '자연'으로 존재하는 신의 존재를 자연재해로 나타내서 인간의 노력으로 해결하기 어려운 지구온난화를 해결하려고, 궁극적인 의미에서 신의 존재가 '자연'으로 같은 사실로 나타나는 것을 현명하게 깨닫고 받아들이라는 것이다. 또한, 교회뿐만 아니라 이슬람교와 종교를 믿지 않는 경우도 인간이 '자연'으로 존재하는 신의 지배를 받는 사실을 올바르게 판단하도록 하고 있다. 그렇지 못할 경우 올바른 판단을 할 때까지, 신의 존재가 알려지는 현상에서 인간이 신의 지배를 받는 현상이 자연재해로 나타남을 알 수 있다. 이것은 지구온난화를 해결하려고 자연재해로 인간이 신의 지배를 받는 현상이 알려지는 것을 현명하게 깨닫고 받아들이라는 것이다. 이것은 인간의 노력으로 해결이 어려운 지구온난화를 해결하기 위해 신의 존재가 알려지는 현상을 종교를 떠나서 모든 사람이 현명하게 판단하라는 것이다. 이것은 신의 존재가 알려져 지구온난화를 해결하려는 현상에서 현명한 판단을 하지 못할 경우 신과 관련된 현상을 직접 체험할 수 있다고 할 수 있다. 지구온난화를 해결하려는 노력을 이른 시기에 제대로 하지 않으면 그만큼 더 많은 '자연재해의 피해복구액'과 '인명 손실의 피해'가 발생한다. 그래서 지금까지 제대로 알려지지 않았던 신의 존재가 알려지는 현상에 관하여 현명한 판단을 하라는 것이다.

성경의 예언서 다니엘과 이슬람교를 상징하는 피라미드가 같은 모습으로 신의 존재를 증명하였다. 그리고 또 성경의 예언서 요한계시록과 불교를 비교해 보면 불교도 궁극적인 의미에서 교회와 같은 모습으로 이루어져 있는 것을 알 수 있다. 궁극적인 의미에서 '자연'으로 존재하는 신의 존재를 교회에서 증명하는 것이 옳은 것을 불교에서 나타내고 있다. 이것은 '나 이외에 다른 신을 섬기지 말라'(십계명 제1 계명)라고 하여 그동안 교회의 신의 존재가 일부러 정확하게 알려지지 않은 것을 나타내고 있다. 계시록과 불교의 불생불멸(不生不滅)이 일치하는 사실로 나타나는 것은 '나 이외의 다른 신을 섬기지 말라'라는 것이 옳지 않은 것임을 알 수 있다. 결국 모든 종교의 신의 존재가 궁극적인 의미에서 '자연'으로 존재하는 것이 옳은 것으로 나타나고 있다. 여기에서 조금 더 주의해서 살펴보면 '나 이외의 다른 신을 섬기지 말라'라고 미래의 어느 시기에 신의 존재가 알려지도록 하고 그 해답이 불교에 있는 것이라고 할 수 있다.

'자연'으로 존재하는 신의 존재는 인간이 자연재해로 신의 지배를 받는다는 사실을 나타내고 지구온난화의 심각함을 알려 지구온난화를 해결하도록 하고 있다. 한류 현상은 자연재해의 대재앙을 대신하며 인간이 자연재해를 대신해서 신의 지배를 받는 현상으로 나타나고 있다. 이런 사실은 인간의 생로병사, 길흉화복이 신의 뜻으로 정해지며 지금까지 알려지지 않은 신의 존재가 알려져 지구온난화를 인간의 노력으로 해결해야만 하는 사실을 나타내고 있다.

계시록의 "나는 알파와 오메가요 처음과 나중이요 시작과 끝이라"와 불교의 '불생불멸(不生不滅)'이 '우주의 탄생과 소멸이 동시에 존재한다'라는 같은 사실을 나타내며, 교회의 예언서 계시록과 불교의 신의 존재가 같은 사실을 나타낸다. 이 사실은 '나 이외의 다른 신을 섬기지 말라'라는 십계명 제1계명의 모순이며 궁극적인 의미에서 '자연'으로 존재하는 신의 존재는 종교를 떠나서 궁극적인 의미에서 같으며 '교회와 불교'의 신의 존재가 같은 것을 나타낸다.

앞에서 성경 다니엘의 '한때 두때 반때'와 이슬람교의 상징인 피라미드가 같은 모습을 하여 교회와 이슬람교의 신의 존재가 궁극적인 의미에서 '자연'으로 같은 것으로 나타났다. 이것은 교회와 이슬람교, 불교의 신의 존재가 궁극적인 의미에서 '자연'으로 같은 사실을 나타낸다. 이것은 미래의 어느 시기에 신의 존재(신이 존재한다는 생각)가 알려지며, 종교를 떠나서 궁극적인 의미에서 '자연'으로 존재하는 신의 존재가 알려지고 자연재해로 인간이 신의 지배를 받는 것을 나타내고 있다. 이것은 미래의 어느 시기에 인간의 노력으로 지구온난화를 해결할 수 없을 때 궁극적인 의미의 '자연'으로 존재하는 신의 존재가 알려지고 종교를 떠나서 모든 사람이 지구온난화를 해결하도록 하고 있다.

불생불멸(不生不滅)은 (우주는) 생기는 것(시작)도 없으며 (우주는) 없어지는 것(소멸)도 없다. "우주의 시작과 끝(탄생과 소멸)이 동시에 존재한다."

계시록의 "나는 알파와 오메가요 처음과 나중이요 시작과 끝이라"를 해석하면 '우주의 시작과 끝(탄생과 소멸)이 동시에 존재한다'이며 불교의 "불생불멸(不生不滅)"과 성경의 "나는 알파와 오메가요 처음과 나중이요 시작과 끝이라"의 신의 존재가 일치한다. 불교와 성경의 신의 존재가 일치하는 것으로 신의 존재가 같은 것을 증명하고 있다. 또 이것은 '빅뱅 우주론'이 '정상 우주론(우주는 시작도 끝도 없이 항상 일정하며, 무(無)에서 새로운 물질이 생기나 우주가 팽창하여도 우주의 물질 밀도는 변하지 아니한다는 우주 이론, 국어사전)'으로 바뀌어야 하는 것으로 나타낸다. 이처럼 우주(神)가 과거와 현재, 미래에 동시에 존재하는 사실은 지구온난화와 관련하여 미래에 일어나는 대재앙이 사실이라는 것을 증명하는 현상이 되고 있으며 이것은 매우 중요한 사실로 나타나고 있다. 이것은 미래에 일어나는 일을 알 수 없는 인간에게 과거와 현재, 미래에 동시에 존재하는 신의 존재가 알려져 지구온난화와 관련하여 미래에 일어나는 현상이 알려지는 역할을 하고 있다.

성경의 예언서 계시록을 해석하면 신의 존재는 '우주 전체가 하나의 살아 있는 생명체로서 자연(自然)이 신'이라는 사실로 나타나고 있다.

성철 스님은 팔만대장경을 한마디로 줄이면 '불생불멸(不生不滅)'이며 이것은 석가모니의 가장 중요한 깨달음으로 '우주의 근본 원리'를 나타낸다고 말씀하셨다.

계시록에서 신의 존재를 나타내는 '알파와 오메가'와 불교의 '불생불멸(不生不滅)'은 같은 뜻을 나타내고 있다.

성철 스님은 첨단물리학을 연구하여 '불생불멸(不生不滅)'을 과학으로 쉽게 이해하고 받아들일 수 있게 설명하고 있다. 이것은 계시록을 해석해서 나타나는 신의 존재가 사실이라는 것을 설명해 주는 것이 되고 있다.

2011년 노벨 물리학상은 우주의 '암흑에너지'의 존재를 연구한 천체물리학자가 수상하였다. 그리고 신문 기사에서는 '과학자들에게는 암흑에너지의 비밀을 푸는 것이 노벨상 몇 년 치를 몰아줄 정도의 업적'이라고 표현한다. 이러한 표현은 아직 많이 알려지지 않은 '암흑에너지'에 대한 관심과 중요성을 나타내기 위한 표현이라고 할 수 있다.

이 책에서 나타내는 신의 존재와 성철 스님이 설명하는 '우주의 근본 원리'를 나타내는 '불생불멸'은 과학에서 아직 알려지지 않은 '암흑에너지(신의 존재 또는 신의 존재를 나타내는 신과 관련된 현상)'를 설명하는 것이라고 할 수 있다. 또 성철 스님의 불생불멸(不生不滅)은 교회의 신의 존재를 과학(물리학)의 객관적인 방법으로 쉽게 설명하는 것이 되고 있다. 교회의 자연으로 존재하는 신의 존재는 미래의 어느 시기에 증명되어 알려지도록 하였다. 그렇기 때문에 교회의 성경에서 신의 존재가 정확하게 알려지지 않도록 일부러 지금까지 가려져 있었으며 '교회의 신의 존재를 증명하는 것이 옳은 것인가' 알려지는 것을 불교를 통해 나타나도록 하였다. 이것은 '신의 존재를 증명하는 것이 옳은 것인가'를 새로운 사실로 나타내면 모든 사람이 받아들이기 어렵기에 교회와 같이 오랜 시간 동안 알려져 온 석가모니의 가장 중요한 깨달음으로 교회의 신의 존재를 증명하는 것이 옳은 것인가 알려지도록 하고 있다. 이런 사실은 교회의 신의 존재는 미래의 어느 시기에 인간의 노력으로 해결할 수 없는 지구온난화를 해결하려고 '자연'으로 존재하는 신의 존재가 증명되어 알려지도록 하였다. 이러한 이유에서 지금까지 신의 존재가 정확하게 알려지지 않도록 일부러 숨겨져 왔으며 다른 종교(불교)를 통해 신의 존재를 증명하는 것이 옳은 것인가 나타나도록 하였다.

　과학자들의 '암흑에너지'에 대한 연구를 종교에서는 신의 존재가 새롭게 알려지는 현상으로 설명하고 있다. 이것은 '암흑에너지'에 대한 사실이 과학의 객관적인 사실로 나타나며 종교를 믿지 않는 사람들에게 신의 존재가 알려지는 방법이라고 할 수 있다. 이와 같이 신의 존재는 종교와 과학을 초월해서 새로운 사실로 나타나고 있다. 신의 존재가 새롭게 알려지는 것이 암흑에너지를 설명하는 것인지 모든 사람이 직접 판단해 볼 수 있는 것이다.

　요한계시록의 신의 존재와 불교의 불생불멸(不生不滅)로 나타나는 우주의 근본 원리가 같은 사실로 과학의 '암흑에너지'를 설명하고 있다면, 이것은 객관적이고 과학적인 방법으로 신의 존재를 증명하는 것이다. 이제는 모든 사람이 교회에 가지 않더라도 궁극적인 의미의 '자연'으로 존재하는 신의 존재에 대해서 알아야 한다. 신앙으로서의 교회의 신의 존재가 아니라 미래의 어느 시기에 인간의 노력으로 해결할 수 없는 지구온난화를 해결하기 위한 '자연'으로 존재하는 신의 존재를 알아야 한다. 모든 종교의 역할과 모든 종교의 신의 존재는 인간의 노력으로 해결할 수 없는 지구온난화를 해결하기 위해 종교(교회)의 예언서에 기록되어 '자연'으로 존재하는 신의 존재가 종교를 떠나서 증명되고 알려지도록 하였다. 이런 사실은 종교의 목적이 미래에 인간의 노력으로 해결할 수 없는 지구온난화를 해결하기 위해 기록된 사실로 나타나고 있다. 이런 사실이 알려지도록 종교나 국가를 떠나서 신분이 귀하든 아니든 지구상의 모든 지역에서 코로나19가 발생하였다. 지구온난화를 해결하려는 시도를 어떻게 하느냐에 따라, 자연재해의 피해가 발생하여 인명 손실과 재산 피해가 나타날 수 있음을 알리고 있다. 이산화탄소의 배출이 가장 많은 중국은 싼샤 댐의 붕괴가 실제로 일어날 수 있다는 징조로 2020년에 엄청난 홍수를 경험하였다. 이런 사실은 중국뿐만 아니라 모든 나라에 해당하는 것이며, 코로나19가 계속 변이 형태로 나타나거나 빈민국에 계속 피해가 커지는 현상은 지구온난화와 관련하여 빈민국, 개발도상국에서 인구 감소가 불가피하게 많이 나타날 수 있음을 뜻한다. 선진국에서 인구 감소가 이루어지고 있다면 개발도상국에서 인구가 감소하도록 하는 정책이 이루어져야 한다. 이러한 사실은 지구온난화의 심각함을 나타내고 앞으로 다가올 지구의 멸망 현상으로 이어지는 환경 대재앙을 예방하여 해결하도록 하고 있다.

26. 이집트 피라미드와 계룡산

이집트의 피라미드와 계룡산이 연관된 것의 설명

 다음은 미국의 유명한 예언가 진·딕슨 여사의 두 가지 꿈이 신의 존재를 증명하는 이집트 기자 피라미드와 계룡산에서 본 일출의 갑하산 세 봉우리가 유사한 모습으로 나타나는 것을 알게 된 과정의 보충 설명이다.

 첫 번째 꿈, 진·딕슨 여사의 꿈을 통해 예언하는 장소는 이집트 기자 피라미드의 새벽이며 피라미드와 관련하여 새벽의 피라미드 일출이 새로운 시작을 알리고 있다. 그리고 나는 오랜 기간 대전의 갑천을 자전거로 타고 다녔으며 평소에 대전에서 계룡산 방향의 갑하산, 신선봉, 우산봉이 이집트 기자 피라미드와 유사한 모습이라고 느끼고 있었다. 나는 또 가운데의 신선봉이 계룡산인 줄 알았으나 계룡산은 그 뒤에 있었다. 그리고 2015년 인터넷 사이트 '국립공원'의 국립공원 사진전 계룡산에서 본 갑하산 세 봉우리 갑하산, 신선봉, 우산봉 일출 작품 사진 '계룡산의 선경(10회, 가육헌)', '계룡산의 전경(13회, 이상헌)'을 보고 진·딕슨 여사 새벽의 이집트 기자 피라미드와 같은 모습이라는 확신을 가지게 되었다.

 1962년 2월 5일 오전 7시 조금 지나서 중동지방에서 태어난 어린이는 세계를 개조할 것이다. 20세기가 끝나기 전에 모든 인류를 자신의 성실 속으로 이끌어 들일 것이다. 이 사람은 **새로운 기독교의 기초를 세우게 될 것**이며 모든 인종과 계층도 **전능의 힘을 가진 지혜를 인류에게 펴는 이 자를 통하여 통일될 것**이다.

— 《성경속의 꿈 해석》, 한건덕, 明文堂, p.364

"새로운 기독교의 기초를 세우게 될 것"은 신의 존재를 증명하여 신이 존재하는 것, 신이 살아 있는 것을 나타내고 있으며, "전능의 힘을 가진 지혜를 인류에게 펴는 이 자를 통하여 통일될 것"은 인간의 노력으로 해결할 수 없는 지구온난화를 해결하기 위해 '자연'으로 나타나는 신의 존재를 증명하여 모든 인간이 똑같이 자연재해의 신의 지배를 받는 것을 나타내고 있다. 자연재해를 통해 지구온난화의 심각함을 알리고 인간이 자연재해로 신의 지배를 받는 것을 나타내어 지구상의 모든 사람이 똑같이 자연으로 존재하는 신의 지배를 받는 것을 나타내어 종교, 민족, 나라, 피부색을 떠나서 지구상의 모든 사람이 지구온난화를 해결하도록 하고 있다.

두 번째 꿈(정확히 말하면 꿈이 아니라 예언)은 '동방에서 한 어린이가 태어났는데 그가 성인이 되면 세상을 뒤바꾼다'이다.

미 예언가 딕슨의 중국예언
http://www.zhengjian.or.kr/archives/future/7351
정견뉴스, 2017. 11. 8.

진 딕슨(Jeane Dixon, 1904년 1월 3일~1997년 1월 25일)은 독일 이민자의 후예로 미국 위스콘신 주에서 태어났다. 20세기 미국의 유명한 점성술사이자 초능력자다. 한때 노스트라다무스의 예언에 도전해 인류는 1999년에 멸망하지 않고 동방이 세계를 구원한다고 했다. 그녀의 예언이 정확하고 오류가 없자 수많은 각국 정치인들과 유명 인사들이 앞다퉈 가르침을 청했다. 그녀는 20세기 가장 호기심을 받는 여성이 되었다. 1997년 1월 25일 심장혈관 질환으로 워싱턴에서 세상을 떠났다.

딕슨은 미국 현대사에서 가장 위대한 예언가다. 얼마나 많은 풍류인물이 그녀의 예언에서 종점을 맞았는지 모른다. 수십 년에 걸친 그녀의 예언 중에는 수십년간 국제사회 흥망성쇠의 역사가 있다.

(중략)

최후의 예언: 인류의 희망은 동방(중국)에

1997년 진은 임종 전에 한마디 예언을 남겼다. 미국은 장차 쇠퇴할 것이며 인류의 희망은 동방에 있다. 중국이 미국을 대신해 세계를 지도할 능력을 가질 것이다.

진은 말하기를, 동방 모 지방에서 아이가 태어나는데 그가 이 세계를 철저히 개혁할 것이다. 아마 21세기 초에 그가 호애(互愛)의 신조하에 전 인류를 함께 모아 새로운 대동세계를 건설할 것이다. 그는 사람들에게 신의 지혜를 전파할 것이다. '천사인류의 자손'들이 동방에 태어난다. 인류를 구원할 희망은 동방에 있고 서방은 사물의 종결을 대표할 뿐이다.

당시 사람들은 중국과 미국의 격차가 너무 컸기 때문에 단지 주의를 끌기 위한 말로만 여겼다. 하지만 지금에 이르러 갈수록 정치학자들은 그녀가 남긴 말을 중시하기 시작했다. 동방이라는 거대한 용이 미래에 발전하는 앞날을 중시하기 시작했다.

이것은 첫 번째 꿈과 같이 어린이가 성장하여 어른이 된다는 공통의 뜻이 나타나며 오랜 시간이 걸려 그동안 해석되지 않았던 성경의 예언서를 해석하여 신의 존재를 증명한다는 것이다. "이 세계를 철저히 개혁할 것이다." 개혁한다는 것은 지금까지 일부러 정확하게 알려지지 않은 신의 존재를 증명하고 나타내어 종교를 떠나서 모든 종교의 신의 존재는 궁극적인 의미에서 '자연'으로 같은 사실을 나타낸다는 것이다. 이러한 현상의 원인은 인간의 노력으로 지구온난화를 해결할 수 없기 때문이며 그동안 성경의 예언서에 기록되어 제대로 알려지지 않은 신의 존재(나는 스스로 존재하는 자이니라=자연)를 증명하고 나타내는 것이다. 인간이 '자연'으로 존재하는 신으로부터 자연재해로 지배를 받는 것을 나타내어 지구온난화의 심각함을 나타내고 인간의 노력으로 해결하기 어려운 지구온난화를 해결한다는 것이다. "이 세계를 철저히 개혁한다"의 정확한 의미는 이 책을 기록하는 가장 최근에 깨달은 것으로, 소녀시대의 뮤직비디오를 통해 한류 현상과 관련 있는 사진 4장으로 신의 존재를 증명하여 K-POP이 빌보드에서 10~15팀이 우승하는 현상이 만들어진다. 그렇게 되면 한류 현상이 극대화되고 세상이 크게 바뀐다고 할 수 있다. 그동안 예언서가 해석되지 않아 알 수 없었던 신의 존재(신이 존재한다는 생각)는 '자연'이며 이미 모든 인간은 '자연'으로 존재하는 신의 지배를 종교를 떠나서 모두 받아 왔으며 앞으로 인간은 종교를 떠나서 자연(自然)으로 존재하는 신(神)의 지배를 받는 것이 모든 사람에게 알려진다는 것이다.

"아마 21세기 초에 그가 호애(互愛)의 신조하에 전 인류를 함께 모아 새로운 대동세계를 건설할 것이다"는 인간이 '생로병사', '길흉화복', 신의 지배를 종교와 상관없이 똑같이 받는 사실이 알려진다는 것이다. 그리고 궁극적인 의미의 '자연'으로 존재하는 '신의 존재'가 같은 사실로 나타나며 한류 현상으로 신의 존재를 증명하여 인간의 노력으로 해결하기 어려운 지구온난화를 해결한다는 것이다.

> 미국은 장차 쇠퇴할 것이며 인류의 희망은 동방에 있다. 중국이 미국을 대신해 세계를 지도할 능력을 가질 것이다.

"동방 모 지방에서 아이가 태어나는데"에서 '동방'이라는 의미를 딕슨 여사가 오래전에 지리적으로 한국을 알 수 없었기 때문에 예언서에서 동방을 중국으로 해석하여 중국이 미국을 대신해 세계를 지도할 능력을 가질 것이라고 하였다. 여기에서 동방은 '중국'을 가리키는 것이 아니며 '한국'을 가리키는 것이다. "동방 모 지방에서 아이가 태어나는데"에서 동방은 우리나라를 가리키는 것이다.

인간의 노력으로 해결할 수 없는 지구온난화를 반드시 해결해야 하는 사실로 나타난 코로나19를 해결하고 제2의 코로나19를 방지하는 방법은 한류 현상이 세계 곳곳에 알려져 해결하는 방법이 되는 것이다. 이처럼 한류 현상의 K-POP과 K-드라마, K-영화는 미국의 빌보드와 할리우드를 대신해서 신의 존재를 증명하는 현상이 알려져 지구온난화를 해결하도록 하는 것이다. 한류 현상은 자연재해를 대신하며 수많은 자연재해의 피해복구액과 인명 손실을 대신한다.

그런데 최근에 미국과 중국의 무역 전쟁이 발생하였으며 발생하기 전에는 딕슨 여사의 예언을 함부로 언급하기 곤란한 상태에 있었다. 그것은 '중국이 미국 대신 세계를 리드할 것'이라는 의미 때문이다. 여기에서 '중국이 미국 대신 세계를 리드한다'는 것은 그동안 빌보드와 할리우드로 세상을 리드한 미국의 음악과 영화 대신 K-POP과 K-드라마, K-영화, K-문학 등 한류 현상으로 세계를 리드함을 의미한다. 이런 현상은 트럼프 대통령이 지구온난화와 관련된 사실을 받아들이도록 하는 면이 있으며 진·딕슨 여사의 예언과 관련하여 신의 존재를 증명하여 지구온난화를 해결하는 현상이 세계적으로 많은 사람에게 알려지도록 작용하고 있다. 이런 현상은 지구온난화 해결에 있어서 중요한 역할을 해야 하는 미국과 중국의 지도자가 신과 관련된 현상을 직접 체험하는 특별한 현상으로 작용하였다. 그만큼 지구온난화가 중요하며 많은 사람을 위해 미국과 중국은 중요한 역할을 해야 한다고 볼 수 있다. 또한, 이 현상은 신과 관련된 특별한 현상으로 '인간이 신의 지배를 받는 현상'으로 나타났다. 2016년 발생한 북한의 북핵 위기의 비핵화 현상은 종교의 벽이 높은 상태에서 사람들이 쉽게 받아들이기 어려운 종교와 관련된 형태의 한류 현상을 세계적으로 알려지게 하였다. (신의 존재를 증명하는 현상은 2018년 4월 깨닫게 되었다.) 또한 인간은 신의 지배를 받는다. 예를 들어 '운명' 교향곡을 작곡한 베토벤, '만유인력의 법칙'을 발견한 뉴턴, '축음기를 발명'한 에디슨 등은 신의 영감이 작용하여 이루어진 일로 무의식중에 신과 관련된 특별한 현상이 이루어졌다고 할 수 있다. 그리고 '대규모 전쟁 억제 현상'과 '오랜 기간 해석되지 않았던 예언서의 해석(김일성 주석이 종교와 관련된 사실)'으로 ― 북한은 이 두 가지 현상과 관련 있다. ― 트럼프 미국 대통령과 북한의 김정은 위원장의 전쟁 억제 현상과 비핵화 현상은 세계적으로 많은 사람에게 종교를 떠나서 지구온난화가 알려지는 가장 중요한 역할을 하였다.

트럼프 대통령의 트위터로 이루어진 극적인 2019년 6월 30일 북미 3차 회담 또한, 인간이 신의 지배를 받는 특별한 현상으로 작용하였다. 먼저 트위터를 비롯한 페이스북, 인스타그램 등 SNS가 지구온난화를 해결하려고 한류 현상과 K-POP이 알려지기 위해 만들어진 것이라면 트럼프 대통령의 트위터로 이루어진 3차 북미회담(2019. 6. 30.)이 극적으로 열린 것은 신과 관련된 특별한 현상이라고 할 수 있다. 인간의 노력으로 해결할 수 없는 지구온난화가 너무 중요하여 이러한 현상이 이 책이 알려지기 위한 신과 관련된 특별한 현상으로 작용하였다.

미국과 중국의 무역 전쟁으로 G20에서 무협 협상(트럼프-시진핑 역사적 '무역담판' 돌입…극적 타결 나올까 - 한국경제TV, 디지털 전략부, 2019. 6. 29.)이 이루어졌다. 그리고 판문점 3차 북미회담(2019. 6. 30.)이 열리고 바로 이어서 일본의 무역 제재("日, 7월부터 반도체소재 韓수출 규제…강제징용 대항 조치" -국제신문, 이경민, 2019. 6. 30.)가 연속해서 발생하였다. G20에서 미국과 중국의 무역 담판이 이루어진 다음 날 같은 성격의 일본 무역 제재가 발생하였으며 이러한 현상도 이 책이 알려지기 위한 방법이라고 할 수 있다. 신과 관련된 특별한 현상으로 발생한 것이다. 지금 일어나는 일의 중요한 현상이 우리나라와 관련된 대부분은 인간이 신의 지배를 받는 것이 알려져 지구온난화를 해결하도록 하는 현상이라고 할 수 있다. 이 시기에 지구온난화와 관련되어 가장 중요한 현상인 북한의 비핵화와 관련된 트럼프 대통령과 김정은 위원장의 3차 북미 판문점 회담(2019. 6. 30.)이 이루어진 날 일본의 무역 제재 기사가 보도되었다. 일본의 무역 제재가 오래전에 준비된 것이라고 하더라도 G20에서 미국의 트럼프 대통령과 중국의 시진핑 주석의 '무역 협상'과 '북미 판문점회담'이 지구온난화 관련된 형태에서 같은 시기에 일본 무역 제재가 발표되었기 때문에 지구온난화 관련하여 신과 관련된 특별한 현상이라고 할 수 있다. 우리나라에서 일어나는 중요한 현상 자체가 그렇다고 할 수 있다. 2018년 여름 우리나라에서 발생한 '기후 교란 이상의 특이한 자연재해'와 관련하여 한국보다 일본에서 심각한 자연의 재앙이 발생한 사실이 알려지려고 일본의 무역 제재가 발생하였다고 할 수 있다. 이 현상은 '기후 교란 이상의 자연재해'가 발생하여 '자연이 살아 있다'는 의미가 알려질 정도의 신과 관련된 특별한 현상이다. 이러한 특별한 자연재해 현상이 발생한 것은 인간의 노력으로 지구온난화를 해결할 수 없다는 것을 특이한 자연재해 현상으로 신(自然)이 증명한 것으로 매우 중요한 현상이다. 현재 하루에 500mm 이상의 폭우가 내리는 도시가 나타나고 있으며 한강과 같은 대도시가 하루에 500mm 이상의 폭우가 내리면 심각하게 범람하여 빈부의 차이를 떠나서 많은 사람에게 심각한 재앙이 된다. 이런 현상이 빈번하게 발생하면 돌이킬 수 없는 대재앙이 될 수 있다고 페이스북에 기록한 상태에서 2018년 여름 '기후 교란 이상의 특이한 자연재해'가 우리나라에서 발생하였다. 인간의 노력으로 지구온난화를 해결할 수 없다는 것을 신이 자연재해 현상으로 증명한 것은 지구온난화와 관련하여 가장 중요한 현상이라고 할 수 있다. 이때 한국에서는 한반도를 관통하여 심각한 피해를 줄 것으로 예측된 두 태풍(쁘라삐룬, 솔릭)의 세력이 급격하게 약화하거나 한반도를 상륙하기 전에 남부 해상에서 동쪽으로 방향을 트는 현상이 있었다. 그런데 2018년 같은 해에 일본은 초강력 태풍이 한 해에 두 개가 발생하거나 1,000mm 이상의 폭우가 내리는 등 한국에 상대적으로 큰 피해가 발생하였다. 2020년 한국의 장마 기간 동안 중국에서 하루에 500mm가 넘는 폭우가 발생하고 여러 차례에 걸쳐 싼샤 댐이 붕괴될 위기에 처했다. 일본도 지금까지 경험하지 못한 폭우가 발생하였다. 우리나라에서 6월 10일부터 9월 13일까지 오랜 기간 장마가 계속되다 후반기에 섬진강과 낙동강의 둑이 무너지는 지금까지 경험하지 못한 폭우가 발생하였다. 이런 현상은 중국과 일본과 비교하여 상대적으로 심각하지 않은 폭우가 우리나라에서 발생하였으며 이것은 심각한 자연재해가 우리나라에서 발생하면 이 책이 만들어질 수 없는 것을 나타낸다고 할 수 있다. 이런 형태로 우리나라는 대재앙에 가까운 자연재해가 발생하지 않은 상태라고 할 수 있으며 그렇지만 2020년 심각한 폭우와 3개의 태풍이 연속해서 발생한 현상은 우리나라도 심각한 자연재해가 지구온난화와 관련하여 발생할 수 있는 것을 나타내었다고 할 수 있다. 이처럼 일본은 상대적으로 한국보다 심각한 피해가 발생하였으며 이런 사실로 '인간의 노력으로 지구온난화를 해결할 수 없다는 것을 자연이 증명한 현상'이 알려지기 위해 신과 관련된 특이한 현상으로 일본의 무역 제재가 발생하였다. 이 현상의 중요성이 세계적으로 많은 사람에게 알려지기 위해 일본의 무역 제재로 한국과 갈등하는 현상이 발생하였다. 또한 해수면 상승의 심각함을 알리기 위해 후쿠시마 원전 사태와 일본 지진해일이 발생했음이 알려지기 위해 이 시기에 일본의 무역 제재가 일어난 것이다. 지구온난화에서 해수면 상승의 심각함을 알리는 후쿠시마 원전 사태와 일본 지진해일은 지구온난화와 관련하여 매우 중요한 현상으로 무역 갈등 상태에서 세계적으로 많은 사람에게 알려지기 위해 일본의 무역 제재가 발생하였다고 할 수 있다. (이 책이 나타내는 사실을 제대로 이해하거나 받아들이기 어려운 경우, 가능한 한 단어 하나의 뜻을 정확하게 설명하기 위해 중복해서 나타나는 표현이 있다. 이것은 중요한 단어 하나의 뜻이 시간의 지남으로 어떻게 해석되는가를 나타내는 현상이라고 할 수 있다. 나는 예언서의 단어 하나를 정확하게 해석하기 위해 몇 달이 걸렸다고 하였는데 이 경우를 가리키는 것이다.)

이처럼 '인간의 노력으로 해결할 수 없는 지구온난화가 너무 중요하기 때문이며 내가 계속 큰 부담을 느끼는 것이다. 이러한 이유와 이 책이 세계적으로 많은 사람에게 이른 시기에 알려지기 위해 일본의 무역 제재로 한국과 일본의 무역 갈등이 발생하였다고 할 수 있다. 아직도 많은 사람이 환경전문가의 지구온난화에 관한 주장을 받아들이지 못하여 지구온난화를 인간이 해결할 수 없는 현상이 만들어진 것이다. 이러한 이유로 일본을 비롯한 세계적으로 많은 사람에게 지구온난화에 관한 사실이 알려지도록 일본의 무역 제재 현상이 신과 관련된 특별한 현상으로 발생한 것이다. (이를 기록한 시기는 2018년이며 이후 코로나19 바이러스가 발생하여 세계적으로 모든 사람이 직간접적으로 지구온난화의 심각함을 받아들이도록 하는 현상이 발생하였다.)

한류 현상은 우리나라에서 일어나는 일이 세계적으로 알려지는 것이며 한류 현상에 관한 사실 중에서 정치가 너무 과열된 상태로 나타나고 있다. 최근 우리나라 대부분의 연예인이 인스타그램을 하는 것을 알게 되었는데 정치가 관련되어 연예인에게 나의 페이스북을 알리지 못했다. 그런데 일본과의 무역 갈등이 발생하여 지구온난화와 관련된 원인을 연예인의 인스타그램으로 알려 무역 갈등을 해소하는 현상이 가능하도록 작용하는 것처럼 느껴지기도 하였다. 일본과 무역 갈등이 발생하게 된 원인은 2018년 여름에 '기후 교란 이상의 특별한 자연의 재앙'으로 한국과 일본에서 발생한 자연재해 때문이다. 이것은 신(自然)이 인간의 노력으로 지구온난화를 해결할 수 없다는 것을 모든 사람이 직접 깨닫도록 자연의 재앙으로 증명한 것이다. 또한 일본의 후쿠시마 원전 사태와 일본 지진해일이 해수면 상승을 경고하기 위해 일부러 신의 뜻으로 발생하였다는 것을 더 효과적으로 받아들이게 하고 있다. 인도네시아에서도 지진해일이 발생하였는데 웬만해서는 일본의 지진해일만큼은 발생하지 않을 것이다. 그런데 해안가 원전인 후쿠시마 원전 사태로 해수면 상승의 심각함을 받아들이도록 일본 지진해일이 발생하였다. 또한, 일본의 지진해일 같은 대재앙에 가까운 자연재해가 우리나라에서 발생하면 이 책을 기록하지 못하기 때문에 주변인 일본에서 지진해일이 발생하였다고 할 수 있다. 그리고 우리나라의 주변인 대만이나 중국에서 지진해일이 발생할 수 있었는데, 휴대폰이나 카메라로 촬영하도록 일본에서 지진해일이 발생한 것이다. 지구온난화 해결을 적극적으로 하려고 하지 않을 경우 중국을 비롯한 미국, 유럽 등 어느 지역에서든지 지진해일이 발생할 가능성이 있는 것이다. <u>인간의 노력으로 지구온난화를 해결할 수 없다는 것</u>이 너무 중요한 사실이기 때문이다. 일본의 무역 제재가 발생한 가장 중요한 이유는 2018년 여름 '기후 교란 이상의 기후재난'으로, 인간의 노력으로 지구온난화를 해결할 수 없다는 것을 자연인 신이 증명한 현상과 후쿠시마 원전 사태의 일본 지진해일이 해수면 상승의 지구온난화를 세계적으로 많은 사람이 심각하게 받아들이도록 하는 현상으로 발생한 것이다. 이런 사실은 일본이 징용 문제로 무역을 제재하는 현상이 발생하였는데 이것은 지구온난화와 관련하여 훨씬 중요하며 이런 사실이 세계적으로 알려지기 위한 현상이라고 할 수 있다. 인간의 노력으로 지구온난화를 해결할 수 없다면 한국과 일본은 한 걸음씩 물러나서 타협하는 것이 올바른 판단일 것이다. 지금은 지구온난화라는 위기 상황의 좁은 길을 가는 경우라고 할 수 있으며 "좁은 골목길을 갈 때는 한 걸음 양보하는 것"(채근담)이 현명한 판단이라고 할 수 있다.

27. 하루에 500mm 이상의 폭우

2018년 7월 말부터 이루어진 우리나라의 기후 교란 현상은 '인간의 노력으로 지구온난화를 해결할 수 없다'는 것을 자연재해로 증명하는 '기후 교란 이상의 특이한 형태'로 이루어졌다. 이 부분은 중요하므로 신문 기사를 인용해 사실 여부를 확인해 보았다. 이 현상은 '자연이 살아 있다'는 것을 느낄 정도의 특별한 자연의 재앙으로 발생하였다. 2018년 제7호 태풍 쁘라삐룬이 한반도를 세로로 관통하여 많은 피해를 줄 것으로 기상청은 예측하였다. 그러나 태풍은 육지에 상륙하지 않고 남해상을 지나 동해로 빠져나갔고, 일본에 1,091mm의 폭우가 내리고 폭우로 인한 사망·실종자가 146명 발생하였다. (일본 폭우로 사망·실종자 150명까지 늘어…3만여 명 대피소에 - 쿠키뉴스, 정진용, 2018. 7. 9., https://www.kukinews.com/newsView/kuk201807090149)

또 제19호 태풍 솔릭이 수도권을 관통하여 피해가 발생할 것으로 예측됐으나 일본에서 발생한 태풍 시마론의 영향으로 중부 지방에서 세력이 약화하고 동해 쪽으로 방향을 틀어 피해가 발생하지 않았다. 그런데 일본은 시마론으로 큰 피해가 발생하였다. (태풍 솔릭 이동경로 내려간 원인은?…"시마론 간접영향…전향 시점·방향 바꿨다" - 헤럴드 경제, 김유진, 2018. 8. 24., http://news.heraldcorp.com/view.php?ud=20180824000151)

태풍 '시마론' 덮친 日, 폭우에 정전...일부선 248mm '물폭탄'
SBSNEWS, 권태훈, 2018. 8. 24.
https://news.sbs.co.kr/news/endPage.do?news_id=N1004903843&plink=ORI&cooper=NAVER

청주 폭우, 300mm 물폭탄 22년만의 홍수로 사망 2명 도시기능 마비
글로벌이코노믹, 김하성, 2017. 7. 17.
http://news.g-enews.com/view.php?ud=201707170 80621871891d26c649_1&ssk=search

청주에서 하루에 300mm의 폭우가 발생하였는데 도심의 일부가 범람하고 심각한 현상으로 하천이 범람하지 않았다. 그런데 하루에 500mm 이상의 폭우가 발생하면 청주를 비롯한 대도시인 한강이 범람하여 그 피해가 빈부 차이를 떠나서 심각한 재앙이 될 수 있다. (2020년 7월 30일 대전에서 12시간 누적강수량 190mm의 집중호우가 발생하였다. 만약 이런 상태로 300mm가 발생했으면 대전의 하천이 범람했을 것이다. 이날은 지금까지 내가 본 것 중에 가장 심한 하천 침수 현상이었다. 도저히 산책로에 접근할 수 없었고 하천의 나무는 모두 흉하게 휘었으며 시간이 지나자 모든 나무는 잘리거나 제거되었다. 서울 역시 폭우로 강변 차로의 통행이 금지되었으며 500mm 이상의 폭우로 한강이 심각하게 범람할 수 있다고 한다.)

[종합] 한강 수위 상승에 교통 통제까지...출근길 대란
뉴스핌, 김학선, 2020. 8. 6.
http://www.newspim.com/news/view/20200806000452

태풍 '망쿳' 필리핀·중화권 강타…사망자 100명 넘을 듯

연합뉴스, 김상훈 안승섭 심재훈, 2018. 9. 17.

http://www.yonhapnewstv.co.kr/MYH20180917007900038/?did=1825m

하루 609mm '재앙급 폭우'… 호수로 변한 휴스턴

문화일보, 김다영, 2017. 8. 28

http://www.munhwa.com/news/view.html?no=2017082801070821092001

2021년 하루에 500mm 이상의 폭우가 발생한 지역

태풍 '인파' 중국 상륙…상하이 일대 하루 최대 500mm 폭우(종합)

연합뉴스, 차병섭, 7. 26.

https://n.news.naver.com/article/001/0012553942

中에서 "1000년에 한번 볼 만한 폭우"…지하철서 12명 숨져

채널A, 사공성공 기자, 2021. 7. 21.

https://n.news.naver.com/article/449/0000212134

인도 서부의 500mm 폭우로 3개 지역서 옹벽 무너져…최소 27명 사망

매일경제, 디지털뉴스국, 2019. 7. 2.

https://www.mk.co.kr/news/world/view/2019/07/480713/

최대 594mm 물폭탄에 곳곳 산사태...인도 서부 홍수 사망자 136명
연합뉴스, 김영현, 2021. 7. 26.
https://www.yna.co.kr/view/AKR20210724035400077?section=search

일본 지진해일

자연재해 – 일본 쓰나미 (2011. 3. 11.)
https://www.youtube.com/watch?v=fJAahZaF5W4&t=77s

   이처럼 우리나라는 2018년 발생한 한반도를 관통할 것으로 예측된 2개의 태풍 세력이 특이한 현상으로 약화하거나 방향을 틀어 태풍으로 인한 피해가 발생하지 않은 편이었다. 그런데 일본은 2018년 한 해에 초강력 태풍 두 개('짜미' 강타한 日, 피해 속출…"초강력 태풍 2차례 상륙은 이례적" – TV조선, 권은영, 2018. 10. 01.)가 지나가고 역대급 강우량을 기록하는 등 대재앙에 가까운 자연재해의 피해가 발생하였다. 2018년 우리나라는 여름에 41도의 폭염과 가뭄이 계속된 상태에서 태풍이 발생했지만 강수량이 적었다. 그 이후 폭우가 이동하며 유럽을 비롯한 많은 지역에서 40도가 넘는 심각한 폭염의 피해가 발생하였다. 이는 기후 교란을 뛰어넘어 신과 관련된 특별한 현상으로 발생한 것이며 '인간의 노력으로 지구온난화를 해결할 수 없다'는 것을 특이한 자연재해 현상으로 '자연'인 신이 증명 즉, '자연이 살아 있다'는 것을 증명하는 현상이 되었다. 이는 도시에서 하루에 500mm 이상의 폭우가 발생하면 한강과 같은 대도시의 강이 범람하여 빈부와 지위고하의 차이 없이 모든 사람에게 심각한 자연의

재앙이 빈번해질 수 있다는 것을 페이스북과 책에 기록한 후 발생한 현상이다. 산업혁명 초기에는 280ppm이었던 이산화탄소 농도가 1958년에는 313ppm, 2013년은 400ppm, 최근(2019년)에는 416ppm이 되었다. 이산화탄소 농도가 450~500ppm이 되면 세계적으로 많은 도시에서 하루에 500mm 이상의 폭우가 내리는 지역이 확대되고 10, 5, 3년으로 주기가 짧아질 수 있다. 또한, 2035년 이후에는 여름에 북극의 얼음이 모두 녹는 현상이 발생하며 얼음이 반사하던 태양광을 바다가 모두 흡수하여 해수 온도는 더 올라가고 허리케인이나 태풍의 등급은 더 높아질 수 있다. 지구온난화로 발생하는 자연재해 중에서 모든 사람이 지구온난화의 심각함을 직접 느낄 수 있는 현상이라고 할 수 있으며 이런 현상이 빈번해지면 이미 돌이킬 수 없는 재앙이 된다. 이렇게 되면 태풍이나 허리케인은 최고 5등급에서 6등급이 되며 하루에 500mm 이상의 폭우가 빈번하게 발생하고 중국과 미국같이 넓은 지역은 2~3개의 태풍이나 허리케인이 해안가에 동시에 상륙하게 된다. 이처럼 자연의 재앙이 심각해지면 재앙을 예측할 수 없는 상태가 되며 빈부의 차이를 떠나서 누가 희생자가 될지 알 수 없다. 2018년 여름의 자연재해는 '기후교란 이상의 특이한 자연재해'가 발생하여 인간이 이산화탄소를 조절하지 못하는 상태(인간의 노력으로 지구온난화를 해결할 수 없는 상태), 자연이 이산화탄소 조절을 상실하는 상태가 될 수 있다는 것을 증명한다. 자연이 이산화탄소를 조절할 수 없는 상태, 인간의 노력으로 지구온난화를 해결할 수 없는 상태가 무엇을 의미하는지 모든 사람은 깨달아야 한다.

"북극해 얼음, 2035년께 완전히 사라질 수 있다"
에너지경제, 박성준, 2020. 8. 11.
https://www.ekn.kr/web/view.php?key=516625

[에너지경제신문 박성준 기자] 북극 바다를 덮고 있는 얼음이 15년 뒤 모두 사라질 수 있다는 전망이 나왔다.

영국 남극자연환경연구소(BAS)에 따르면 국제연구팀은 영국기상청 해들리 센터의 첨단 기후모델을 이용해 약 12만 7000년 전 마지막 간빙기와 현재의 북극 얼음 상태를 비교하는 연구를 통해 이런 예측을 내놓았다. 해당 연구 결과는 논문을 과학 저널 '네이처 기후변화'(Nature Climate Change)에 발표됐다.

북극해의 해빙(海氷) 면적은 지구 기온이 오르면서 줄곧 줄어왔으며, 최근 연구에서는 2044년에서 2067년 사이에 해빙이 가장 많이 줄어드는 9월에 얼음이 완전히 사라지는 현상이 나타날 것이라고 예측한 바 있다.

그러나 마리아 비토리아 구아리노 박사 등이 이끄는 연구팀은 해들리 센터의 기후모델로 마지막 간빙기의 북극해 얼음 상태를 들여다본 결과, 강한 봄볕이 해빙 위에 '융해연못'(melt pond)을 많이 형성하고 이는 해빙을 녹이는데 중요한 작용을 하는 것을 밝혀냈다.

이 기후모델을 이용한 시뮬레이션에서는 북극해의 얼음이 2035년께 완전히 사라질 수 있는 것으로 나타났다.

2019년 7월 20일 태풍 '다나스'가 육상에 상륙하면서 급격하게 소멸했다. 그리고 며칠 후 중국과 일본에 강한 태풍 '레끼마'와 '크로사'

가 각각 비슷한 시기에 발생하였다. 또한, 태풍 '링링'이 9월 13일에 발생하여 대한해협을 통과하며 남부 지방에 피해를 주고 바로 며칠 후 태풍 '미탁'이 9월 18일 발생하여 영호남 지방을 관통하며 피해가 발생하였다. 태풍 '미탁'은 한반도에 영향을 준 7번째 태풍으로 10월에 발생하여 역대 한 해에 발생한 태풍으로 가장 많은 수와 타이(1959년)를 이루었다. 그리고 19호 태풍 '하기비스'는 10월 8일 역대 최강의 초강력 태풍으로 발생하여 일본의 미야기현 마루모리마치 힛포에 24시간 동안 587.5mm의 폭우로 일본에 심각한 피해를 주었다. 20호 태풍 '너구리'는 일본에 상륙하기 직전에 10월 21일 소멸했으며, 비슷한 시기에 동시에 발생한 21호 태풍 '부알로이'는 인명 사고가 일어날 정도의 폭우가 내렸다. 이처럼 2019년 10월에 태풍이 발생하여 한 해에 가장 많은 수의 태풍이 연속해서 발생하였다. 2018년처럼 일본에 심각한 피해를 주는 태풍이 특이한 형태로 발생한 것은 2018년 여름 한국과 일본에서 '기후 교란 이상의 자연재해'가 발생하여, 인간의 노력으로 지구온난화를 해결할 수 없다는 것을 증명하며 '자연이 살아 있다'는 신과 관련된 현상이 알려지기 위해 작용한 것이다. 이런 형태로 일본이 상대적으로 심각한 자연재해를 겪었다는 것은 '자연이 살아 있다'는 것과 '인간의 노력으로 지구온난화를 해결할 수 없다'는 것을 증명하기 위한 현상의 하나이며 그 이외에 특별한 영향으로 발생하지 않았다.

2019년 9월 26일 나는 신문 기사와 관련하여 지구온난화를 짧게 요약한 다음과 같은 기사를 페이스북에 기록하였다. 누구나 지구온난화가 심각하다는 것을 느낄 수 있으며 이른 시기에 이산화탄소를 줄여야 인간이 지구에서 생존할 수 있다는 것을 느낄 수 있다고 할 수 있다.

이 기사는 지구온난화를 요약할 수 있을 정도로 중요하다고 할 수 있습니다. 이산화탄소가 현재 410ppm에서 연평균 2.3ppm씩 증가한다면 20년 동안 증가 폭이 더 커질 수 있으며 연평균 3ppm 으로 잡고 10년이면 30ppm이 증가하여 440ppm이, 또 10년 동안 30ppm이 증가하여 470ppm 됩니다. 미국에서 심각한 피해가 발생하는 5등급 초강력 허리케인이 우리나라에서 발생하게 됩니다. 이렇게 되면 미국 텍사스 휴스턴에서 하루에 500mm 이상의 폭우가 쏟아지는 현상이 두 번 있었는데 이런 현상이 한국에서도 하루에 500mm 이상의 폭우가 발생할 수 있으며 이 경우 서울의 한강이 범람할 수 있습니다. 이렇게 되면 빈부의 차이를 떠나서 심각한 피해가 발생합니다. 그리고 이렇게 이산화탄소가 높아진 상태에서는 기후교란 현상이 발생하며 하루에 최고 기온이 40도가 넘는 현상이 빈번하게 발생할 수 있습니다. 또한, 20년 이내에는 여름에 북극의 얼음이 모두 녹는 현상이 발생하여 얼음이 태양을 반사하던 현상이 없어지고 바닷물이 태양광을 모두 흡수하여 해수 온도가 올라가고 영구 동토층이 녹아 메탄가스가 발생하여 온실가스의 상승에 가속도가 붙을 수 있습니다. 그러면 태풍이나 허리케인의 강도가 높아질 수 있습니다. 이런 상태에서는 예측하지 못한 기상이변이 발생하며 하루에 500mm 이상의 폭우가 발생하여 한강의 범람이 빈번하게 일어나게 되면 지구온난화의 심각함을 많은 사람이 직접 체험하는 현상이 될 수 있습니다. 또한, 기상이변으로 발생하는 자연의 재앙에서 나 자신에게 어떤 희생이 발생할지 알 수 없는 상태가 될 수 있습니다. 하루에 500mm 이상의 폭우가 빈번하게 발생하는 현상은 돌이킬 수 없는 재앙이 될 수 있습니다. 미국은 5등급 허리케인이 6등급이 되며 지역이 넓은 중국과 함께 2~3개의 허리케인이 동시에 상륙하는 현상이 만들어질 수 있습니다.

김관우 이 기사는 지구온난화를 요약할 수 있을 정도로 중요하다고 할 수 있습니다. 이산화탄소가 현재 410ppm에서 연 평균 2.5ppm씩 증가한다면 20년 동안 증가 폭이 더 커질 수 있으며 연평균 3ppm으로 잡고 10년이면 30ppm이 증가하여 440ppm이, 또 10년 동안 30ppm이 증가하여 470ppm 됩니다. 미국에서 심각한 피해가 발생하는 5등급 초강력 허리케인이 우리나라에서 발생하게 됩니다. 이렇게 되면 미국 텍사스 휴스턴에서 하루에 500mm 폭우가 쏟아지는 현상이 두 번 있었는데 이런 현상이 한국에서도 하루에 500mm의 폭우가 발생할 수 있으며 이 경우 서울의 한강이 범람할 수 있습니다. 이렇게 되면 빈부의 차이를 떠나서 심각한 피해가 발생합니다. 그리고 이렇게 이산화탄소가 높아진 상태에서는 기후교란 현상이 발생하며 하루에 최고 기온이 40도가 넘는 현상이 빈번하게 발생할 수 있습니다. 또한, 20년 이내에는 여름에 북극의 얼음이 모두 녹는 현상이 발생하여 얼음이 태양을 반사하던 현상이 없어지고 바닷물이 태양광을 모두 흡수하여 해수 온도가 올라가고 이산환탄소의 상승에 가속도가 붙을 수 있습니다. 그러면 태풍이나 허리케인의 강도가 높아질 수 있습니다. 이런 상태에서는 예측하지 못한 기상이변이 발생하며 하루에 500mm 폭우가 발생하여 한강의 범람이 빈번하게 일어나게 되면 지구온난화의 심각함을 많은 사람이 직접 체험하는 현상이 될 수 있습니다. 또한, 기상이변으로 발생하는 자연의 재앙에서 나 자신에게 어떤 희생이 발생할지 알 수 없는 상태가 될 수 있습니다. 하루에 500mm폭우가 빈번하게 발생하는 현상은 돌이킬 수 없는 재앙이 될 수 있습니다. 미국은 5등급 허리케인이 6등급이 되며 지역이 넓은 중국과 함께 2~3개의 허리케인이 동시에 상륙하는 현상이 만들어질 수 있습니다.

좋아요 · 답글 달기 · 4주 · 수정됨

— 페이스북, 김관우, 2019. 10. 1.

위에 인용하고 있는 페이스북의 포스팅에 관한 댓글은 다음의 신문 기사와 관련하여 지구온난화의 심각함과 중요함에 관하여 누구나 이해할 수 있게 짧은 글로 요약한 것이라고 할 수 있다.

지구 대기 CO2 농도 온난화 안전 문턱 넘어

연합뉴스, 엄남석, 2018. 05. 04.
https://www.yna.co.kr/view/AKR20180504120500009?input=1195m

4월 평균치 410ppm 처음으로 넘어

(서울=연합뉴스) 엄남석 기자 = 지구 대기의 이산화탄소(CO_2) 농도 평균치가 지난 4월에 관측 이후 처음으로 410ppm을 넘어선 것으로 나타났다. 워싱턴포스트는 이에 대해 과학자와 국제사회가 "안전하다"고 여기는 수준을 넘어 지구를 온난화에 더 가깝게 밀어붙이는 문턱을 넘어섰다고 표현했다.

3일 워싱턴포스트에 따르면 하와이 마우나 로아 관측소에서 측정한 4월의 이산화탄소 농도 평균치는 410ppm을 기록했다. 이전에 410ppm을 넘어선 날은 작년 4월 18일이 처음이다.

지구의 열을 가둬 온실가스로도 불리는 이산화탄소 농도는 산업혁명 초기인 1880년대만 해도 280ppm에 불과했다. 그때 이후 46%나 높아진 것이다.

마우나 로아 관측소에서 측정한 이산화탄소 농도는 매년 오르내리기를 반복하지만, 전체적으로 수십 년에 걸쳐 일관되게 상승하는 '킬링곡선'(keeling Curve)을 보인다.

스크립스해양연구소의 이산화탄소 프로그램 책임자인 랠프 킬링 교수는 대기 중의 이산화탄소 농도가 연간 약 2.3ppm의 증가세를 보이며, 2000년대보다는 2010년대의 증가세가 더 빠르다고 지적했다. 그는 "우리가 진짜 도달하고 싶지 않은 450~500ppm에 더 가까이 갔다"면서 "이는 상당히 위험한 영역"이라고 덧붙였다. 기상과학자인 캐서린 헤이호 텍사스공대 부교수는 관련 성명을 통해 "과학자로서 가장 걱정스러운 것은 우리가 또 다른 문턱을 넘어선 것이 아니라 지속적인 증가세가 실제 의미하는 것"이라며 "그것은 우리가 유일한 안식처인 지구를 갖고 전속력으로 전례 없는 실험을 계속하고 있다는 것"이라고 강조했다.

지구의 이산화탄소 농도가 지금처럼 높거나 이보다 더 높을 때가 전혀 없었던 것은 아니다.

약 300만년 전인 선신세(鮮新世) 중기 때도 이산화탄소 농도가 약 400ppm 정도였다. 당시 해수면은 20m 이상 올라갔으며 기온도 지금보다 더 높았던 것으로 알려졌다. 이보다 훨씬 더 거슬러 올라간 1천400만~2천300만년 전인 중신세(中新世) 때는 이산화탄소 농도가 500ppm에 달했을 것으로 추정된다. 남극대륙의 얼음이 수십m가량 녹아 선신세 때처럼 바닷물 수위가 올라간 것으로 알려졌다. 약 3천400만년 전인 시신세(始新世)-점신세(漸新世) 경계 때는 대기 중 이산화탄소 농도가 750ppm에 달하고 온난화로 남극대륙에는 얼음이 아예 존재하지 않았을 것으로 과학자들은 추론하고 있다.

이런 자료들은 지금과 같은 추세가 이어지면 지구가 선신세 중기나 심지어 중신세 상황으로 향하게 될 것이라는 점을 보여주는 것이라고 포스트는 지적했다.

킬링 교수는 지구 기온이 현재 산업화 이전보다 1도가량 높아 아직은 1.5~2도 온난화 영역에 도달하지는 않았지만 1.5도에 더 다가가고 있다면서 "우리는 점점 더 위험한 영역으로 접근하고 있다"고 경고했다.

28. 후쿠시마 원전과 일본 지진해일, 해수면 상승

신은 성경의 예언서에 '자연'으로 존재하는 신의 존재를 기록하고 미래의 어느 시기에 인간이 지구온난화를 해결할 수 없을 때 한류 현상으로 신의 존재를 증명하도록 하였다. 불교에서 가장 중요한 석가모니의 깨달음인 '불생불멸(不生不滅). (우주는) 생기지도 않고 (우주는) 없어지지도 않는다'와 성경 예언서의 "나는 알파와 오메가요 처음과 나중이요 시작과 끝이라(요계 22:13)"는 같은 사실을 나타내며 해석하면 '우주는 시간의 흐름에 지배받지 않고 과거와 현재, 미래에 동시에 존재하며 시간과 공간을 초월해 4차원으로 존재한다'이다. 이것은 불교의 신의 존재와 교회의 신의 존재가 같은 사실로 존재하며 이 사실이 미래의 어느 시기에 알려지도록 하였다. 신이 과거와 현재, 미래에 동시에 존재한다는 것은 영화 〈백 투 더 퓨처〉나 〈터미네이터〉처럼 과거와 현재, 미래를 인간이 이동하는 것이 아니라 신(神, 우주 宇宙, 자연 自然, 하늘)이 과거와 현재, 미래에 4차원으로 동시에 존재한다는 사실이 알려지도록 하는 것이다. 위에서 기록하고 있는 것처럼 '우주는 시간의 흐름에 지배를 받지 않고 과거와 현재, 미래가 동시에 존재'하기 때문이다. 또한, '우주는 과거와 현재, 미래가 동시에 존재하며 시간과 공간을 초월해 하나의 살아 있는 생명체로 존재'하기 때문에 외계 생명체가 지구에 올 수 없으며 외계 생명체는 존재하지 않는다. 외계 생명체나 UFO가 시간과 공간을 초월해 지구에 오는 것은 신을 초월하는 것이기에 가능하지 않다. 시간과 공간을 초월한다는 것은 시간과 공간의 의미가 없다고 할 수 있다. 3차원으로 존재하는 인간에게 과거와 현재, 미래가 존재하며 우주는 4차원으로 존재하여 시간과 공간의 의미가 없는 것이다. 우주의 탄생과 소멸이 동시에 존재하는 것은 시간과 공간의 의미가 없는 것을 나타내는 것이라고 할 수 있다. 외계 생명체와 UFO는 미래의 어느 시기에 신의 존재가 알려지기 위해 일부러 신이 만들어 온 초자연 현상이다. 구름으로 UFO를 만드는 것은 신이라면 얼마든지 가능하다. 이처럼 과거와 현재, 미래에 동시에 존재하는 신의 존재가 지금 이 시기에 알려지는 것은 미래에 일어나는 일을 알 수 없는 인간에게, 앞으로 미래에 일어나는 일을 알 수 있도록 하는 것이다. 이처럼 과거와 현재, 미래에 동시에 존재하는 신의 존재가 알려지는 것은 신이 과거와 현재 미래에 동시에 존재하며 시간과 공간을 초월하여 4차원으로 존재하여 미래에 일어나는 일을 나타낼 수 있으며 이 사실로 미래의 지구온난화를 정확하게 알 수 있는 것이다. 또한, 이것으로 인간의 노력으로 지구온난화를 해결할 수 없는 것을 알 수 있다. 현재 모든 사람이 환경전문가의 주장을 받아들이지 못하고 있으며 지구온난화를 반대로 생각하는 경우도 있다. 이 때문에 지구온난화를 해결하려고 해도 부족하여 해결할 수 없다고 할 수 있다. 그래서 인간의 노력으로 지구온난화를 해결할 수 없는 사실이 알려져 지구온난화를 해결하도록 하는 것이다. 미래의 어느 시기에 '자연'으로 존재하는 신의 존재를 나타내서 인간이 '자연재해로 신의 지배를 받는 것'을 알려 지구온난화의 심각함을 나타내고 지구온난화를 해결하도록 하는 것이다. 한류 현상은 우리나라에서 일어나는 일이 세계적으로 알려지는 것으로 자연재해를 대신해서 한류 현상으로 인간이 신의 지배를 받는 것이 알려지도록 하고 있다. 그리고 이런 사실(한류 현상)이 알려지도록 유튜브, 트위터, 페이스북, 인스타그램, 삼성·LG 스마트폰이 신의 뜻으로 만들어졌다.

  2018년 여름에 우리나라의 주변에 '기후 교란 이상의 특별한 자연재해'가 발생하여 '자연이 살아 있다'는 것과 '인간의 노력으로 지구온난화를 해결할 수 없다'는 것을 자연(自然)인 신(神)이 자연재해로 증명하는 현상이 발생하였다. 이런 자연재해의 영향은 일본이 특히 많이 받았고 일본과 관련된 이 현상과 더 중요한 일본 지진해일이 해수면 상승을 축약해서 보여 주는 것이며 지구온난화의 심각함을 세계적으로 알리는 것이다. 3차 북미회담 직후 일본의 무역 제재가 신과 관련된 특별한 현상으로 발생하였다. 또한, 내가 지구온난화와 관련된 사실을 알리는 것에 부담으로 작용할 수밖에 없는데 위와 같은 현상으로 이 책이 세계적으로 알려지기 위해 일본의 무역 제재 현상이 발생하였다고 할 수 있다. 인간이 해결할 수 없는 지구온난화는 정치, 경제, 사회, 군사, 외교, 안보 등 모든 것을 초월해서 작용하며 2019년 7월 일본의 무역 제재로 발생한 무역 갈등 현상은 2018년 7~8월 일본이 우리나라보다 더 심각한 자연재해 피해가 발생한 현상으로 '인간이 지구온난화를 해결할 수 없다'는 것이 세계적으로 알려지도록 하고 있다. 이러한 현상이 발생한 것은 인간의 노력으로 해결할 수 없는 지구온난화가 그만큼 중요한 현상이라고 할 수 있다. 인간이 해결할 수 없는 지구온난화는 당장 위기 상황으로 지금 어떻게 대처하느냐에 따라 지구온난화 해결 비용이 달라지며 자연재해 복구 비용으로 지구온난화를 해결하는 위기의 상태라고 할 수 있다.

  * 주의: 자연이 이산화탄소 조절 능력을 상실한다.
  2021년 이산화탄소 농도는 416ppm이며 연평균 이산화탄소의 발생량은 2.25~2.9ppm이다. 2050년 탄소중립은 2014년 IPPC에서 2030년까지 연평균 1.5도 증가에 그치고 2050년까지 탄소의 발생량과 소모량을 0(제로)으로 만들기를 권고한 것이라고 할 수 있다. 아직 구체적으로 목표를 설정한 것이 아니며 2014년에 결정된 사항이다. 그런데 최근 5년 사이에 연평균 이산화탄소의 발생량과 자연재해가 극도로 심각해진 상태라고 할 수 있다. 미국 휴스턴을 시작으로 일본, 중국, 인도에서 각각 2번의 하루에 500mm 이상의 심각한 폭우가 발생하기 시작했으며 현재는 뚜렷한 온실가스 감축에 관한 국제간 협력이 이루어지지 않고 있다. 최근에는 폭염 빈도의 증가와 같은 현상으로 전기의 사용량이 증가로 연평균 이산화탄소의 농도 증가는 불가피한 상태이다. 북극의 기온 상승으로 북극에 항만항을 건설하려는 의도가 생기고 있다고 할 수 있다. 코로나19는 앞으로 중국의 싼샤 댐의 붕괴와 같은 지금까지 경험하지 못한 대재앙이 발생할 수 있다는 경고라고 할 수 있다. 또는 심각한 지구온난화에 관한 환경전문가의 주장을 전 세계 모든 사람이 받아들이라는 의미로 코로나19가 발생하고 또 변이가 발생하는 현상이 신과 관련된 현상으로 만들어졌다고 할 수 있다. 중국은 가장 많은 이산화탄소를 발생시키는 국가이며 그다음 순위인 미국보다 두 배의 이산화탄소를 발생시킨다. 여기에 지구온난화의 심각함을 직간접적으로 경험하여 깨닫도록 하는 코로나 19가 조기에 종식하였다. 그런 이유로 직접 대재앙에 가까운 자연재해를 2020년 여러 번의 싼샤 댐 붕괴 위기와 2021년 저장성에서 시간당 200mm의 폭우와 같은 자연재해를 직접 경험하고 있다고 할 수 있다. 일본도 최근 3~4년부터 한 해에 2번의 초강력 태풍과 500mm 이상의 폭우가 발생하는 현상을 경험하였으며 코로나19로 2020년 올림픽을 연기하고 어렵게 2021년 올림픽을 개최하였지만, 코로나19의 확산과 같은 현상으로 악전고투하며 올림픽을 개최했다고 할 수 있다. 그 대신 일본은 2021년은 심각한 자연재해가 발생하지 않았다고 할 수 있다. 중국 같은 경우 내년에도 대재앙에 가까운 심각한 자연재해가 발생하면 5년 내에 석탄화력발전소의 일부를 폭파하는 결정을 하고 내륙에 SMS 소형원자력발전소를 건설하고 해안가 원전은 점차 철거해야 할 것이다.

이 수치는 정확한 수치가 아니며 예를 들어 미래에 일어날 것을 가정한 수치라고 할 수 있다. 현재 상태로는 매년 2.3ppm의 이산화탄소의 농도로 계속 증가하여 10년이 지나면 23ppm이며 20년이 지나면 46ppm의 이산화탄소가 증가하여 413+46ppm=459ppm의 이산화탄소의 농도가 된다고 할 수 있다. 그러면 2040년의 평균온도 1.6도 상승구간을 지나 2도 상승을 초과하며 한번 발생한 이산화탄소가 없어지는데 100년에서 200년 걸리기 때문에 459ppm을 초과한 600~700ppm에서 지구의 이산화탄소는 200년 후에 감소하게 된다고 할 수 있다. 이러한 기간 동안 지구의 생명체는 유지될 수 있을지 알 수 없으며 멸망 현상이 발생한 상태라고 할 수 있다. 이산화탄소의 농도가 600ppm이 될지 700ppm이 될지 알 수 없는 상태까지 증가하다 멈추고 다시 정상적인 상태를 430ppm으로 가정했을 때 이 수치까지 내려가게 된다고 할 수 있다. 이때 인간이 멸망한 후 지구에 생명체가 존재하지 않는 상태일 수 있으며 예를 들어 30%의 인류가 살아남게 될지 알 수 없다고 할 수 있다. 30%의 인류가 살아남았다고 하더라도 한번 상승한 해수면은 내려가지 못하며 나머지 인류가 정상적인 생활이 어렵다고 할 수 있다. 다시 인류는 멸종 위기에 놓이게 되며 인류가 멸망한 후 새로운 생명체가 최초로 발생하는 순간이 다시 만들어지고 다시 최초의 생명체에서 지금의 인간으로 진화하는 현상이 만들어진다고 할 수 있다. 이런 사실은 앞에서 살펴본 것이며 우주가 4차원으로 존재하고 인간 등 지구의 생명체는 3차원으로 존재하는 것을 종교의 예언서에 나타난 사실을 앞에서 살펴보았다. 이러한 인간의 한계로 지구온난화를 해결하지 못하면 인간은 멸종하여 지구에 생명체가 존재하지 않는 순간으로 바뀐다고 할 수 있다. 그리고 지구의 자원은 유한하기 때문에 인간의 지구에서 멸종 현상은 발생하여 최초의 생명체가 만들어지고 인간으로 진화하는 현상이 다시 만들어지는 현상이 반복해서 이루어진다고 할 수 있다.

이 경우 위기 상태라고 할 수 있으며 세계적으로 모든 나라가 좁은 골목길을 가는 것과 같다고 할 수 있다. 채근담에서 "좁은 골목길을 갈 때는 한 걸음 양보하라"라고 한 것처럼 일본과의 무역 갈등은 서로 한 걸음 양보한 상태에서 대화와 타협으로 해결해야 한다. 지진해일 같은 대재앙을 경험한 일본은 후쿠시마 원전 사태와 일본 지진해일이 지구온난화의 심각함을 알리기 위해 해수면 상승을 축약해서 보여 주는 것이라는 사실을 정확하게 알 필요가 있다. 이런 사실을 직접 경험한 일본은 지금 이 시기의 무역 갈등보다 지구온난화 해결을 통해 수많은 인명과 재산 손실을 예방하는 것이 급선무임을 잘 이해하리라 생각한다. 코로나19는 지구온난화에 관한 대응이 부족할 경우 지금까지 경험하지 못한 대재앙에 가까운 자연재해가 발생할 수 있는 것을 나타내고 있다고 할 수 있다. 이런 상태에서 해안가에 지진이 발생하는 중국·대만·미국·유럽 등 어느 곳에서든지 지진해일이 발생할 수 있다고 할 수 있다. 이처럼 지구온난화에 관한 대응이 제대로 이루어지지 않는다면 일본 역시 지진해일이 다시 발생할 수 있다. 우리나라도 일본의 서쪽에서 지진해일이 발생하면 심각한 대재앙이 될 수 있다고 할 수 있다. 우리나라 역시 한 가지 생각을 주장할 수 없으며 지구온난화라는 지금 이 시기에 당장 중요한 문제를 우선 해결해야 하는 상황이라고 할 수 있다. 지구온난화는 이른 시기에 어떻게 예방하느냐에 따라 수많은 인명 손실과 재산 피해를 줄일 수 있다. 이는 지구적인 문제로 어느 한 국가의 노력으로 해결되는 문제가 아니라 많은 나라가 서로 협력해야 해결할 수 있는 것이다. 그러기 위해서 지금 발생한 미·중국 무역 갈등과 한국·일본의 무역 갈등에 서로 좁은 골목길을 갈 때 한 걸음씩 양보하듯이 대화와 타협으로 우선 해결하고, 지구온난화 해결에 어떻게 화합하는지 관심을 가져야 한다. 소모적인 무역 갈등은 양보와 대화, 타협으로 해결하고 지구온난화와 관련하여 어떻게 해결해야 할지 협력하여 미래의 대재앙이 발생하는 것을 예방하여야 한다. 후쿠시마 원전 사태와 일본 지진해일을 직접 경험한 상태에서 지구온난화에 관하여 더 현명한 판단을 일본은 할 수 있으며 한국과 서로 양보하면 현명한 무역 갈등 해소 방법이 이루어질 수 있다. 그리고 지구온난화와 관련해 서로 긴밀한 동반자 관계를 유지하고 지구온난화 상설기구를 만들어 서로의 이익이 발생하는 유대 관계를 유지하는 것이 현명한 판단이라고 할 수 있다. 단순하게 인도네시아·일본 지진해일이 해수면 상승의 심각함을 알리는 현상이라고 알려지는 것보다 일본과 무역 갈등이 발생한 상태에서의 일본 지진해일이 해수면 상승의 지구온난화의 심각함을 중요하게 알릴 수 있다.

 2019년 일본의 무역 제재는 2018년 '기후 교란 이상의 특별한 자연재해의 재앙'이 많은 사람에게 알려지는 특수한 현상으로 작용하였다. 또한, 이런 현상이 지구온난화와 관련하여 신과 관련된 현상으로 발생하였다면 스스로 올바른 판단을 하도록 하는 신과 관련된 현상이 만들어질 수 있다. 무역 제재의 갈등은 서로 양보하고 대화와 타협 후 지구온난화 해결에 일본과 한국이 협력해야 한다고 할 수 있다. 지구온난화는 일본뿐만 아니라 전 세계가 해결하려고 노력해야 한다. 지구온난화를 해결하려는 노력이 없거나 진전이 없으면 중국, 미국, 유럽, 일본 등 어디든지 지진해일이 발생할 수 있음을 미래를 알 수 없는 인간은 알아야 한다. 2018년 여름, 우리나라에서 기후 교란 이상의 '자연이 살아 있다'는 것이 알려지기 위해 발생한 자연재해는 지구온난화를 해결하기 위해 자연(自然)인 신(神)은 어떠한 자연재해(2019년 코로나19가 여기에 해당하며 또한, 코로나19는 일본뿐만 아니라 대만, 중국, 유럽, 미국, 아시아 등에서 지진해일이 발생하거나 지금까지 경험하지 못한 대재앙에 가까운 자연재해가 발생할 수 있는 것을 나타내는 현상이라고 할 수 있다)도 발생시킬 수 있는 것을 나타냈다고 할 수 있다. 인간은 이산화탄소의 증가를 억제하지 못하고, 자연은 계속 증가하는 이산화탄소의 양을 줄이기 위해 어떠한 방식으로든 자연재해를 일으킬 것이다. 앞으로 이산화탄소의 증가에 따라 비례해서 자연재해는 증가하며 이산화탄소의 증가를 억제하지 못하면 지진해일 같은 대재앙이 발생할 수 있다. 이러한 인간이 자연재해로 신(神, 自然)의 지배를 받는 것을 대신해서 인간이 신(神, 自然)의 지배를 받는 것을 나타내는 것이 한류 현상이다.

 2018년 여름 우리나라에서 3개의 대형 태풍이 발생했지만, 방향을 틀거나 일정한 위치에서 약화되는 등 실제 피해는 미미했다. 그런데 한국은 태풍이 비껴갔지만, 일본은 태풍이 발생하여 큰 재앙으로 바뀌었으며 한국과 비교되는 재앙이 되었다. 이런 사실은 지구온난화가 인간의 노력으로 해결할 수 없는 것을 알리는 신과 관련된 특별한 현상으로 작용하였다. 그러니 일본뿐만 아니라 전 세계는 지구온난화에 관한 현상을 제대로 깨닫고 많은 사람이 지구온난화에 관하여 제대로 알아야 한다. 한국과 일본의 무역 전쟁이 발생한 것은 인간의 노력으로 지구온난화를 해결할 수 없는 사실을 2018년 여름 한국과 일본 사이에 기후 교란보다 더 특이한 현상으로 발생한 자연재해를 통해 지구온난화를 제대로 알도록 한다. 또 세계적으로 알려지도록 하고 있다.

허리케인 하비는 2017년 미국 텍사스 휴스턴에서 하루에 609mm의 폭우와 누적 강수량 1,371mm를 기록하고 1,250억 달러의 재산피해액이 발생했다. 또 같은 지역 휴스턴은 2016년 4월 18일 하룻밤에 508mm를 기록하여 해리스 카운티의 둑 22개 중 13개가 범람하였다. 일본은 2017년 오키나와에 태풍 '탈림'의 영향으로 하루에 500mm 이상 기록하였다. 2019년에는 초강력 태풍 하기비스에 의해 미야기현 마루모리마치 힛포에 24시간 동안 587.5mm가 내렸으며 전국 14곳의 하천이 범람하였다. 중국은 2020년 기록적인 폭우로 여러 번 싼샤 댐의 범람 위기가 발생하였으며 1일 최대 강우량 538mm를 기록하였다. 이처럼 대도시에 이산화탄소의 증가로 하루에 500mm 이상의 폭우가 발생하는 현상이 나타나게 되었다. 2017년 미국에서 한 해에 자연재해 전체 피해액이 3,060억 달러(326조 원)였으며 3개의 허리케인 '하비', '어마', '마리아'가 발생하여 피해액이 각각 1,250억 달러(134조 원), 900억 달러, 500억 달러로 허리케인의 피해액이 전체 피해액의 80%로 2,650억 달러(302조 원)가 발생하였다. 또한, 푸에르토리코와 함께 250명의 인명 손실이 발생했다. 이산화탄소의 농도가 심각하게 올라간 상태에서 자연재해는 대재앙으로 발생할 수 있으며 이 경우 나의 생명과 직접 연결될 수 있다.